KB231838

학자의
책 한 권은
그 어떤 황제보다
그 어떤 장군보다
더 큰 영향력을
갖는다.

예방경영의 인생을 위하여

김종재 지음

圖書出版 오래

― 신은 자신을 믿고 준비하는 자에게 미래를 약속하였다 ―

인생의 길은 사랑, 승화, 창조의 길이다. 사랑, 승화, 창조의 길은 자기실현의 길이다. 인간이 추구하는 최고의 선(善)은 자기실현(自己實現, self-actualization)의 꿈을 이루어 의미 있는 인생을 사는 데 있다. 그러나 자기실현의 길은 멀고도 험난하다. 많은 사람들이 좌절의 쓴잔을 마시고 황량한 인생의 모래밭을 방황하다가 삶을 마감하는 경우가 많다. 이러한 실패의 비극을 뼈가 저미도록 느끼고 예방할 수 있는 방법에 대한 문제의식을 갖게 된 것은 중소기업경영의 참여를 통해서 였다. 일기일회(一期一會)의 인생인데 의미 없는 인생을 산다는 것은 불행하고 안타까운 일이다. 시행착오를 최소화하고 실패를 예방하고 미래를 창조하여 자기실현의 길을 갈 수 없을까?라는 물음을 안고 고뇌의 날들을 보내다가 예방경영이라는 주제를 생각하게 되었다.

우리가 사는 세계의 모든 문제도 중소기업경영의 문제와 그 근본원리는 다를 바 없다고 생각한다. 모든 인생사란 만법귀일(萬法歸一)이라는 불경의 가르침을 인생의 경험을 통해서 깨닫게 되었다. 만가지 법은 하나로 귀결되고 하나에서 출발한다. 물에는 많은 종류의 물이 있다. 그러나 그 물들은 한방울의 물로부터 출발한다. 따라서 만법귀일의 원리가 인생사의 원리라는 철학과 논리에 입각하여 여러 가지 유형의 인생의 이야기를 집약하여 서술하였다.

본서는 예측경영, 수평적 경영, 인간경영의 장으로 나누어 구성하였다. 세종대왕은 어려운 한문 대신에 백성들이 읽기 쉬운 글을 만들어 내면 백성들이 그 글을 활용하여 농사를 잘 지으리라 예측하고(예측경영), 집현전을 만들고 갖가지 방법을 동원하여(수평적 경영), 훈민정음을 창제하였다(인간경영). 한글을 창제하는 과정은 예측경영, 수평적 경영, 인간경영이라는 세 가지 요소의 결합이다. 이것을 총합하여 예방경영이라 부르고자 한다.

간디는 인간의 평등을 믿었다. 인간의 능력은 우주처럼 무한하다는 것은 증명된 사실이다. 본서는 독자들이 저 잠재의식의 깊은 바다에 잠들어 있는 무한한 자신의 능력을 최대한 발휘하여 자기실현의 꿈을 이루어가는 견인차 역할을 할 수 있도록 인간의 역사에서 일어난 실화들을 사례 중심으로 개진하였다. 신(神)은 자신을 믿고 준비하는 자에게 미래를 약속하였다.

한국사회는 피로에 젖은 사회가 되어 가고 있다. OECD 국가 중 자살률 1위, 40대 사망률 세계 1위를 기록 하고 있다. 이 끝없는 경쟁의 시대, 잃어버린 시대를 살아가고 있는 독자들이 이 책을 통해서 예방경영이라는 삶의 지혜를 터득할 수 있다면 저녁 노을을 바라보는 필자의 인생이 헛된 삶이 아니리라 .

예방경영이라는 너무도 벅찬 주제를 가슴에 품고 수많은 인고의 밤을 지새웠지만 저 끝없는 망망대해를 해도(海圖)도 없는 외로운 항해 끝에 조그만 항구에 도착한 아쉬운 심정이다.

끝으로 오래출판사 황인욱 사장과 편집부의 직원들께 감사드린다.

– 인생의 가을이 오면 우리는 어떻게 살아 왔는가 평가를 받게 된다 –

2012. 5.
무등산 자락 開仙山房에서
김 종 재

>> 예방경영의 인생을 위하여

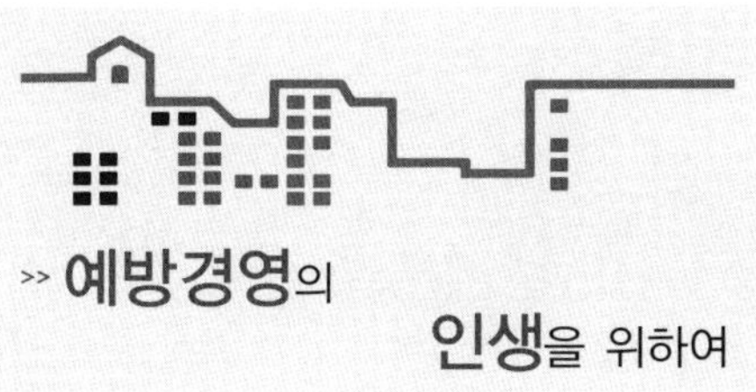

>> 예방경영의
인생을 위하여

>> 예방경영의

인생을 위하여

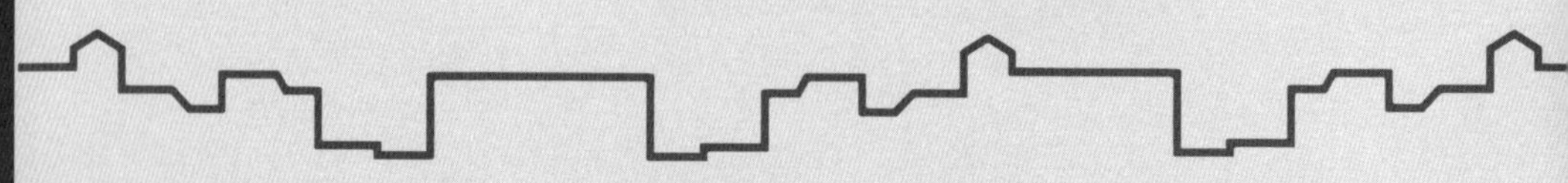

“삶은 당신이 만드는 것이다. 이전에도 그랬고 앞으로도 그럴 것이다.”

– 그랜마 모세 –

01

예방경영의 문을 열며

01. 인간은 空手來, 空手去하는 존재인가

삼성의 창업자 이병철 회장이 사망하였을 때 그의 침상에 空手來, 空手去라는 액자가 걸려 있었다. 흔히들 인간은 빈손으로 왔다가 빈손으로 간다고들 한다. 인간은 과연 빈손으로 왔다가 빈손으로 가는 존재인가? 이병철 회장은 무슨 의미로 공수래, 공수거를 머리맡에 걸어 놓았었을까? 그가 가고 없으니 알 길이 없지만 인생은 공수래, 공수거가 아니다. 이병철 회장은 빈손으로 가신 분이 아니다. 그분이 없었더라면 오늘의 삼성이 존재할 수 있었을까? 인간은 지상에서 몇십 년을 살다가 보이지 않는 저세상으로 떠나지만 그들은 무언가 유산을 남겨 놓고 떠난다.

57세의 젊은 나이로 세상을 떠난 스티브 잡스에 대한 추모의 물결이 전 세계를 휩쓸었다. 그에 관한 저서가 20권에 이른다고 한다. 스티브 잡스는 빈손으로 떠났는가? 아니다. 그의 육신은 떠났지만 그가 남긴 유·무형의 유산은 IT시대를 살아가는 모든 이의 가슴에 남아 있고 일상생활에 영향을 주고 있다. 그는 Digital 시대의 주역이었다. 그는 애플사를 통해서 위대한 유산을 남겼다.

세종대왕은 한민족의 문화를 상징하는 한글이라는 위대한 유산을 남겼다. 에디슨은 인류의 역사를 바꾸어 놓은 전기를 남겼다. 피카소는 위대한 작품을 남겼다. 미켈란젤로가 남긴 유산은 지금도 후세들로 하여금 그의 천재성에 감탄하게 만든다. 보통 사람들이라고 빈손으로 떠나는 것은 아니다. 나의 할머니는 "지게꾼도 저 잘난 맛에 산다. 살던 동네를 떠나면서 동네 샘물에 침을 뱉지 말라. 이 샘물을 다시는 안 마실 것처럼 떠나지만 그 샘물을 다시 마시게 된다."고 자주 말씀하셨다. 할머니는 가셨지만 할머니는 인생을 사려 깊게 살라는 지혜를 주고 떠나셨다.

육체가 떠난다고 모든 것이 끝인가? 그렇지 않다. 우리는 선조들이 남겨 준 유산을 뿌리 삼아 개선, 개혁, 창조하며 뒤따라오는 후손들에게 다시 물려주려고 노력하며 살고 있다.

어느 날 이 세상에 던져진 존재인 우리는 우리의 의사와는 아무런 관계없이 이 세상에 수동적인 존재로 태어났다. 태어난 것은 운명이지만 우리가 살아가는 것은 선택이다. 불교에서는 인간의 삶을 운명 30%, 선택 70%라고 한다. 인생길에서 선택을 잘하여 이 세상 하직할 때 인생은 공수래, 공수거라고 허무를 노래하며 떠나지 않기를!! 인간으로 태어나서 의미 있는 인생을 살다가 후손에게 도움이 되는 유산을 남기고 떠나야 한다. 인간은 빈손으로 왔다가 빈손으로 가는 존재가 아니다.

02. 우주를 덮는 무한한 인간의 능력

1. 우주는 육체를 덮고 마음은 우주를 덮는다

"우주는 육체를 덮고 마음은 우주를 덮는다." 인간에게 무한의 세계를 열어 주는 엄청난 경구다. 인간의 육체는 바늘 하나, 물 한 방울만으로도 죽을 수 있다. 인간은 호랑이, 사자와 같은 맹수들에 비하여 한낱 보잘것없는 나약한 육체의 소유자이다. 그러나 왜 갈대같이 약한 인간은 위대한가? 왜 인간의 마음이 우주를 덮는다고 하는가? 인간의 마음의 세계는 우주처럼 광대무변하며 그 마음에서 인간의 무한한 창조력이 나오기 때문이다. 인간은 생각하는 갈대다. 생각하는 갈대는 달을 정복하고 화성을 정복하여 우주시대를 열어 가고 있고 스마트폰을 개발하여 Digital 시대라는 최첨단 과학문명의 시대를 열어 가고 있다. 이러한 가공할 만한 인간의 능력은 어디에서 오는 것일까? 아래의 그림은 인간의식의 상상도이다. 인간의 의식은 의식과 잠재의식으로 이루어져 있는데 무의식(잠재의식)이 인간의 무한한 능력의 보고이다. 무의식의 세계를 발견한 프로이트는 20세기 인류의 역사를 바꾼 4명 중 한명으로 꼽히고 있다.

여기에서 우리가 명심하여야 할 것은 인간은 모두가 무한한

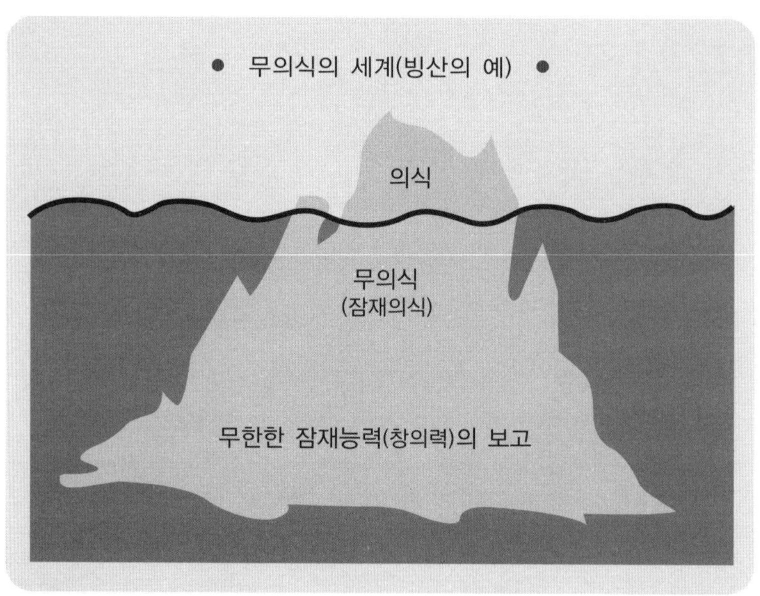

잠재의식의 소유자이며 잠재의식의 개발 여하에 따라 그의 미래가 달려 있다는 것이다. 잠재의식은 인간의 창조력의 보물창고이다. 독자들의 자기개발에 확신을 주기 위하여 잠재의식에 대하여 설명을 더 해보기로 한다.

앞의 그림 속 빙산은 비유를 위한 것이며 마음의 빙산은 그 끝이 없다. 빙산에 비교되는 잠재능력의 원리를 그려 보자.

첫째, 빙산은 1/10만 물 위에 떠 있고 9/10는 물 속에 잠겨 있다. 물 위에 떠 있는 1/10은 의식이요, 9/10는 잠재의식이라 할 수 있다. 우주는 끝이 없는 무한대요, 인간의 마음도 무한대다. 무한대라는 것은 인간의 잠재의식, 창의력의 보고가 무한대라는 의미이다.

둘째, 보통의 인간은 자기능력의 1/10도 발휘하지 못하고 죽는다고 한다. 이건 미국 학자들의 연구 결과이다. 우리 모두는 무한한 잠재능력을 가지고 있는 본성을 타고났기 때문에 위대한 창조자가 될 수 있지만 그 창의력을 개발하지 못하고 살다가 저세상으로 떠나기 때문에 수많은 뉴턴, 수많은 아이슈타인, 수많은 피카소가 빛을 보지 못하고 생을 마감하고 만다. 억울하지 않은가!

셋째, 잠재능력은 24시간 가동된다. 의식은 우리가 깨어 있는 동안 느끼는 시간이지만 잠재의식은 깨어 있는 동안에도, 잠자는 동안에도 가동된다.

한국일보를 창업한 장기영 씨는 창업할 때가 6·25 전후라 신문 인쇄시설이 좋지 않았다. 그는 인쇄기 옆에 촛대를 놓고 밤을 새웠다. 인쇄기가 소음을 내며 돌아가면 잠을 자고 인쇄기가 고장으로 멈추면 벌떡 일어났다고 한다. 인쇄기가 돌아가는 시끄러운 소리는 신문사가 돌아가는 소리요, 인쇄기가 고장나서 조용하면 신문사가 죽어 있다는 신호였기 때문이다. 인간은 이렇게 환경에 적응하는 동물이다.

넷째, 잠재의식은 의식의 하수인이다. 잠재의식은 잠재의식 자체로는 아무런 작용을 할 수 없다. 용량이 많은 컴퓨터가 작동하기 위해서는 운영 시스템이 필요하듯, 잠재의식은 의식의 명령에 따라 움직인다. 우리들이 여행을 떠나기 위해서는 새벽 6시에 일어나야 한다고 가정하자. 6시에 일어나기 위해서는 잠자리에 들 때 의식이 잠재의식에게 명령을 한다. 새벽 6시에 일어나자고 다짐하고 자면 5시 30분, 6시에 일어나게 된다. 명령 전달이 잘못되어 7시에 일어나게 되는 경우도 있다. 이런 사람은 돼지형 인간이다. 그러나 인간은 훈련에 의해 돼지형 인간으로도, 사냥개형 인간으로도 얼마든지 바뀔 수 있다. 인간의 잠재의식의 파동은 멀리 간다.

미국에서 하나의 실험을 하였다. 마를린 먼로의 육체는 미국 여성들의 흠모의 대상이었다. 먼로와 같은 육체를 자랑하고 싶은 것이 여성의 욕망이다. 미국 여성들이 먼로의 나체에 자신의 사진을 붙여 놓고 매일 그 사진을 보고 암시를 함으로써 자기 자신의 육체의 모습이 변하게 하는 수련 프로그램이 있다. 이처럼 인간의 잠재의식은 의식의 하수인이기 때문에 의식의 활동 여하에 따라 창조적인 인생을 살 수 있다.

2. 인간의 잠재능력을 어떻게 활용할 것인가

1) 목표를 묵상하라

잠재의식은 스스로는 아무 힘을 쓰지 못한다. 바다에 떠 있는 축구장 3배만큼 큰 무동력선에 예인선이 필요한 것과 같이 잠재능력을 활용하기 위해서는 의식이라는 예인선이 필요하다. 의식은 잠재의식에 계속 반복하여 암시하는 과정을 통하여 성공적인 인생의 길을 갈 수 있는 것이다. 과학자는 위대한 과학자가 되는 자기의 모습을 그리고, 기업인은 자기 기업의 미래상을 그리고 성공을 암시하면서 기업활동을 하여야 한다. 자기 인생의 미래상을 머릿속에 그리고 그 미래상이 달성될 수 있다고 끊임없이 암시하면서 꾸준히 노력할 때 인생의 목표는 서서히 이루어지는 것이다. 화가는 그림을 그리기 전에 마음속에 그림을 그린다. 인간은 누구나 인생의 화가인 것이다. 미래의 그림을 그리고 그 그림을 완성하기 위하여 잠재의식을 최대한 활용하면 성공의 여신은 서서히 다가올 것이다. 잠재의식을 활용하는 방법을 제시하여 보려고 한다. 많은 활용을 하여 인생에서 성공하기를!

묵상 시에 자기 자신의 목표를 암시하면서 묵상한다. 구체적인 목표를 세우고 암시하고 묵상하라. 묵상은 자기 자신을 설득하는 무기이다. 자신을 설득하지 못하는데 어찌 다른 사람을 설득하겠는가!

모세는 40년 동안 묵상과 암시를 통해서 10계명을 받고 이스라엘 민족을 이끌고 애굽을 탈출하였다. 처칠은 2차 대전 때 독일의 로켓 포탄이 영국 런던에 펑펑 떨어져서 영국인들이 공포와 불안에 떨고 국민과 군인들의 사기가 떨어져 있을 때 암시의 힘으로 영국을 위기에서 구하였다. 그는 영국 의사당에 나가 영국 국민에게 기도하며 연설하였다. 피와 눈물과 땀을 바쳐 영국을 구해 내겠다는 명연설을 하여 영국 국민은 하나가 되어 2차 대전에서 승리할 수 있었다. 예수나 석가나 마호메트나 모두 기도와 암시를 받고 총과 칼이 아닌 말씀으로써 인류의 마음을 정복한 사람들이다.

암시와 묵상은 희망과 목표가 뚜렷해야 한다. 빅터 프랭클이라는 심리학자는 2차 대전 시 아우슈비츠 수용소에서 3년을 보내고 살아 나와 『죽음의 수용소』라는 책을 출간하였다. 그 책은 900만 부가 팔렸고 미국에서 가장 영향력 있는 책 10위 안에 들기도 하였다. 100명 중 98명이 죽어나가는 죽음을 부르는 수용소에서 살아남은 사람들은 희망을 버리지 않고 삶의 의미를 찾는 사람들이었다고 독백하였다. 희망을 버리면 곧 죽음이라는 것을 수용소에서 고통 받는 사람들을 통해서 실증적으로 밝혀냈다. 삶의 희망을 버린 사람들은 나약해져서 똥·오줌을 싸고 무기력해져서 사지가 늘어지고 거동도 하지 못하며 곧 죽고 말더라는 것이다. 인간의 삶이라는 것이 본래 무상한 것인데 희망 없는 삶은 무상한 것이며 그 무상의 포로가 될 때 인간의 삶은 죽음보다 못한 무의미한 것이다. 무상을 극복하는 삶이란 희망의 끈을 놓지 않고 의미 있는 삶을 추구하는 것이라 할 수 있다. 프랭클은 코트 속에 감추어간 원고를 모두 빼앗겼지만 버려진 종이쪽지에 글을 썼다. 당시 수용소 상황으로는 풀려나리라는 희망이 보이지 않았음에도⋯ 죽음 앞에서도 그는 삶을 포기하지 않고 의미 있는 삶을 살기 위해 죽음과 싸웠기 때문에 생존율 2%에서 기적처럼 살아 나올 수 있었다.

묵상과 암시의 힘

『신념의 마력』이라는 책을 쓴 C.M. 브리스톨의 예를 들어보자. 브리스톨의 본래 직업은 신문기자였다. 어느 날 저녁 한 건축업자로터 초대를 받아서 50여 명의 초대 손님들과 만찬을 함께 하게 되었다. 그런데 손님들을 접대해야 할 주인 죠는 술을 너무 많이 마신 나머지 곤드레만드레 취해서 횡설수설하기 시작하였다. 여기저기서 손님들이 수군거리기 시작하였다.

이를 눈치 챈 죠는 안방으로 들어갔다. 호기심 많은 브리스톨은 죠를 따라가 보았다. 죠는 거울 앞에 섰다. 그리고 거울에 투영된 자기 자신에게 암시를 하였다. "헤이, 죠! 이 무슨 꼴이냐? 모든 사람들이 비웃고 있는데 술에 취해서 웃음거리가 되다니". "깨어나라. 깨어나라. 깨어나라!"라고 한 5분을 자신에게 외치니 그의 모습은 평상시의 모습으로 돌아왔다. 그는 바른 자세로 손님들 앞에 나타나서 자기의 사업계획을 일목요연하게 설명하였다. 그는 놀란 손님들로부터 힘찬 박수를 받았다. 브린스톨은 깜짝 놀랐다. 어떻게 만취한 사람이 5분 만에 저렇게 변할 수가 있단 말인가. 저 변화의 힘은 어디서 나오는 것인가. 저것을 연구해 보아야겠다고 결심하였다. 그는 그 길로 신문사에 사표를 던지고 연구를 시작하였고 많은 체험 사례들을 분석하였다. 그리고 그는 책을 썼다. 『신념의 마력』이라는 책을 통해 '신념의 얼굴은 거울에 투영된다.'라는 위대한 암시의 경구를 우리에게 던져 주었다.

2) 신념의 얼굴을 거울에 투영시켜라

브리스톨은 만취상태인 건축회사 사장이 거울 앞에서 본래의 모습대로 변하는 자기 암시의 모습을 보고 신념의 얼굴은 거울에 투영된다는 신념을 가지고 『신념의 마력』이라는 책을 썼다. 우리는 매일 아침 일어나 거울을 보고 출근을 한다. 거울 앞에서 자신의 모습을 보고 암시를 한다. '오늘 계획한 일이 잘 될 것이다.', '오늘 J에게 청혼을 하러 가는데 잘 이루어질 것이다.', '오늘 은행에 대출을 하러 가는데 잘 될 것이다.'라고…. 거울 앞에서 자기에게 암시를 하면 자신감 있는 얼굴로 변한다. 신념의 얼굴은 거울에 투영되고, 만나는 사람들에게 투영되어 성공적인 인생을 살게 된다

당신의 잠재의식, 무동력의 배에 불을 켜라.

03. 사랑, 승화, 창조의 길을 가라

1. 사랑, 승화, 창조의 인생을 살고 간 사람들

중국의 시성 두보(杜甫)는 736년 24세 때 과거에 낙방하고 실의에 젖어 태산을 바라보면서 〈망악(望岳)〉이라는 시를 읊으며 후일을 기약한다. 망악이라는 시 중에는 일람중산소(一覽衆山小)라는 구절이 있다. 그 구절의 의미는 '반드시 산 정상에 올라 산들의 작은 모습을 바라보리라.' 라는 의미이다. 그는 과거시험을 포기하고 저 태산같은 시인이 되리라 결심한다. 태산의 옆에는 태산같이 높은 형제 산이 없고 태산 아래는 작은 산들이 여기저기 흩어져 있어 태산이 그만큼 크게 돋보이기 때문에 산의 높이는 1,500m에 불과하나 중국 사람들의 영산이 되어 있다. 공자도 태산에 올랐고 중국의 황제들은 태산에 올라 권력의 안위를 비는 제사를 지내는 것이 꿈이었다.

두보는 일람중산소라는 구절을 통해서 태산 아래 작은 산과 같은 인간들 틈에 끼어 세속의 명리를 탐하며 사는 것을 포기하기로 하였다. 그리고 시성(詩聖)으로 다시 태어났다. 그의 〈망악〉이라는 시는 태산에 시비로 우뚝 서 있고 일람중산소라는 시의 한 구절은 사람 크기의 두 배 정도 높은 바위에 새겨져 태산에 오르는 세인을 맞는다.

그는 진정으로 태산 같은 시인이 되어 중국의 시성으로 추앙받고 있으며 그는 사랑, 승화, 창조의 인생을 살다가 59세로 이 세상을 떠났다.

두보의 일람중산소에 관한 일화 한 토막을 소개하고자 한다. 중국의 후진타오 주석이 2006년 5월에 미국 방문 길에 올랐었다. 미국은 중국의 끈질긴 요청에도 불구하고 후진타오의 국빈 방문을 거부했다.

2006. 5. 20 부시 대통령이 후진타오 주석의 방미 환영 만찬을 열었다. 부시의 환영사에 이어 후 주석의 답사가 있었다. 후 주석은 두보의 시구 회당절정(會當絕頂), 일람중산소(一覽衆山小), 즉 언젠가 저 산(태산)의 정상에 올라서서 산 아래 작은 산

들을 내려다 보리라는 시 구절을 인용하여 와신상담(臥薪嘗膽)의 결의를 다졌다.

후진타오는 국빈 방문 요청을 거부당하고 만찬시 사회자가 중화인민공화국을 대만의 이름인 중화민국으로 불러 심기가 매우 불편하였다. 후일을 기약하는 그의 심중을 피력한 뜻이었다.

중국은 그 후 성장을 계속하여 G2의 강대국이 되어 미국을 위협하고 있고, 몇 년 전 오바마가 중국을 방문하였을 때 앙갚음을 하였다.

2012년 2월 초, 어느 날 강영우 박사라는 분의 영결식이 열렸다. 그는 시각장애인으로 연세대학교를 나와 미국 유학길에 올라 석사, 박사학위를 받고 한국인으로서는 처음으로 미국정부의 차관보까지 오른 입지전적 인물이다. 그런 그가 췌장암에 걸려 세상을 떠났다. 세상을 떠나면서 그는 지인들에게 "여러분의 사랑으로 행복하고 보람 있는 인생을 살다가 가게 되었다."고 감동적인 감사의 편지를 띄웠다.

그가 시각장애인으로 공부를 시작하여 차관보에 이르기까지의 그의 인생길은 고난의 연속이었을 것이다. 그런데 그는 삶을 정리하면서 감사를 드리고 장학금으로 5만 달러를 기부하고 떠났다. 평생 그의 눈이 되어 준 아내에 대한 사랑과 감사를 잊지 않았다. 그는 시각장애인이라는 그의 인생을 사랑하고, 눈뜬 사람도 하기 어려운 값 있는 인생을 살고 하늘나라로 떠났다. 그는 그의 인생을 사랑하고, 승화시키고, 창조하고 떠난 사람이다.

2. 사랑, 승화, 창조의 길을 가기 위하여

"양심이여! 지성이여! 반항하라!"

– 앙리 발뷰스 –

1) 어떤 길을 갈 것인가

인간이 가는 길에는 수많은 길이 있다. 그 많은 인생길 중에 어떤 길을 갈 것인가. 자기 자신이 가고자 하는 길, 자기의 적성에 맞는 길을 택해서 가라. 새에게는 새의 길이 있다. 하늘을 나는 새들은 그냥 나는 것이 아니다. 그들의 삶을 위해서 필요한 하늘 길을 난다. 얼마 전 오후 석양에 한 무리의 새들이 서쪽 하늘을 향해서 날고 있었다. 그런데 갑자기 제일 앞에서 선도하던 우두머리 새가 우왕좌왕하더니 방향을 동쪽으로 틀었다. 모든 새들이 그 새의 뒤를 따라서 동쪽을 향해서 멀리 멀리 날아갔다. '아! 새들도 자신들의 길을 찾아 나는구나.' 그때 인간의 길을 생각했고 나의 길을 생각했다.

모든 인간에게는 자기의 길이 있다. 삶의 성패는 자기의 특성에 맞는 길을 가는 데 달려 있다.

나이팅게일의 가족들은 나이팅게일이 간호사의 길을 가는 것을 반대하고 평범한 주부로 살기를 바랐다. 뉴턴의 어머니는 뉴턴이 가족 농장 일을 돌보기를 원했다. 세잔의 아버지는 세잔이 사업가가 되기를 원했다. 괴테의 아버지는 괴테가 법률가가 되기를 원했다. 괴테의 아버지는 이층에 다락방을 만들어 놓고 괴테의 외출을 감시하였다. 하라는 법률공부는 안 하고 외출이 너무 잦았기 때문이었다. 법원 말단 서기였던 괴테의 아버지는 괴테를 법률가로 출세시켜 자신의 한을 풀려고 했다. 이들은 모두 반항아들이었다. 그 반항아들은 자기의 길을 찾아 빛나는 인생을 살았다. 시인 릴케는 시인이 되고자 하는 젊은

이들에게 이렇게 충고했다. "젊은이들이여! 시인이 되고자 하거든 밤중에 뜰에 나가 가슴에 손을 얹고 자신에게 물어보라! 너는 과연 시인이 될 자격이 있느냐?" 당신도 자신에게 몇 백 번 물어보고 또 물어보고 당신의 가슴에서 들려오는 대답에 따라 자기의 길을 가라.

위에서 소개한 위인들은 사랑, 승화, 창조의 인생을 살아 세상에 빛을 발한 사람들이다.

2) 인생의 핵이 되어라: 바람 따라 살지 말라

필리핀 남쪽 남태평양에서 불어오는 태풍은 그 태풍을 일으키는 태풍의 핵(nuclear)이 있다. 그 조그만 핵이 거대한 폭풍을 일으켜 일시에 쓰나미 현상을 일으키기도 한다. 몇 년 전 인도네시아에서 일어났던 쓰나미는 20여만 명의 인명피해를 가져오고 여러 섬의 지형을 바꾸어 놓았으며 엄청난 피해를 가져왔다. 부시 정부 때 멕시코만에서 일어났던 카트리나는 피해가 엄청나서 무능한 부시 정부를 흔들어 놓았었다. 아직도 복구가 안 된 지역이 있다. 그 엄청난 카트리나를 일으킨 진원지는 어디였을까? 멕시코만의 중간지점 한 곳에서 소용돌이가 일어났다. 그 조그만 소용돌이가 거대한 광풍을 일으켜 뉴올리언스를 휩쓸어 버렸다. 그 소용돌이 속에 태풍을 일으키는 인자인 태풍의 핵이 들어 있다. 태풍의 핵은 핵폭탄이 폭발하는 만큼의 위력을 발휘한다.

이처럼 태풍에는 핵이 있다. 그 조그만 핵이 바람을 일으켜 때로는 핵폭탄보다 더 무서운 쓰나미라는 원치 않는 선물을 선사한다. 핵이 일으킨 바람은 아무 힘이 없다. 핵이 정한 방향을 따라 바람은 일어나고 불 뿐이다. 바람은 바다에 떠 있는 거대한 무동력선과 같다. 무동력선은 자신은 아무런 힘을 발휘하지 못한다. 예인선이 끌어야 비로소 무동력선에 동력이 발생한다.

인간의 사회도 마찬가지다. 대중은 바람이다. 이 사회에도 바람을 일으키는 핵심역할을 하는 사람들이 있다. 애플의 핵은 스티브 잡스였다. 핵이 사라지자 바람(대중)들이 떠들고 난리였다. 한때 한국 정치를 주름잡던 양김이라는 사람들이 있었다. 어떤 김씨가 대권에 출마하여 K시에서 그의 강연회가 열린 적이 있었다. 오후 3시가 예정시간이었는데 그는 4시, 5시가 되어도 나타나지 않았다. 그의 친위대들이 "기다리게 해서 죄송합니다. 다른 도시에서 집회가 늦어졌습니다. 조금만 기다려 주십시오."하고 양해를 구하니 운동장을 가득 메운 수만 명의 바람(대중)들은 불평 한마디 없이 박수를 치며 그 대권주자(핵)가 나타나기를 기다리고 있었다.

여름날 홍수가 일어나면 물결 따라 바다로 떠내려가는 물고기가 있고 역류하여 목숨 걸고 상류로, 상류로 거슬러 올라가는 물고기가 있다. 홍수의 물결 따라 떠내려간 물고기는 바다에 이르러 짜디짠 바닷물을 먹고서야 '아차! 내가 살 곳이 아니구나. 내가 죽으러 왔구나. 빠져나가야지.' 하고 결심하지만 이미 때는 늦어 버린다. 때늦은 후회를 해 봤자 살 방도는 없다. 반면 역류한 물고기는 고통에서 벗어나 잔잔한 호수의 물 속에서 안락한 삶을 누린다. 고진감래(苦盡甘來)의 참뜻을 여기에서 찾을 수 있다.

인간의 세계도 자연의 세계와 다를 바 없다. 바람 따라 살기를 원하는가? 바람 따라 살지 말라. 동풍 불면 동쪽으로, 서풍 불면 서쪽으로 바람 따라 인생의 방향을 돌리는 사람은 삶의 가치관을 바꾸어야 한다. 역류의 인생은 홍수 난 계곡을 역류하는 물고기와 같다. 스티브 잡스는 암 투병을 하면서도 새로운 제품개발에 몰두하였다. 삼성의 이병철 회장은 73세에 반도체 회사를 설립하였다. 그것도 수많은 반대와 비웃음, 심지어 비서진까지의 반대를 무릅쓰고 역류의 인생을 살다가 갔다.

위대한 사람만이 인생의 핵이 되고 회사의 핵이 되고 나라의 핵이 되는 건 아니다. 우리가 살고 있는 세계, 넓은 세계이든 좁은 세계이든 그곳에서 핵심이 되어 그곳의 역사를 쓰면 된다. 자연계에 태양이 하나이듯 우리 모두가 태양이 될 수 없고 달이 될 수도 없다. 하늘에는 아름다운 별들도 많다. 우리가 사는 육지에는 많은 것이 있다. 단풍나무도 있고 소나무도 있

고 버들 나무도 있다. 길은 큰 길만 있는 것이 아니다. 큰 길
도 있고 오솔길도 있고 산길도 있고 들길도 있다. 나무는 그
나무 나름대로의 특징과 아름다움이 있고 길은 길대로 길에 따
라 특색과 아름다움이 있다. 인간의 길도 마찬가지, 남의 길을
따라가지 말고 자기가 개척한 길을 가라. 그 길에 자신의 삶의
의미가 있다. 그 길이 험하더라도 그 길을 사랑, 승화, 창조의
길로 만들어라.

큰 길이 되지 못할 진대
호젓한 오솔길이 되라
태양이 되지 못할 진대
별이 되라
성공과 실패는 크기에 달린 것이 아니니
무엇이 되든
가장 아름다운 것이 되라

– 더글러스 머독 –

미국 노인들이 양로원에 들어간 이유

100세 장수의 시대가 오고 있다고 세상이 떠들썩하다. 우
리나라도 장수국가의 반열에 들어섰다. 평균 수명이 남자 77

세, 여자 84세의 장수 시대에 들어섰다. 그러나 인간의 삶의 의미는 오래 사는 데 있는 것이 아니라 무엇을 위해서, 어떻게 사느냐에 있다. 오래 살기를 원하며 늙으면 양로원으로 들어가서 하루하루 무의미하게 살다가 가는 인생은 진정한 삶이 아니다. 인간의 삶의 목적은 오래 사는 데만 있지 않고 어떻게 사느냐에 있어야 한다. 확실한 가치관을 형성하고 삶의 목적을 가지고 인생을 성실하게 사는 사람들은 노후를 양로원에서 보내지 않으려고 한다. 미국에서 양로원에 간 사람들을 조사해 보았는데 다음과 같은 사람들이 양로원에 들어가 살다가 쓸쓸하게 세상을 떠났다. 그렇다면 만일 그 반대의 인생을 살면 양로원에 가지 않고 인생을 살 수 있지 않을까 생각한다.

미국에서 양로원에 간 노인들의 이유를 들어 보자.

첫째, 즉석인생을 살았다.
둘째, 습관의 노예로 살았다.
셋째, 나태하였다.
넷째, 남을 생각하지 않았다.

>> 예방경영의

인생을 위하여

“형식 없는 내용은 맹목적이고 내용 없는 형식은 공허하다.”

- 칸 트 -

02

예방경영의 장

01. 왜 예방경영인가

우리는 사후약방문(死後藥方文) 공화국에 살고 있다. 병들기 전에 병을 예방하고 만일 병이 들면 운명하기 전에 죽지 않도록 치료를 해야 한다. 회생 불가능한 환자를 구급차에 태워 응급실에 가면 이미 때는 늦고 만다. 오진하고 처방을 잘못하여 살릴 수 있는 생명을 희생시키는 경우가 많다. 이런 일은 개인의 생명에서, 인생사에서, 기업경영에서, 국가경영에서 나타나는 현상이다. 역사에서 그 예를 찾아보자. 멀리는 병자호란, 정묘호란, 임진왜란, 한·일능약, 6·25, 가까이는 IMF, 천안함 사건 등, 불행한 국난을 예방할 수 없었을까? 아니다. 있었다. 불행하게도 예방은 하지 못하고 불행한 일을 당하고 난 다음에 사후약방문 처방을 내리며 부산을 떤 경우가 많았다. 사후약방문 처방은 죽은 처방이다. 병들기 전에 병을 예방하여 건강을 지키는 예방의학처럼 사고가 나기 전에 예방 경영하여 실패 없는 인생을 사는 것, 이것이 진정한 경영이다. 다음에서 현실에서 일어난 인간사를 중심으로 예방경영의 장을 열어 가려고 한다.

1. 예방경영의 화두를 안겨 준 체험사례

1) 섬유제품 수출업의 K 사장

1970~80년대에 필자는 어느 금융기관의 경영지도위원으로 그 금융기관에서 보증한 중소기업의 경영지도라는 책임을 맡고 중소기업의 경영을 현장에서 체험할 수 있는 기회를 갖게 되었다. 그러다 80년대 초에 유학을 가게 되어 경영지도 업무를 정리하기 위하여 협력관계를 맺고 있는 기업을 순방하게 되었다. 그때 잊을 수 없는 한 업체를 방문하였다

그 업체는 종업원 30명 정도로 업종은 영국 등 선진국에 질 낮은 세탁용품을 수출하는 섬유 업체였다. 그 업체를 방문하여 보니 공장은 가동이 중단되어 적막하고 유령의 집인 듯 음산했다. 그 이유는 회사가 부도위기에 빠져 사장 내외가 자살을 하려고 문을 잠그고 약을 먹었는데 종업원들이 문을 부수고 사장

내외의 생명을 구하였다. 생명을 버리려는 사장의 안타까운 사정을 알게 된 종업원들이 무보수로 일을 할 테니 죽지 말고 함께 회사를 다시 살리자고 결의를 하고 잠시 쉬고 있는데 필자가 방문하였다고 하였다.

사원들의 애사심과 인간애에 감동한 나머지 사장과 사원들 모두를 한자리에 불러 모았다. 30명이 모인 곳은 허름한 창고였다. 그 창고에서 그들에게 정말 가슴으로 외쳤다. "여러분! 정말 감사합니다. 죽어 가는 회사를 살리기 위하여 모두가 하나 되어 다진 고귀한 결의를 높이 평가합니다. 오늘은 창고에서 강의를 하고 강사료도 받지 않고 떠나지만 다음에 회사를 방문할 때는 회사가 성공하여 강단도 짓고 강사료도 많이 주시기 바랍니다. 그때를 기약하고 나는 공부하러 떠납니다." 그들과 눈물을 머금고 굳은 악수를 하고 떠났다. 유학생활을 마치고 돌아와 서둘러 그 회사를 방문하였다. 나를 맞이한 것은 폐허가 된 건물의 잔해였다. 그때의 너무도 허망한 기억이 지금도 가끔 가슴을 아프게 한다. 희망의 끈을 잡고 갖은 고난을 이겨 내려고 애쓰던 K 사장의 얼굴이 희미하게 떠오르곤 한다.

K 사장은 정말 실패를 예방할 수 없었을까? 그 의문이 오늘도 내 가슴 속에 남아 있다.

2) 중견우유회사를 창업했던 고 사장의 슬픈 사연

명문대를 나와 고등학교 교사를 하던 고재민이라는 젊은이가 있었다. 그는 사업가의 길을 가기로 결심하고 인생길을 바꾸었다. 그리고 소규모 우유배달업을 시작하여 몇 년 동안에 사업 기반을 닦는 데 성공하였다. 그는 한동우유라는 자신의 회사를 창업하였다. 몇 년 동안 사업은 계속 성장가도를 달렸다. 그 지역사회에서 한동우유라는 브랜드가 공신력을 얻어 가고 있던 시기에 불황이 찾아와 중소기업의 도산의 비극이 신문의 표지를 장식하는 나날이 계속되기 시작하였다. 그의 회사도 불황을 이기지 못하고 쓰러지고 말았다. 그 회사는 신용보증기금에서 창업자금의 보증을 선 회사였기에 필자는 가끔 그 회사를 방문하여 경영 상태를 점검하고 강의도 하였다. 그래서 사장의 경영스타일과 경영상황을 대강 파악하고 있었다. 개선안을 내었지만 받아들여지지 않고 회사는 도산하고 말았다.

회사가 도산한 후 사장은 불미스런 사건에 연루되어 감옥생활을 6개월쯤 하다가 출옥하였다. 그가 서울에 가서 제과점을 개업했다는 소식이 들려왔다. 그가 안정된 여생을 살기 바랐는데 비보가 날아왔다. 그가 제과점 앞 거리를 거닐다가 자동차 사고로 이 세상을 떠났다는 것이다.

기업도 무상하고 인생도 무상한 것. 그렇게 자존심 강한 사람이 그렇게 가다니 정말 무상을 느꼈다.

그와 그 회사를 생각하면 잊을 수 없는 기억이 떠오른다. 그는 우리나라 최고의 명문대를 나왔다는 자부심이 너무 강하였다. 그의 회사와 인연을 맺고 오가며 지냈던 몇 년 동안 그의 얼굴에서 웃음을 본 적이 없었다. 그는 너무 경직되어 있었다. 사원들의 얼굴에서도 웃음을 발견할 수 없었다. 회사도 경직되어 있었다. 회사 경영도 너무 도식적이었다고 기억된다. 회사 경영 상태를 진단하기 위해서 사원들에게 설문지를 돌리고 면담을 요청하면 거의 묵묵부답이었다. 침묵이 그들의 무기였다. 동맥경화증에 걸려서 허덕이던 회사는 그 회사와 관계를 맺고 있었던 많은 사람들을 희생시키고 사라지고 말았다.

지금도 생각해 본다. 그 회사는 도산을 예방할 수 없었을까? 그랬더라면 고 사장은 그렇게 비참하게 생을 마감하지도 않았으리라.

물론 본인과 관계를 맺었던 많은 중소기업들이 모두 실패한 것은 아니다. 크게 성공한 기업, 현상 유지하는 기업 등등 생존해 있는 기업이 많다. 그러나 필자의 가슴속에는 성공한 기업들보다 회사가 부도나고 인생 자체가 파멸한 사람들이 남아 있다. 사업은 실패해도 인생이 파멸되어서는 결코 안 된다는 생각이 필자의 신념이다. 실패한 사장들의 아픔이 필자로 하여금 예방경영이라는 화두를 안고 살게 했다고 생각한다.

2. 예방경영과 그 모델

1) 예방경영이란?

예방경영이란 개인, 조직, 사회, 나라에서 일어나는 사건들을 예측하고 분석하여 실패를 예방하고 창조적이고 성공적인 인생을 살 수 있도록 비전과 실천전략을 제시하는 경영학적 접근방법이라 할 수 있다. 즉 예방경영의 핵심은 미래에 무엇이 발생할 것인가를 예견하여 새로운 미래 세계의 창조를 통해서 인생이라는 전쟁터에서 기회와 승리를 쟁취하여 의미 있는 인생을 살기 위한 작업이라 할 수 있다.

2) 예방경영을 위한 기본 MODEL

성공적인 예방경영의 인생은 위의 모델의 실천에 있다.

첫째, 자기의 강점을 발견하라. 자기에 대한 끊임없는 관찰을 통해서 자기의 강점을 찾아내고 그 강점에 입각하여 인생의 목표를 설정해야 한다.

박지성의 강점은 축구, 김연아의 강점은 피겨스케이팅, 전라도 외딴 섬 출신 최경주의 강점은 골프에 있었다. 정주영, 이병철 회장의 강점은 기업경영에, 김대중, 김영삼의 강점은 정치에, 모택동의 강점은 어느 장군보다 뛰어난 게릴라 전략에

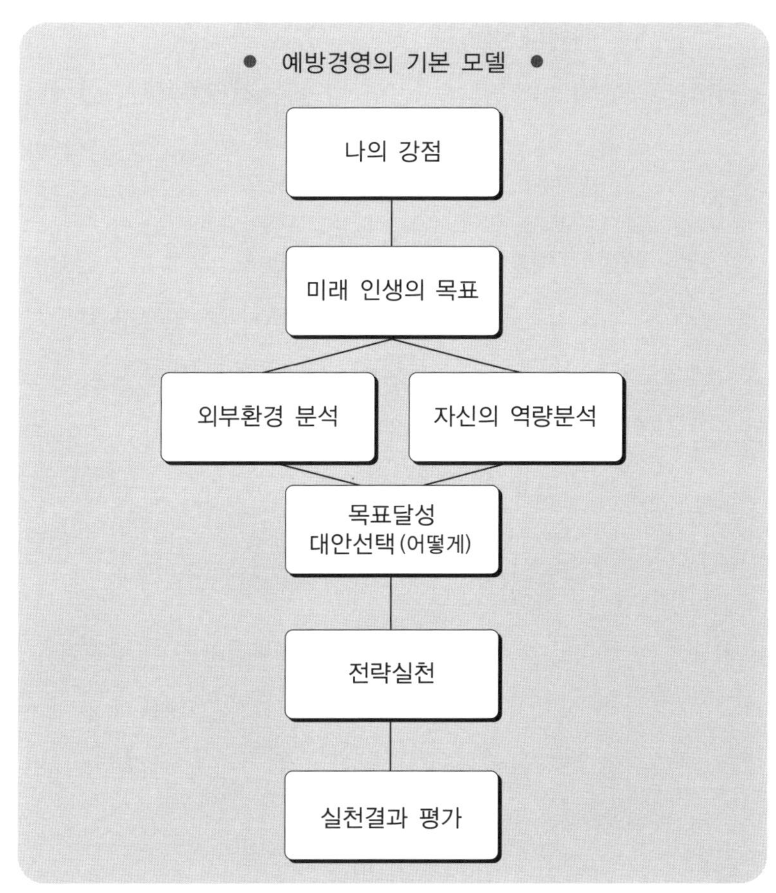

있었다. 김소월의 강점은 시에 있었다. 스티브 잡스가 사망했을 때, 한 기업인이 세상을 떠났는데 그렇게 전 세계적으로 추모의 물결이 일어나는 것을 보고 놀라지 않을 수 없었다. 스티브 잡스는 그의 강점을 최대한 살려 IT세계의 역사를 바꾸어 놓았기 때문이다. 그의 강점은 새로운 세계의 창조에 있었다.

인간은 누구에게나 강점과 약점이 있다. 약점을 강점으로 바꾸기에는 시간이 너무 짧다. 집행 날짜는 정해져 있지 않지만 우리 인간에게는 사형 선고가 내려져 있다. 우리는 갈 길이 바쁘다.

하나의 특별한 예를 들어 보자. 미국 철강 산업의 창건자이고 2,500개의 도서관을 건립한 앤드류 카네기는 인간경영에 성공하여 큰 업적을 남길 수 있었다. 그는 다른 경영능력도 뛰어났지만 그의 가장 탁월한 강점은 인간경영에 있었다. 그가 스스로 작성한 묘비명을 보자.

"여기에 자기 자신보다 더 우수한 사람들을 모을 줄 알았던 한 인간이 잠자고 있다."

카네기는 부하들의 강점을 발견하여 적재적소에 배치하였다. 그것이 그의 핵심적인 성공 비결이었다. 미국은 대표적인 자본주의 나라지만 부자들의 동상은 찾아보기 어려운 나라다. 그런데 카네기의 동상은 여러 곳에 서 있다.

명심하라! 자신의 강점을 찾아내어 활용하라.

둘째, 목표를 명확히 하라. 강점을 활용할 목표를 확고히 하라. 모택동의 목표는 인민 해방에, 만델라의 목표는 흑백통합에, 링컨의 목표는 노예 해방과 남북통합에 있었다. CNN 사장 터너의 목표는 군사위성을 통신위성으로 바꾸는 데 있었다. 그는 세계 최초로 생방송의 역사를 시작한 역사적 인물이 되었다. 다산은 18년 유배생활의 목표를 백성을 위한 저술에 두었다. 다산의 업적은 세월이 갈수록 빛을 발하고 있다. 경기도 남양주에 있는 그의 기념관에는 주말에는 천여 명이, 평일에는 300여 명이 방문한다고 한다. 우리나라에서 그 누구의 기념관에 그렇게 많은 사람들이 방문하겠는가?

열 마리 토끼를 잡으려 하지 말고 한 가지 목표에 집중하라. 상대성 원리를 발견한 아인슈타인은 이스라엘의 초대 대통령 자리도 거절하였다.

숭산 스님의 『선(禪)의 나침반』이라는 책에 다음과 같은 놀라운 이야기가 나온다.

충청도 어느 절에서 스님들의 공양으로 두부를 만들어 큰 물통에 넣고 창고 문을 잠가 놓았는데 밤마다 두부가 한 모, 두 모씩 없어지는 일이 있었다. 절 내 분위기가 뒤숭숭해졌다. 누가 밤중에 두부를 훔쳐 가느냐. 그것도 열쇠로 잠겨 있는 창고에서 말이다. 스님들은 서로를 의심하다가 하룻밤은 망을 보기로 결의를 하고 망을 보았다고 한다. 그런데 놀라운 사건이 벌어졌다. 창고 문에는 작은 구멍이 나 있었는데 밤이 깊어지자 그 문구멍으로 고양이 한 마리가 기어 들어와서 두부를 담아 놓은 큰 물통의 가장자리에 올라 물통 속에 있는 두부를 한참 동안 응시하고 있으니 어느 순간 두부 한 모가 물 위로 불끈

솟아오르더라는 것이다. 고양이는 그 두부를 번개처럼 물고 사라졌다.

전류는 모든 곳에 흐르고 있다. 그러나 그 전류를 한곳에 모으지 않으면 전류는 분산되어 아무 힘을 발휘하지 못한다. 한낱 고양이가 두부를 물 위로 떠오르도록 힘을 모으는 것과 같이 전류를 한 점에 모을 때 세상에 빛을 줄 수 있는 것이다. 태양열이 한 점에 모일 때 종이를 태울 수 있는 것이다.

여러 스님들이 그 놀라운 광경을 목격하였지만 숭산 스님만이 그 사건으로 큰 깨달음을 얻게 되었다. 고양이가 스님에게 깨달음을 준 스승이 된 셈이라고 할 수 있다. 그 사건 후 스님은 다음과 같은 세 가지 명제를 내걸었다.

'첫째, 대의심(大疑心), 문제의식을 가져야 한다. 둘째, 대신심(大信心), 문제를 풀 수 있다는 믿음이 있어야 한다. 셋째, 대분심(大奮心), 문제를 풀 수 있도록 끝없는 정진을 하여야 한다.'는 명제를 걸고 수도를 계속하여 그분은 5만 명의 외국인 제자를 양성하였고, 세계 4대 생불 중의 한명으로 추앙을 받게 되었다.

셋째, 자기의 내부역량을 키우고 외부 환경을 분석하라.

기업가 권영호는 26세에 무일푼으로 원양어선의 선원으로 출발하여 수리가 불가능하다고 남들이 조소하는 폐선 한 척을

구입하여 당년 30만 불의 어획고를 올려 주위를 놀라게 하였
다. 그는 매출 1조 원을 자랑하는 대기업으로 회사를 키웠고
나눔의 철학을 실천하여 중국 연길대학에 그의 동상이 세워져
있다. 그는 내부역량을 강화했고, 외부환경을 극복하고 인생을
승화시킨 창조적 기업인이다.

넷째, 목표달성의 방안을 찾아내고 전략을 실천해야 한다. 기
업가 권영호는 스페인에서의 사업이 어려움에 봉착하자 내전으
로 폐허가 되어 다른 기업인들이 거의 떠나가는 앙골라에서 수
산업을 시작하여 화제가 되었다. 그는 불모지 앙골라에서 사업
을 성공시키고 폐허가 된 앙골라의 발전에 큰 기여를 하여 앙
골라인들의 존경을 받고 있다. 한때, 그는 앙골라에서 '인터불
고'라는 수산업을 경영할 때, 선원을 구할 수 없어서 어려움에
직면하게 되었던 적이 있었다. 권 회장은 고민 끝에 중국 길림
에서 바다를 모르는 중국 조선족 1,000명을 고용하고 훈련시켰
다. 그리하여 조선족을 고용한 20년 동안 조선족 출신 선장만
도 20명이 나왔으며 조선족 사회에서 가장 존경받는 기업인으
로 추앙받고 있다.

다섯째, 실천결과를 꼭 평가해야 한다. 자기가 추진했던 일의
결과가 성공적이라면 그 사람은 성공적인 인생을 사는 것이다.

예방경영이란 실패를 예방하고 미래를 창조하는 것이다. 권영호는 스페인에서, 앙골라에서 예방경영과 창조경영의 좋은 사례를 보여 주고 있다.

그는 부산에서 호텔을 경영하고 있는데 호텔 객실 구석진 방 한 칸을 집무실 겸 주택으로 사용하고 있다. 손님이 많은 날은 손수 음식을 나르며 비행기는 항상 3등석을 이용한다. 자동차도 소형차를 타며 손수 운전을 한다. 그렇게 살면서 세계 곳곳의 어려운 사람들을 위해서 아낌없는 기부를 한다. 아름다운 삶이 아닌가!

3) 예방경영에 대한 역사의 교훈

* 임진왜란과 피난가는 선조의 모습

임진왜란: 방심하다 허를 찔린 전쟁이었다. 왜군은 동래에 침입한 후 20일 만에 서울까지 함락하였고 그 해 6월에는 평양까지 밀고 들어왔다.

왜군이 상륙했다는 소식에 조선의 장군들은 싸움 한번 제대로 하지 못한 채 도망치는 데 급급하였다. 오직 한 사람 신립만이 탄금대에서 배수진을 치고 대항하다 사망하였다.

선조: 신립이 패했다는 말을 듣고 안전한 곳으로 피할 것만 궁리하다 평양으로 갈 것을 결정하였다. 선조를 실은 수레가 한양을 빠져나가던 중, 백성들은 선조의 행차를 막으면서 애원했다. "우리가 목숨을 걸고 서울을 지킬 테니 떠나지 말아 달라."는 것이었다. 그러나 선조는 백성의 애원을 뒤로하고 평양으로 떠나고 말았다. 선조의 도피행각은 거기서 끝나지 않았다. 선조는 평양에서 다시 의주로 도망갔고, 그것도 모자라 압록강을 건너 요동으로 도망가려고 하였다. 이 당시 선조와 신하들이 나눈 다음 대화를 보면 참으로 기가 막힌다. 신하들이 요동으로 도망가려는 선조를 만류하자 "의논이 많으면 좋지 않은 것이다. 지금 백방으로 생각해 봐도 내가 가는 곳에는 왜적도 갈 수 있으므로 본국에 있으면 발붙일 땅이 없을 것이다." 이에 한 신하가 내전과 비빈을 어찌할 것인가를 묻자 선조는

“요동으로 가는 데는 내전 및 두세 명의 비빈은 부득이 대동하고 가야겠다.”라고 답한다. 왜군에게 전 국토가 유린된 상황에서 왕이 책임을 통감하고 결전을 하겠다는 의지를 보인 것이 아니라 자신의 처첩 몇 명을 데리고 요동으로 들어가겠다고 우기고 있었던 것이다.[1] 백성을 버리고 떠난 왕과 대신들의 행동에 백성들은 크게 실망하였다. 특히 노비들은 이러한 행동을 보고 인간대접을 못 받고 살았던 자신들의 처지가 더욱 억울하고 한스러웠다. 그들은 장례원에 있는 노비문서를 불태웠다. 그 불길이 장례원과 경복궁을 한 줌 잿더미로 만들고 말았다.

조선의 조정은 임진왜란 이전에 적의 세력과 동태를 살피고자 두 통신사를 일본에 보냈지만 그들의 보고는 극과 극이었다. 조정은 일본은 조선을 침략할 의사가 없다고 결론을 내리고 아무런 준비를 하지 않아 허를 찔리고 말았다. 임진왜란 중 백성들은 기아에 신음하며 인육을 먹고 동물보다 못한 지옥의 참변이 일어났다.

누구의 책임이었겠는가? 긴 전란 끝에 왜군의 공격이 주춤거리게 되었다. 거기에는 의병의 활약이 컸다. 의병과 관군, 명나라 원군, 이순신의 해전 등 종합적인 힘으로 임진왜란은 평정되었다. 하지만 그 후가 가관이었다.

임진왜란이 끝난 후 조정 대신들은 어떤 행동을 하였던가. 선조를 따라 피난 간 대신들은 공신이 되고 의병으로 나라를 위해 목숨을 바쳐 싸운 사람들은 공신은커녕 반역자로 몰려 처형되기도 하였다. 피난 간 고관대작들은 자신들이 살기 위해 적지에 남아서 싸운 사람들을 역적으로 몰았다. 실제로 전장에 참여하여 나라를 지킨 수많은 사람들 중에서 공신이 된 사람은 이순신을 비롯한 18명에 불과하였다. 충청도 의병장이었던 이산겸과 전라도 의병장이었던 김덕령 등은 임진왜란 중 일어난 반란사건과 연루되었다는 일방적인 모략으로 역모와 무관하다는 그들의 주장은 무시된 채 모진 고문 끝에 사망하고 말았다.[2]

역사는 거울이다. 왜 역사공부를 하는가. 과거를 반복하지 않기 위해서이다. 우리는 과거를 반복하지 않고 있는가. 우리나라는 많은 국난을 겪었다. 정묘호란, 병자호란, 일제식민통치, 6·25, 최근에는 IMF, 천안함 사건 등 나라의 위기 때마다 한국의 위정자들은 무엇을 하였는지 묻고 싶다.

* 지도자의 오판 -부시의 거짓과 오만

9·11테러 당시 부시는 미국 대통령이었다. 테러는 인류사회에 대한 범죄 행위이다. 그러나 그 테러행위의 원인을 제거한다는 데에는 동의하지 않는 사람이 없을 것이다. 부시는 테러와의 전쟁을 선포하고 먼저 아프카니스탄을 침공하고 다음은 이라크를 침공 하였다. 빈 라덴은 아프카니스탄의 산악지대에

숨어 있었고 빈 라덴을 미국에 인도하지 않자 그것을 구실로
아프카니스탄을 침공하였다.

다음은 이라크의 차례였다. 부시는 이라크가 9·11테러를
뒤에서 사주했다는 정보도 가지고 있지 않았고, 대량 살상무기
(WMD)를 제조하고 있다는 명확한 정보나 증거가 없음에도 불
구하고 그것을 이유로 이라크를 침공하였다. 대량 살상무기 수
색 책임자로 임명된 데이비드 케이는 2년 동안 수색을 계속 했
지만 하나의 샘플도 얻지 못했다. 2005년 12월 부시는 전쟁의
동기가 되었던 일부 정보들이 잘못된 정보였음을 인정했다. 마
침내 미국은 이라크에서 상처만 남기고 철군을 시작했다.

이라크는 매일 수십 명, 수백 명씩 테러의 희생으로 사망하
는 지옥의 수렁으로 빠져 들었다.

5년 동안 4,000명이 넘는 미군과 무수한 이라크 인들이 죽
고 경제적 손실이 1조 달러 이상이라는 추정이 나왔지만, 피비
린내 나는 살육은 계속 되고 있고 이라크 인들의 고통은 상상
을 초월하고 있다. 미국은 어떤가? 미국의 정치, 경제, 사회에
대한 세계 선도국가로서의 위상은 형편없이 흔들리고 있다. 미
국은 병들어 가고 있다. 대 테러 정책은 만일 부시가 위대한
지도자였더라면 평화적인 방법으로 아랍 국가들을 포용하여 해
결할 수 있었을 것이다. 부시의 전쟁을 위한 정보 왜곡에 대해
서 이야기해 보자. 이라크 전쟁은 부시가 이라크를 침공하기 위

해서 9·11테러를 역이용했다는 추론이 가능하다. 그 이유는 부시는 국가안전보장회의 대 테러 책임자 리처드 클라크를 불러 "이라크가 테러와 연관이 있는지 알아보라."고 했다.

9·11테러 직전 알카에다의 위협을 경고했던 클라크는 깜짝 놀라서 대답했다.

"이 일은 이라크가 벌인 것이 아닙니다. 알카에다가 벌인 일입니다." 이 말에 부시는

"알고 있소. 그래도 어쨌든 알아보시오."라고 주문을 했다.

이라크 침공 개시 이틀 전 당시 국무장관 파월은 백악관으로 가서 부시와 두 시간 반 동안 은밀히 대화를 나누면서 부시에게 전쟁 반대를 진언했다. 파월은 부시에게 가게에서 물건을 부수면 그 값을 치러야 한다고 충고까지 하였다.

부시와 부시 행정부의 신자유주의자들은 끝내 전쟁을 일으키고 말았다(대통령의 오판, 윌리암 웰프스 등 – 참조).

오판과 실정으로 나라를 병들게 하고 국민들로부터 외면받는 대통령이 부시뿐 이겠는가? 한국의 역대 대통령들도 정권 말기만 돌아오면 한결같이 자신을 대통령으로 선출해 준 정당으로부터까지 버림을 받는 것이 우리나라 대통령들의 처량한 모습이다. 이래서는 안 된다.

02. 예방경영의 핵심전략

1. 예측경영

1) 과연 미래를 예측할 수 있을까

과연 미래를 예측할 수 있을까?

인간은 행운을 기대하면서 자기의 미래를 알고자 한다. 그러나 내일 어떤 일이 일어날지는 아무도 모른다. 이것이 인간의 한계다. 그러나 인간은 이 한계 내에서 미래를 내다보고 미래를 대비해야 한다.

미래를 100% 정확히 예측하고 인생을 살 수 있다면 실패를 예방할 수 있을 것이다. 그러나 인생살이는 성공보다 실패가 많다. 불교에서는 인간의 일생은 운명 30%, 선택 70%라고 한다. 인간이 일생을 어떻게 살 것이냐의 문제는 이 선택 70%에 달려 있다. 선택 70%는 미래를 예측하고 선택하고 창조하는 것을 의미한다. 삼성의 이병철 회장이 반도체 회사를 창설하겠다고 선언하자 그의 참모들은 모두 반대하고 그가 조언을 얻고 있는 일본에서 자문 역할을 하는 사람들까지도 한국에서의 반도체 사업은 너무 이르다고 반대하였다. 그러나 그는 그 반대를 무릅쓰고 반도체 회사를 창설하여 오늘의 삼성전자의 초석을 쌓았다. 그는 1960년대에 미래는 디지털 시대가 올 것이라는 시대 변화의 추세를 읽고 디지털 시대의 총아인 반도체 회사의 설립을 꿈꾸고 그 꿈을 실현했던 것이다. 이것이 미래를 내다보는 혜안이다. 그는 미래를 예측하여 반도체를 선택하고 회사를 설립하여 세계적인 회사로 성장시켰다.

최근의 예를 들어보자. 2001년 9월 11일 일어난 미국의 테러는 한 연구소의 보고서에서 예측하고 경고하였으나 묵살당하였다. 9·11 참사가 일어난 이후에야 이 보고서는 미국을 비롯한 서방 세계에서 주목을 받아 단행본으로 소개되기에 이르렀다. 여기에서 미래의 트렌드를 연구하기 위해서는 어떤 원칙하에서 이루어져야 하는지를 생각해 보자.

철학적인 입장에서: 우리의 세계에서 현재 변동하고 있는 것은 무엇인가? 그것은 어떤 목적으로 어디를 향해 가고 있는가?

진화론적 입장에서: 생물학적이고 사회적인 존재로서 우리가 앞으로의 변화에 적응할 수 있도록 반드시 파악하고 있어야 하는 과정에는 어떠한 것이 있는가?

실천적인 입장에서: 앞으로 도래할 변화의 물결에 적응하기 위해 우리의 사고방식, 기업경영, 생산품에서 지금 당장 변화시켜야 하는 것은 무엇인가?[3]

이러한 원칙에서 미래의 변화를 분석하고 각자의 목표를 달성하기 위한 전략을 수립하고 실천해 나가야 할 것이다.

(1) 미래예측의 한계를 어떻게 극복할 것인가

우리는 지진을 예측할 수 없다. 그러나 지진이 일어날 가능성이 큰 곳과 작은 곳을 안다. 그러므로 이런 정보를 토대로 건축규정을 마련할 수 있다. 이것만으로도 충분히 지진 피해를 줄일 수 있다. 비슷한 논리지만 굳이 9 · 11 사건을 예측할 필요 없이 외부인의 민간 항공기 조종석 출입을 통제만 했어도 그 불행한 사건은 막을 수 있었다. 1990년대 민간 항공기에서 여러 건의 사고가 일어났다. 이 가운데 일본인 조종사가 미치광이 남자가 휘두른 칼에 찔리는 사고도 있었다. 그런데 조종석에 대한 아무런 예방조치를 취하지 않았다.[4]

만일 임진왜란 때 두 통신사의 보고사항이 다르더라도 유비무환의 예방적 차원에서 전쟁에 대한 대비를 하였더라면 민족사에서 가장 처참한 비극은 예방할 수 있었을 것이다.

미래 예측과 예방에 대해서 갑론을박 논설이 많지만 이런 예방적 차원에서 미래에 대한 이야기를 전개하려고 한다.

(2) 빌 게이츠의 미래관

빌 게이츠와 폴 앨런은 오랫동안의 자료수집과 연구를 통해

컴퓨터 산업이 미래 시장의 핵심 산업으로 떠오를 것이라는 결론을 내렸다. 이것이 현실로 이루어졌을 때 기술혁명이 일어날 것이라고 생각했다. 그들은 중요한 시기에 놓여 있었다. 자동차와 비행기의 발전사에서도 이러한 변환기가 있었던 것처럼, 모든 가정에 PC가 놓이게 될 것이라고 생각했고, 컴퓨터 혁명의 주역이 될 것이냐 혁명의 뒤안길에서 삼류인생으로 살아갈 것이냐의 갈림길에서 그들은 하버드를 박차고 나와 컴퓨터 회사를 차렸다. 이것이 미래의 정확한 예측을 통한 예방경영의 정수다. 빌 게이츠는 말했다.

"미래를 예측할 수 없는 사람은 비즈니스계의 리더가 될 수 없다. 경영에 있어서 가장 어려운 점은 내일 어떤 변화가 생길지를 예측해서 오늘 그 준비를 하는 것이다."

빌 게이츠의 미래를 보는 눈의 핵심을 정리하여 보자.

⊙ 미래의 길을 가는 사람은 모두가 미래를 내다볼 줄 아는 사람들이다.
⊙ 미래는 준비하는 자의 것이다.
⊙ 미래를 내다보는 통찰력이 미래의 방향을 제시해 준다.
⊙ 미래를 기획할 줄 알아야 도전 속에서 성공할 수 있다.

이것이 빌 게이츠의 미래를 보는 눈의 핵심이다.

빌 게이츠가 미래에 대하여 젊은이들에게 보내는 충고의 메시지를 깊게 생각해 볼 필요가 있다.

"미래를 내다보지 못하는 사람은 눈앞의 보이는 것밖에는 손에 넣지 못합니다. 하지만 그 반대의 경우 우리는 이 세상을 모두 가질 수 있습니다. 미래를 예측하는 능력은 그 사람의 직업과는 무관한 것입니다. 화물차 기사도, 은행원도, 대학총장, 농민, 샐러리맨 모두 이런 능력을 가질 수 있습니다. 세계에서 가장 가난한 사람은 학식이 없는 사람이 아니라 미래를 내다보지 못하는 사람인 것입니다. 설사 당신이 모든 것을 가지고 있다고 해도 미래에 대한 통찰력이 없다면 내일 당신은 모든 것을 잃게 될 것입니다. 생활 속에서 이런 사람들이 상상 외로 너무나 많습니다."[5]

빌 게이츠는 19세 때인 하버드 2학년 때 학교를 그만두고 나와서 친구와 함께 컴퓨터 회사를 설립했다. 그들이 성공한 것은 미래를 예측하고 미래를 변화시키고 미래를 창조하는 사업을 하였기 때문이다. 빌 게이츠라고 하늘에서 특명을 받고 내려온 사람이 아니다. 그는 별천지에서 사는 사람이 아니다. 우리와 똑같은 사람이다. 자동차는 3류 자동차와 일류 자동차의 재료가 다르다. 그러나 사람은 동일한 재료로 이루어진 채 이 세상에 던져진다. 마하트마 간디는 인간의 평등을 믿었다. 의

미 있는 인생을 살고자 한다면 자신의 미래에 대한 확신을 가지고 인생의 불꽃을 피워야 한다.

* 빌 게이츠의 미래를 위한 전략
빌 게이츠가 만든 마이크로소프트

첫째, 그는 비전을 가진 리더였고 '비전 실현'을 경영 전략으로 삼았다. 대형 컴퓨터가 일반적이던 시절, 앞으로 컴퓨터가 소형화되고 값도 싸져서 각 가정과 회사에 개인 컴퓨터가 놓일 것이라는 것을 예측하고 이에 적합한 소프트웨어를 만들기 시작했다. 그의 예상은 적중했고 PC 보급이 급속히 늘면서 "마이크로소프트의 소프트웨어를 사용하는 PC를 세계 모든 책상과 가정에 놓자"는 그의 비전은 마침내 실현되었다.

둘째, 회사의 운명을 건 '공격적 경영'으로 MS를 이끌었다. 그 예는 익스플로러를 개발하여 인터넷 시장을 석권한 것을 들 수 있다. 빌 게이츠는 인터넷의 잠재력을 보고 미래가 인터넷에 달려 있음을 읽었다. 그는 회사의 운명을 새로운 패러다임인 인터넷에 걸기로 했다. 당시 인터넷 시장에는 넷스케이프(Netscape)가 선두주자였다. MS는 인터넷 사업에 집중하고 인터넷과 상관없거나 상충되는 사업 계획은 무엇이든지 날려 버렸다. MS가 인터넷 사업에 뛰어든 9개월 후 MS는 기능이 우수하고 가격이 저렴한 익스플로러를 출시하여 인터넷 시장에서 선두주자인 넷스케이프를 앞지르기 시작했다. 어떤 회사가 9개월 만에 진로를 180도 바꿀 수 있단 말인가?

셋째, 현재의 조그만 성공에 만족하지 않고 미래를 위해 '황금알을 낳는 거위'를 과감하게 포기할 줄 아는 '변화 관리'에 뛰어났다. 현재 이익을 내고 있는 소프트웨어라도 과감히 다른 소프트웨어로 대체한다. 이유는 자신들이 하지 않으면 언젠가 남들이 정복할 것이라고 믿었기 때문이다.

빌 게이츠는 성공의 정상에 서자마자 과감히 MS-DOS를 대체할 새로운 소프트웨어 개발에 뛰어들었다. 그 대안이 바로 윈도우즈(Windows)였다. 빌 게이츠는 자신이 승리에 도취되어 있을 때 경쟁자가 MS-DOS보다 앞선 새로운 제품을 개발할 것이라고 판단하고 미래 시장의 선도를 위해 과감히 오늘의 황금알을 낳는 거위를 스스로 죽이는 어려운 결단을 내린 것이다.

넷째, 그는 언제나 그 분야의 '최고의 인재'만을 골라 썼다. 고교 친구 폴 앨런은 소프트웨어 분야에서 빌과 함께 세계 최고 수준에 있었으며 하버드대 시절 친구인 스티브 발머도 뛰어난 경영 능력을 가진 사람이었다. 창업 동기들은 모두 해당 분야의 최고 전문가로 구성되었다.

다섯째, 성공에 겸손했고 돈을 함부로 낭비하지 않는 '절약 경영'을 하였다. 빌 게이츠는 아마도 버스를 타고 출퇴근을 하는 세계에서 몇 안 되는 억만장자일 것이다. MS에는 일반과 더블, 두 가지 종류의 사무실만을 가지고 있다. 더블 사이즈 사무실은 단지 부사장과 선임 개발자를 위해 지어진 것이지만 거기에 특별한 주차장이나 카페는 없다.

빌 게이츠를 포함하여 MS의 모든 사람들은 스스로 전자 메일을 확인하고 타이핑한다. 회사의 최고 경영자가 스스로 전자 메일을 읽는다면 그 밖의 다른 직원들 역시 이런 일들을 처리할 비서를 가지고 있지 않다는 것은 너무나도 당연한 사실일 것이다. 그는 불우한 이웃, 특히 가난한 청소년들을 위해 도서관을 건립하는 등 거금을 기부하는 일에도 힘을 쏟았다(미래로 가는 길, 빌 게이츠 - 참조).

(3) 미래를 위한 전략의 성공과 실패 사례
① 로마 스키피오 장군의 대전략

미래를 예측하고 대응하는 것, 이 두 명제가 인류의 역사 이래 인간에게 주어진 소명이 아닌가 한다. 역사적 인물들은 어떻게 예측하고 대응하였을까? 여기에서는 기원전 한 명장의 전략을 오늘에 비추어 조명해 보고자 한다.

카르타고(지금의 튀니지)의 한니발 장군이 기원전 218년 로마를 침략하였을 때 여러 로마 장군들이 그를 패배시키려고 모든 노력을 하였지만 아무런 소용이 없었다.

로마의 스키피오 장군은 상황을 다르게 바라보았다. 문제는 한니발이라는 인물 자체나 스페인에서의 그의 기반, 또는 바다를 통해 카르타고에서 들어오는 보급품을 보충하는 그의 능력이 아니었다. 카르타고는 로마에 대한 경멸심으로 가득 찬 나라였고, 양국 사이에는 오랜 권력 투쟁이 있었다. 스키피오는 로마에서 한니발을 공격하는 대신 카르타고를 침략하여, 한니발이 로마를 떠나 자신의 고국을 방어하도록 유도했다. 카르타고에 대한 공격은 단지 한니발의 관심을 돌리는 수준이 아니었다. 대대적인 침략이었다. 스키피오의 대전략은 주효했다. 그는 전투에서 한니발을 패배시켰을 뿐 아니라 경쟁 상대였던 카르타고를 파멸시켜 영원히 로마에 대항하지 못하도록 쐐기를 박았다.

스키피오가 한니발의 뿌리인 카르타고를 공격하기로 전략을 세운 이유를 보자. 스키피오는 한니발이 스페인에 의지하고 있음을, 스페인이 카르타고에 의지하고 있음을, 카르타고는 자국의 물질적인 풍요로움에 의지하고 있음을, 그 물질적인 풍요 자체도 특정 원천, 즉 곡창지대에 있다는 사실을 간파하고 곡창지대인 뿌리를 공격하여 카르타고를 무너뜨렸다. 한니발은 수도를 배경으로 싸우고 싶었지만 스키피오는 후퇴를 거듭하여 카르타고의 곡창지대로 한니발을 유인하였다. 한니발은 스키피오의 유인작전에 말려들어 대패하여 도망쳐 다니는 처량한 신세가 된다. 한니발은 이웃 나라로 피신하였지만 로마군의 집요한 추격에 자살하고 만다. 스키피오는 한니발을 공격한 것이 아니라 한니발의 힘의 원천인 뿌리를 공격하여 카르타고를 멸망시켰다.[6]

로마군은 17일 동안 카르타고를 불태우고 보이는 사람은 모두 죽였다. 카르타고가 영원히 재생하지 못하도록 살육하였다.

스키피오는 다른 장군들이 보지 못하는 곳을 보고 생각하지 못한 것을 생각하고 미래를 예견하고 대전략을 세움으로써 승리하였다.

② 애물단지가 되어 버린 프랑스의 마지노선(Maginot Line)

왜 프랑스는 마지노선을 건설하였는가?

프랑스는 세계 1차 대전 중 독일로부터 막대한 물적, 인적 피해를 입었다. 독일은 1차 대전의 패전국이 되었지만 독일의 침공으로 피해를 입은 프랑스는 독일로부터의 위험을 영원히 차단시킬 방법을 찾으려고 고심했다. 그 방법이 독일과 프랑스의 국경을 가로지르는 장벽인 마지노선을 건축하는 것이었다. 프랑스는 1차 대전 때 많은 피해를 입었지만 마지막까지 견뎌 낼 수 있었던 것은 근대적 요새 덕분이었고 방어용 요새는 소규모 병력으로도 방어가 가능하다는 판단을 하였다. 프랑스는 1차 대전 때 겪은 전쟁의 경험으로 더 강력한 요새를 건설하기로 하였다. 과거 경험의 기준으로 미래의 장벽을 설계하였던 것이다. 마지노라는 이름은 양국 국경 사이의 장벽을 설계하고 건축한 책임자였던 프랑스의 국방장관 마지노(Maginot)의 이름을 딴 것이다.

마지노 장벽의 건설: 1930~1940년까지 총 공사비로 약 300억 프랑이라는 어마어마한 비용을 투자하여 프랑스와 독일 두 나라의 국경을 가로지르는(북서부 벨기에 국경에서 남동부 스위스 국경까지) 총연장 750km의 대규모 요새를 건설하였다.

요새에는 당시 축성기술의 정수를 결집시켰으며 유효적절하게 지형과 지세를 방어선으로 활용하였다. 지하설비와 대전차 방어시설, 나아가 무려 3.5m에 이르는 콘크리트벽을 구축하여 난공불락의 요새를 축성하였다.

독일의 침공: 1940년 5월, 독일의 침공이 시작되었다. 프랑스는 마지노선의 위력을 보여 주리라 기대하고 있었다. 그러나 프랑스의 예상은 완전히 벗어나고 말았다. 독일군 전차는 마지

노선을 우회하여 벨기에 국경의 아르덴(Ardennes)을 기습적으로 돌파하였다. 무성한 산림으로 이루어진 아르덴은 전차는 고사하고 보병들의 통과조차도 힘든 곳이었다. 그래서 프랑스는 그곳에 요새 하나도 세울 생각을 하지 않았다. 마치 기원전 로마인들이 알프스 산을 천연의 요새로 생각하여 한니발이 알프스를 넘으리라고는 상상도 못하고 해안 쪽만 방어하고 있었던 것과 같은 사고였다.

더욱이 2차 대전에서는 비행기가 본격적으로 전투에 활용되면서 독일군은 마지노선 위의 하늘을 날아 프랑스를 공격해 들어 왔다.

마지노선의 교훈 : 과거의 경험을 기준으로 미래를 계획해서는 안 된다는 교훈을 배웠다. 더욱이 프랑스는 마지노선의 건설로 인한 엄청난 비용으로 프랑스군 근대화에 큰 차질을 가져왔으며 1944년 연합군의 노르망디 상륙작전 때는 독일군의 방어진지가 되기도 하였다.[7]

과거의 성공은 과거일 뿐이다. 미래는 새로운 미래의 눈으로 바라보아야 한다. 한국에 IMF의 폭풍이 불 때 이에 대처하는 방법이 기업에 따라 다르게 나타났다. 어느 기업은 새로운 방법으로 빠르게 대처하고 다른 기업은 과거의 성공신화를 버리지 못하고 과거의 방식으로 대처하였다. 그 결과 후자의 방법을 택한 기업들은 비참하게 쓰러지고 말았다.

부관이 군사 전략에 관한 책 몇 권을 가지고 있는 걸 본 맥아더 장군이 "무슨 책이냐?"라고 물으니 부관은 "전쟁에서 승리한 군 작전 책입니다."라고 대답하였고 장군은 다시 "그 책을 모두 불태워 버리게."라고 명령하였다는 일화가 있다.

(4) 미래를 통찰한 위인들

"모든 인간은 자기 인생의 화가이다."

미국의 작가 조지 바나나는 "미래를 내다본다는 것은 마음속으로 미래의 모습을 떠올리는 것을 말한다."고 했다.

월트 디즈니는 미래를 내다보는 탁월한 능력의 소유자였다. 그는 디즈니랜드를 상상해 냈다. 그곳에서는 상상력이 그 어떤 것보다도 중요한데 아이들이 즐거워하고 모든 가족들이 함께 즐길 수 있는 세계, 소설 속의 주인공과 실제 배경들이 현실로 구현되어 직접 만져보고 느낄 수 있는 곳이다. 그의 원대한 꿈은 나중에 현실로 바뀌게 되고 미국 캘리포니아 주의 디즈니랜드를 시작으로 미국의 또 다른 디즈니랜드와 함께 일본, 프랑스에서도 디즈니랜드가 만들어졌다.

디즈니의 예에서 보듯이 미래를 내다보고 설계하는 사람들은 뛰어난 통찰력이 있는 사람들이다. 육체의 눈으로는 보이는 곳까지밖에 볼 수 없지만 마음의 눈은 보이지 않는 아주 먼 곳까지 보고 상상의 그림을 그린다.

모든 인간은 자기 인생의 화가이다. 인간은 마음속에서 자기 인생의 미래를 그리고 그림 속의 자신을 현실화하기 위하여 창조활동을 한다.

① 토인비(1889~1975)의 예측

영국의 역사학자 토인비가 남긴 『역사의 연구』는 역사에 대한 그의 통찰력을 보여준 역작이라 할 수 있다.

토인비는 문명의 주기설을 제기하였다. 800년을 주기로 문명의 중심이 이동한다는 설이다. 문명의 주기설은 서천설을 의미한다. 서천설은 세계 문명은 아래 그림(세계문명의 이동경로)에서 보는 바와 같이 그 발상지에서 서쪽으로, 서쪽으로 이동한다는 설이다.

토인비는 문명의 서천설에 근거하여 21세기를 예측하였다. 그는 "21세기는 황인종의 시대가 될 것이다."라는 이른바 황화론(黃禍論)을 주장하였다. 특히 그가 21세기에 대해서 예언적 주장을 할 때는 그 누구도 그러한 이야기를 한 사람이 없었고 더욱이 19세기와 20세기의 아시아의 현실은 참담하였다. 일본은 2차 대전의 전범국으로 힘을 잃을 때였고 중국은 손문, 장

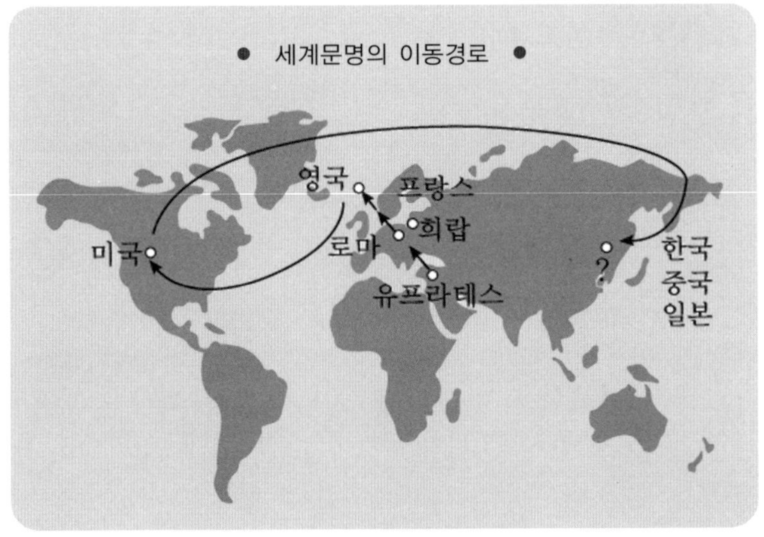

개석, 모택동 등의 출몰로 혼란과 빈곤의 악순환에서 벗어나지 못하고 있는 상태였다.

그런데 아시아에 변화의 바람이 불기 시작하였다. 일본이 급성장하여 세계 제2의 경제 대국으로 부상하였고 중국의 공산 정권도 등소평이라는 위인이 출현하여 개방정책으로 연 10~15%의 경제 성장을 이룩하고 있었다. 필자는 1980년대부터 토인비의 예언을 늘 생각해 왔다. 그리고 여러 가지 가설을 세워 보았다. 과연 아시아의 시대가 올까? 만일 온다면 그 중심 국가는 어디일까? 일본일까? 한국일까? 중국일까? 여러 가지 국가의 상황들을 분석해 볼 때 중국이었다.

중국은 예상보다 빠르게 성장하여 G2로 급부상하여 중국의 영향력은 미국을 위협하고 있다. 중국은 2020년에 미국을 앞지르겠다는 원대한 국가발전계획을 세워 놓았지만 그 계획이 몇 년 앞당겨질 것이라는 전망이 나오고 있다. 세계의 경찰국가 미국은 흔들리고 있고 중국의 세계에 대한 영향력은 날로 커지고 있다. 한국의 지도자들이 미국이라는 나라에 의지하는 일방적 정책을 편다면 조선왕조가 새롭게 일어나는 청나라를 외면하고 쇠락해 가는 명나라를 향해서 친명정책을 펴다가 병자호란, 정묘호란을 맞아 우리나라 역사에 가장 치욕적인 상처를 남긴 선례를 되밟지 않을까 걱정이 앞선다.

② 세종대왕의 미래를 보는 눈

　세종대왕은 백성을 특별히 사랑했던 임금이었다. 당시 흉년이 계속되어 민심이 흉흉해졌다. 세종은 백성들에게 농사 잘 짓는 영농법을 가르쳐야 되겠다고 생각하고 변계문 등의 학자를 시켜 각 지역별 특성에 맞는 농사법을 기술한 『농사직설(農事直說)』이라는 책을 펴내게 했다. 그러나 그 책은 어려운 한문으로 쓰여졌기 때문에 백성들이 읽을 수 없어서 아무런 도움이 되지 못하였다. 그래서 고심 끝에 생각해 낸 것이 한글 창제사업이었다. 훈민정음에는 중국의 어려운 한문을 이해 못하는 백성들을 딱하게 여겨 백성들이 알기 쉽게 나라 글을 창제한다는

● 세종대왕 ●

내용이 나온다.

만일 세종대왕이 한글을 창제하지 않았더라면 우리는 어느 나라 문자로 공부하고 있을 것이며 우리가 문화민족이라고 이야기할 수 있을 것인가? 생각만 해도 아찔하다. 세종대왕은 백성들이 자자손손 문자가 없어 고통받을 미래를 내다보고 한글 창제의 결심을 하였다. 세종대왕의 한글 창제는 대왕의 미래를 내다보는 위대한 통찰력에서 출발한 것이라 할 수 있다. 5,000년 역사에 가장 위대한 업적을 남긴 분은 세종대왕이다.

신은 누구에게나 미래를 내어다 볼 수 있는 예지의 본능을 주었다. 예지의 본능의 발휘는 통찰력에서 나온다. 자기에게 주어진 통찰력을 잘 활용하면 자기 자신의 세계에서 작은 세종대왕이 될 수 있다.

③ 알래스카(Alaska)를 매입한 미 국무장관의 혜안

알래스카는 원래 러시아의 영토였다. 러시아가 프랑스와의 전쟁 때문에 재정난으로 어려움을 겪게 되자 미국에게 알래스카를 매입할 것을 제의하였다. 이와 관련하여 당시 국무장관과 의회는 의견이 상충하여 정면으로 대치하였다. 국무장관은 미래에 미국의 국익에 큰 도움이 될 것이라고 확신하였다. 그는 알래스카를 미래의 미국에 군사적으로 경제적으로 중요한 역할을 할 수 있으리라는 요충지로 보았다. 반면 미국의회는 알래

스카는 별 볼 일 없는 얼음 땅으로 보았다. 매국노라는 지탄을 받으면서도 국무장관은 매입을 주장하여 의회에서 1표 차이로 가까스로 가결시켰다. 매입가격은 720만 달러였다. 오늘날 미국에 있어서 알래스카의 위치는 너무도 중요하다.

* 왕도마뱀의 사냥법

아프리카에는 무서운 왕도마뱀이 산다. 그 도마뱀은 거대한 몸집을 가진 물소를 공격한다. 그 도마뱀은 독을 가지고 있다. 기회를 보아 물소의 뒷다리를 재빠르게 공격하여 독을 주입시킨다. 물소는 즉시 죽지 않는다. 독이 전신에 퍼지면서 서서히 죽어 간다. 거의 일주일 동안 도망치기 위하여 몸부림치는 경우도 있다. 도마뱀은 절대 서두르지 않는다. 도마뱀의 무리들은 물소의 주위를 돌면서 몇날 며칠을 물소가 완전히 죽을 때까지 차분히 기다린다. 물소가 서서히 죽어 가다가 완전히 숨이 끊어지면 도마뱀의 가족은 만찬을 즐긴다. 방랑시인 김삿갓은 섣달 그믐날 결혼하고 다음해 정월 초 하룻날 이혼하였다. 해가 바뀌었는데 왜? 아이를 낳지 못하느냐고, 이 이야기는 그의 기행(奇行)의 소산이지만 김삿갓처럼 성질 급한 사람들이 많다. 봄에 준비하고 여름에 농사짓고 가을에 추수하는 자연의 섭리처럼 때를 기다리는 삶의 철학이 필요한 시대이다.

2) 예측경영의 실패 사례

(1) S시의 R 백화점의 한 사장

S시에 H라는 사장이 있었다. 그는 가난한 집 태생으로 고학으로 야간대학까지 나와 항공사의 승무원이 되었다. 그의 꿈은 호텔을 경영하는 것이었다. 항공기 승무원으로 세계 각국을 다니다 보니 화려한 호텔이 그렇게 부러웠다고 하였다. 그는 근근히 돈을 모아 R 호텔을 지었다. 그는 꿈을 이루었다. 다음으로 그가 생각한 것이 백화점이었다. 호텔을 운영하면서 그는 S시에 4층짜리 아담한 백화점을 건축하고 문을 열었다. 몇 개월 동안은 호황을 이루었다. 그런데 어찌 된 일인가? 개업한 지 6개월쯤 후 그 시의 교외에 N이라는 대형 백화점이 문을 열었다. 그 백화점이 문을 연 이후부터 고객이 급감하기 시작하면서 2년을 못 버티고 부도가 나고 R 호텔까지 넘어가고 말았다. 그는 일시에 모든 것을 잃고 유랑의 신세로 전락하고 말았다.

왜 그렇게 되었을까? 그가 백화점을 건축하기 훨씬 전부터 N 백화점은 신축을 계획하고 있었다. 그 정보를 알았다면 그는 작은 백화점 문을 열지 말았어야 했다. 그는 거대한 코끼리가 들어오는데 고양이가 코끼리에게 싸움을 거는 식의 경영을 시작하였다. 그는 문을 열더라도 대형 백화점과 경쟁을 하지 말고 틈새전략, 특화전략을 펴야 했다. 이것은 경영의 ABC이다.

라이트급 선수가 헤비급에 도전하는 격이었다. 그는 예측경영에 실패하고 말았다. 그는 여기저기 떠돌고 방황하다가 50대 후반 젊은 나이에 쓸쓸히 생을 마감하고 말았다. 안타깝고 슬픈 일이었다. 조금이라도 경영의 ABC인 내·외부 환경을 분석하고 자신과 경쟁자를 비교 분석해 보았더라면 기업도 지키고 인생도 지키고, 그의 실패는 예방할 수 있었을 것이다.

(2) 중국계 이민 왕안도

중국계 미국 이민인 왕안도는 남다른 비전을 가지고 있었던 사람이었다. 그는 1960년대에 연구소를 차려 전자계산기 공급 시장을 주도했다. 1970년대에 주위의 만류를 뿌리치고 회사를 청산하고 손을 뗐다. 만일 계산기 시장을 계속 고수했더라면 곧 바로 불어닥친 가격경쟁의 바람에 휘말려 아마 도산하고 말았으리라. 결과적으로 그는 현명한 판단을 한 셈이었다. 기업 조직을 개편한 왕은 워드프로세서 시장에 뛰어들어 다시 정상에 올랐다. 세계 시장에서 타자기가 쏟아지기 시작했다. 왕은 워드프로세서에 마이크로프로세서를 장착했지만, 진정한 의미에서 PC라고 볼 수 없었다. 왕은 우수한 소프트웨어를 개발했지만 그 소프트웨어는 그의 워드프로세서에서만 사용할 수 있었다. 만일 왕이 호환성을 갖춘 소프트웨어의 중요성에 눈을 떴더라면 아마 오늘날의 마이크로소프트는 없었을 것이고 빌 게이츠는 이름 없는 수학자나 변호사로 남았을 것이라는 것이 빌 게이츠 자신의 평가다. PC시대가 오자 그는 손을 들고 어둠 속으로 사라지고 말았다.

왕은 앞서 가는 엔지니어였다. 계산기 시장을 포기했던 통찰력이라면 1980년대의 PC 소프트웨어 산업에서도 충분히 성공을 거둘 수 있었으리라. 그러나 그는 두 번째 시장 변화를 예견하는 데 실패했다.[8]

위의 사례에서 실패한 사람들이 실패를 예방했더라면 기업도 개인도 성공할 수 있었다. 그들은 미래를 내다보는 고민을 하지 않고 너무도 안일하게 대처하다가 번개처럼 반짝 떴다가 번개처럼 사라지고 말았다.

듀퐁이 200년 이상의 역사를 자랑하는 장수를 누리고 있는 것은 이유가 있다. 듀퐁이 나이론을 개발하는 데 23년이라는 세월이 걸렸다. 오전에 나이론 개발에 성공하여 전 회사가 축제 분위기에 들떠 있었는데 사장은 오후에 중역회의를 소집하여 다른 제품을 개발하라고 지시하였다. 그런 소름끼치는 부단한 혁신정신이 오늘날의 듀퐁을 있게 한 것이다. 혁신과 변화는 인생과 기업의 생명이다.

(3) 아프카니스탄에서의 비극 – 영국의 뼈아픈 교훈

아프가니스탄, 지금도 전쟁의 포성이 멈추지 않고 있는 나라이다. 아프가니스탄은 외세의 침입으로 상처를 많이 입었지만 역사상 외세의 지배를 거부했던 나라이다. 가까이는 구소련이 10년을 주둔하였지만 병력 5만 명을 잃고 굴욕적인 철수를 하였고 소련에 정변이 일어나는 원인을 제공하기도 하였다. 후르시초프가 숙청되는 한 요인이 되었다. 9·11 테러 후에 미군이 침공하였지만 첨단 무기로도 평정을 하지 못하고 수렁에 빠져서 헤어나지 못하고 허우적거리고 있다. 아프가니스탄을 가난하고 병든 만만한 나라로 생각해서는 안 된다. 아프가니스탄의 역사를 조금이라도 이해했더라면 러시아나 미국도 다른 방법을 활용할 수 있었을 것이다. 역사에서는 교훈을 배워야 한다. 아프가니스탄에서 당한 영국의 비극을 소개하여 역사의 교훈으로 삼고자 한다.

여기에서 특별히 강조하는 바는 지도자의 역할이다. 영국군 4,500명, 가족 12,000명이 전멸하고 사령관 자신은 생포되어 능지처참을 당한 비극은 지도자 자신의 오만과 오판이었다. 그중 살아난 사람은 병사 단 한 사람뿐이었다.

무능한 지도자는 자신만 망치는 것이 아니다. 아버지가 무능하면 가족을 망치고 사장이 무능하면 회사를 망치고 국가의 수장이 무능하면 국가를 망친다. 그것이 역사의 교훈이다. 명심하라.

영국의 계략: 인도 영국 총독 오클랜드 경(Load Auckland)은 1838년 6월 아프가니스탄 침공계략을 꾸몄다. 러시아의 영향력을 차단하고 아프가니스탄의 지배를 통해서 인도 식민지의 안전에도 기여를 할 심산이었다. 참모들과 협의를 하였는데 가장 적극적인 찬성론자는 수석 보좌관인 맥노튼(William Macnaghten)이었다. 맥노튼을 영국 여왕 사절단장으로 임명하여 카불에 파견하였다. 1939년 8월, 영국군은 별 저항 없이 카불에 입성하였다. 왕은 산속으로 도망치고 '수자'라는 25년 전에 물러난 왕을 옹립하였다. 영국은 옛 왕을 꼭두각시로 삼아 뒤에서 아프가니스탄을 조종할 계략이었다.

난관에 봉착: 카불에 입성은 쉽게 하였지만 아프가니스탄 사람들은 느닷없이 나타나 영국에 굽실거리는 국왕을 외면했고 외국군이 카불의 거리를 활보하는 것에 심한 저항감을 보였다. 달아난 국왕은 북쪽 산속에서 군대를 조직하였고, 남쪽에서는 영국군이 식량을 확보하기 위하여 토지를 점유하여 족장들의 불만을 샀다.

맥노튼의 실책: 사태가 처음의 의도대로 되지 않자 영국군을 장기 주둔시키기로 결정하고 가족들의 입국을 허용하였다. 가족들이 인도인 하인들과 함께 입국하였는데 그 수가 12,000명에 이르렀다. 영국군 주둔 병력은 4,500명이었다. 주둔군의 경비를 절감하기 위하여 주요 도로의 통행세를 반으로 줄였다.

통행세는 '갈자이'라는 부족이 징수하고 있었는데 이에 반감을 산 그들이 다른 부족과 합세하여 반란을 일으켰다. 1841년 10월 반란군들이 영국장교를 살해하고 영국인 축출 운동이 일어났다. 이에 수자국왕은 정적 살해를 요청하였으나 맥노튼은 묵살하였다. 영국의 정치문화에서는 있을 수 없는 일이라고 일축하여 버렸다. 아프가니스탄에서는 반대하는 정적은 타도하여야 지도자로서 국민의 지지를 받는 풍토였다. 그 점에 있어서는 국왕은 정확한 판단을 하였지만 맥노튼은 영국의 잣대로 모든 것을 처리하였다. 드디어 폭동이 아프가니스탄 전국으로 확대되었다. 진압이 불가능하게 되었다. 상황이 최악으로 치닫고 있는데도 맥노튼은 아프가니스탄인들을 어수룩한 촌놈들로 치부하고 음모와 지략으로 제압할 수 있다고 생각했다.

최악의 상황 전개: 맥노튼은 부족장들에게 아프가니스탄을 떠나겠으니 음식물과 필요한 물품을 조달해 줄 것을 요구하고 한편으로는 비밀협상을 벌였다. 폭동을 진압하고 영국군을 머물게 해주면 와지르(일종의 지배층의 칭호)직위와 돈을 주겠다고 약속했다.

동쪽지역의 갈자이 부족장 아크바르칸이라는 사람이 맥노튼의 제안을 수락하였다. 맥노튼은 너무 기쁜 나머지 1941년 12월 23일 밤 아크바르칸에게 달려갔다. 그러나 인사가 끝나자마자 아크바르칸의 부하들에게 생포되어 사지가 갈기갈기 찢겨지고 갈비뼈와 머리는 카불의 길거리에 끌려다니고 나머지 시신은 장터의 갈고리에 걸려 고기처럼 전시되었다.

아크바르칸은 동족을 배신할 의사가 전혀 없었다. 대장을 잃은 영국군은 당황하여 즉시 떠나기로 약속하였다. 군인 4,500명, 가족 12,000명이었다. 아프가니스탄인들은 음식물 제공을 약속하였으나 약속은 지켜지지 않았다. 너무도 추운 겨울이었다. 철수하는 도중에 추위와 굶주림에 민간인, 군인 할 것 없이 차례차례 쓰러지기 시작하였다. 1842년 1월 13일 잘랄라바드 요새(국경지역의 영국군 요새)를 향해 말 한 마리가 힘겹게 다가오고 있었다. 말 위에는 반쯤 죽어 가는 윌리암 브라이든(Willam Brydon)이 타고 있었다. 그는 아프가니스탄을 침공하고 살아 돌아온 유일한 영국병사로 역사에 기록되었다.

교훈: 아프가니스탄인들은 평화, 번영, 융합을 갈망하기보다는 거칠고 험난한 도전을 삶의 요소로 여기는 민족이다. 맥노튼은 아프가니스탄인들의 민족성과 문화에 대해서 충고를 들었고 그에 따라서 대처할 방법이 있었음에도 철저하게 외면하고 영국식의 문화와 방법으로 해결하려고 하였다. 영국의 선진문화를 그들에게 전수하면 환영을 받을 것으로 생각하고 있었다. 그의 가장 큰 패인은 탐욕스럽고 의리 없다고 여긴 민족으로부터 그들의 신의를 돈으로 사려고 한 것이었다. 그가 그토록 굴욕을 안겨 준 바로 그 민족의 신의를 돈과 이기적인 동기로 살

수 있다고 생각한 것은 커다란 착각이었다.[9]

역사의 교훈을 망각한 미국은 아프가니스탄에서 영국과 러시아의 전철을 밟고 있다.

3) 미래를 예측한 일화

(1) 진주만 공습을 예견한 빌리 미첼 장군

1차 대전은 항공기가 실전에 투입된 최초의 전쟁이었으나, 폭탄의 적은 적재량, 정확치 못한 조준으로 큰 성과를 내지 못하는 실정이었다. 하지만 항공기를 이용한 전략 폭격이 종래의 전술을 충분히 뒤엎고도 남을 잠재력을 지니고 있음을 간파한 사람이 빌리 미첼 장군이었다.

미첼은 독일 패망 후(1차 대전), 차기 전쟁은 일본과의 충돌이라는 것을 예견하고 있었다. 일본과 맞서는 상황에서 공습에 취약한 해군력이라면 미국의 태평양 지구 전략기지마다 무슨 힘을 쓸 수 있을까? 또한, 필리핀, 괌, 하와이마저도 일본에 노출되어 위험상태가 아닌가?

이러한 자신의 주장을 실증하기 위해 1921년 시범에 나섰다. 즉 포획한 독일의 낡은 전함 오스프리스란트(Ostfriesland)호에 항공기를 이용한 시범 폭격을 감행했고, 끝내 격침시켜 버린 것이다. 이 일로 국회에서 항공모함 건조를 위한 군재정 지

원을 승인하게 되었지만, 원래 고지식하고, 타협을 모르던 미첼은 군부 내에서 큰 입김을 낼 수 없었고, 한직으로 내몰리는 신세가 되었다.

그러던 1925년, 미해군 대형 비행선이 폭풍에 휘말려 추락하면서 승무원들이 사망하는 사건이 터졌고, 이에 미첼은 기다렸다는 듯이 미해군을 통열히 비판하는 글을 썼고, 일제히 언론에 보도되기에 이른다. "이번 사건은 항공에 무지한 해군 지휘부의 관리 소홀 때문이며, 그들은 조종사들을 단지 자신들에게 맡겨진 사유물 정도로 여기고 있다. 이것은 반역 행위나 마찬가지이며, 국가 방위행정의 직무태만이다."

해군이 이런 모욕을 듣고 가만있을 리 만무했다. 미첼은 즉시 군사재판에 회부되었다. 그러나 그는 법정에서도 "군재정의 이상적인 분배는 30%는 육군에, 20%는 해군에, 그리고 50%는 공군에 집중하는 것이다."라고 말하며, 자신의 공군 제일주의 신념을 굽히지 않았으며, 군지휘부의 무능력을 비판했다. 미첼은 결국 유죄 판결을 받았고, 1926년 군에서 불명예 제대해야만 했다.

미첼이 제출한 323페이지에 달하는 태평양 및 극동 보고서에는 다음과 같은 내용이 있다. "언젠가 일본은 태평양의 주도권을 놓고 미국과 전쟁을 불사할 것이다. 일본의 전쟁개시는 어느 날 동틀 무렵, 항공모함의 함재기들이 남모르게 진주만, 스코필드 병영 및 항공기지를 공습하는 것으로 시작할 것이다." 그는 그의 예언이 적중하는 것을 보지 못한 채 타계하였고, 5년 뒤 일본의 진주만 공습이 그의 예언대로 시작되었다.

(2) 드러커 교수의 한국의 IMF 예측

드러커 교수는 현대 경영학의 아버지라 불리는 석학이다. 그는 그의 학문적 통찰력에 근거하여 여러 가지 미래의 변화에 대한 예측을 하였다. 여기에서는 한국의 경제에 대한 그의 예견을 정리하고자 한다.

한국 경제에 대하여. 드러커 교수는 그의 저서 『새로운 현실』 한국어판 서문에서 다음과 같이 말하였다.

"세계의 경제사나 사회발전사에서 한국의 예는 유례를 찾아볼 수 없다. 국민소득 5,000불을 이룩하기까지 서구 여러 나라는 150년, 서구에서 배워 근대화의 길을 튼 일본은 100년이라는 세월이 걸렸는데 한국은 불과 35년 만에 5,000불을 달성한 대단한 나라로 성장하였다. 한국은 그 35년 동안에 산업화 이전의 농업사회에서 지식사회로 바뀌었다. 그러나 이런 급격한 변혁은 불가피하게 긴장, 갈등, 회의를 낳는다. 세대 간 격차의 골을 만들어 내고 문화적 갈등이 생기게 마련이다. 그리고 대외적으로는 그것은 엄청난 도전을 제기한다. 그것은 이미 원시적 후진사회가 아닌 국가를 급변하는 세계경제와 그보다 더 세차게 급변하는 세계 정치 체제와 통합시키는 것이 과제다. 오늘날의 현실은 과거 30년간 한국이 기적적 성장을 이룩했던 시기의 현실과는 엄청나게 달라졌다. 경제정책이든 국제정치든 그 대외정책의 기초를 과거의 현실에 두는 일이야말로 한국에 심대한 손해를 입히게 될 것이다."라고 경고하였다.

그는 한국이 폭탄을 맞게 될 IMF를 직접 언급하지는 않았지만 위기의 도래를 경고하고 지혜로운 대처를 주문하였다. 그러나 우리는 과거의 성장에 안주하여 정부의 방만경영, 기업의 방만경영, 국민의 과소비에 흥청망청 놀아났다. 그러는 사이에 IMF라는 폭탄은 한반도를 향해서 서서히 내려오고 있었는데 한국의 어느 대통령은 해외를 순방하면서 21세기는 한국이 세계의 중심 국가가 된다고 기염을 토하고 다녔다.

불행하게도 IMF라는 경제핵폭탄을 맞고 한국인은 6·25 이후 가장 혹독한 비극을 겪었다. 하지만 대통령에서부터 관계

부처에 근무했던 관계자에 이르기까지 그 누구에게서도 IMF에 대해 책임지는 발언을 듣지 못하였다. 모두가 책임 회피로 일관하였다. 어느 외국 신문에 보도된 내용이 기억난다. "한국 사람들은 이상한 사람들이다. 전쟁보다 더 무서운 경제난을 겪으면서도 그 대통령집 앞에서 항의 데모 한번 없고 북쪽은 그 많은 사람들이 굶어 죽고 있는데 그렇게도 조용한가?" 일본은 1980년대 경제 위기가 찾아와 일본 국민이 고통 받을 때 일본 대장성에 근무하는 고위 관료가 다섯 사람이나 자살하였다.

실패의 불행을 예방하고 성공적인 인생을 살기 위해서는 각자 자기가 종사하는 분야에 대한 예측 능력을 길러야 한다. 특히 지도자는 미래를 내다보는 통찰력이 있어야 한다. 아버지의 오판은 한 가정의 불행을 가져오지만 지도자 한 사람의 오판은 전 국민의 불행을 가져온다.

미래를 예시한 일화

티베트 불교의 창시자 – 인도스님, 파드마 삼바바

파드마 삼바바 스님은 8세기 인도에서 티베트로 와서 티베트 불교를 창시하여 티베트에서는 부처님처럼 추앙받고 있는 스님이다. 현재 티베트의 불교의식은 모두 그의 가르침에 따라 전해 내려오고 있다. 그의 가르침은 예언적이어서 티베트의 역사는 그의 예언대로 진행되어 왔다고 한다. 여기에서는 그의 예언 중 최근에 일어나고 있는 티베트의 현재의 상황을 이야기하려고 한다.

그는 "철로 된 새가 하늘을 날고 네 바퀴 달린 쇠로 된 말이 땅 위를 달릴 때 티베트인, 너희들은 개미처럼 전 세계로 흩어지리라. 그리고 붉은 법을 전하게 되리라."고 예언하였다. 쇠로 된 새는 비행기를 의미하며 네 바퀴 달린 쇠로 된 말은 자동차를 의미한다. 붉은 법은 불교를 예시한 것이라 할 수 있다. 그의 예언대로 중국 공산당이 티베트를 무력으로 침공하자 티베트인들은 전 세계로 흩어졌으며 현대의 상징은 하늘에는 비행기요 땅에는 자동차다. 전 세계로 흩어진 티베트인들은 불법을 전하고 있다. 인도에 망명 정부를 세운 달라이 라마는 불교의 상징, 평화의 상징이 되어 있고 노벨 평화상까지 받았다. 불교의 교세는 사상 유례가 없이 세계 곳곳으로 전파되고 있다. 만일 티베트가 중국에 점령당하지 않았더라면 달라이 라마는 티베트의 국가수반이 되어 '옴마니 반메옴'이나 설법하고 있을 것이고 부처님의 가르침은 티베트 안에 갇혀 있을런지도 모른다. 달라이 라마는 세계의 정신적 지도자가 되어 있다. 달라이 라마가 몇 년 전 미국을 방문하였는데 그의 설법을 듣기 위하여 미국 전역에서 1,500명이나 되는 많은 사람들이 모여 들었다고 한다. 미국인들은 볼품없는 동

양의 한 스님의 이야기를 듣기 위해 자동차로 네 시간, 다섯
시간을 달려서 모여들었다.

1,200년 전에 어떻게 오늘의 티베트의 모습을 그렇게 정확
하게 내다볼 수 있었을까?

인간은 예지의 본능을 지니고 있는 영물이다. 보통 사람들
은 노력을 하지 않고 능력을 사장시키고 있을 뿐이다. 정신력
을 한 점에 모을 때 인간은 위대한 예지의 능력을 발휘할 수
있다.

이토정(李土亭)의 9대손 이야기

이토정은 조선 중기 때 사람으로 토정비결이라는 점술책의
저자로 유명하다.

이름은 이지함(李芝函)인데 이토정이라 부르는 이유는 다음
과 같다. 이지함이 한강변, 지금은 여의도라는 번화가가 되어
있지만 그때는 모래로 덮여 있던 황량한 언덕 란지도라는 곳
에 토굴을 파고 그 위에 소나무 한 그루를 심고 살았다고 하
여 토정이라는 호가 붙혀졌다고 한다. 토정비결은 조선 명종
때의 점술서로 음력 설 때면 삼삼오오 모여 앉아 이 책을 통
해 그 해의 운수를 점치곤 하였다. 아마도 나이든 한국 사람
이면 일생에 한번쯤 토정비결을 보지 않은 사람은 거의 없을

것이다. 그의 토정비결은 수많은 서민에게 희망을 준 '희망의 서'라 할 수 있다.

그는 기행괴술로 유명한 기인이었으며 한편 나라를 걱정하고 백성들의 삶을 걱정했던 애국지사이기도 하였다. 그는 정사에는 나와 있지 않지만 임진왜란을 예견하고 방비책을 건의하기도 하였다고 한다. 그는 토정비결뿐만 아니라 많은 예언을 하였는데 여기에서는 그의 9대손에 대한 놀라운 예언을 한 가지 소개하려고 한다.

이토정은 그가 이승을 떠날 순간이 다가오자 자손들을 불러 밀봉되어 있는 대나무통을 내놓으며 이 대나무통을 뜯어보지 말고 대대로 보관하다가 9대손에 이르러 그 9대손을 관에서 부르거든 이 대나무통을 그 고을 사또에게 전하라 하고 저 세상으로 떠났다.

그가 세상을 떠난 후 세월은 흐르고 흘러 9대손에 이르렀다. 그런데 이토정의 손자 집안에 큰일이 일어났다. 9대손이 범죄에 연루되어 관가에 불려가게 되었다. 그 9대손은 선조의 유언대로 그 대나무통을 가지고 가서 심문을 당하는 중 사또가 그것을 보고 "너의 손에 들고 있는 것이 무엇이냐?"라고 물으니 "저의 할아버지께서 사또께 드리라고 이르셔서 대대손손 보관하여 온 물건입니다."라고 대답하였다. 사또가 "그러면 그것을 이리 가져와 보아라."하였다. 심문을 받고 있던 토정의 손자가 그 대나무통을 사또 앞으로 가지고 갔다. 사또가 그 물건을 받으려고 높은 자리에서 일어나 두어 발자국 앞으로 나오니 그 순간 사또가 앉아 있던 바로 위 천정 서까래가 무너져 내리고 말았다. 사또가 그 자리에 앉아 있었더라면 사또는 꼼짝없이 무거운 서까래에 깔려서 그 자리에서 즉사하였을 것이다. 이 얼마나 놀라운 일인가? 사또가 정신을 차리고 그 대나무통을 열어 보니 거기에는 이렇게 써 있었다. "내가 너의 목숨을 살렸으니 내 손자를 살려 내라."라고.

2. 수평적 경영

수평적 경영에 대해서는 장을 달리해서 자세히 이야기하려고 한다. 여기에서는 한 가지 사례만 이야기하도록 하겠다.

*** 녹각으로 뉴질랜드의 국민훈장을 받은 사나이**

뉴질랜드는 사슴을 많이 키우는 '사슴의 나라'다. 전 국토가 사슴 목장이라고 하여도 과언이 아니다. 동대문 시장에서 한약 도매상을 운영하는 김 사장이라는 사람이 뉴질랜드로 여행을 갔다. 그는 특이한 현상을 발견하고 크게 놀랐다. 사슴의 뿔을 모아서 불태우고 있는 것이 아닌가. 귀중한 약재를 불태우다니! 어리석은 인간들이라며 혀를 찼다. 그들은 돈을 불태우고 있었다. 그는 뉴질랜드의 사슴뿔을 수입하기 시작하였다. 그는 떼돈을 벌고 뉴질랜드로부터는 영웅대접을 받았다. 뉴질랜드 사람들은 사슴을 키우지만 뿔을 이용할 줄을 몰랐다고 한다. 사슴뿔이 처치 곤란이었다. 그들은 사슴뿔이 다 자라서 떨어지면 모아서 불태우는 일이 아주 힘든 일이었다. 그런데 왠 동양인이 나타나서 불태워 버리는 사슴뿔을 수입하겠다고 하니 이 얼마나 감사한 일인가? 사슴뿔을 태우는 수고를 덜고 돈까지 벌 수 있었다.

그 한국인은 뉴질랜드의 국민훈장까지 받았다고 한다. 인간은 문제의식을 갖는 능력을 가지고 태어났다. 똑같은 사물을 보고 문제의식을 갖는 사람과 그냥 지나치는 사람, 두 부류가 있다. 많은 한국 사람들이 뉴질랜드로 여행을 갔지만 사슴의 뿔을 태우는 모습을 문제의식 없이 그냥 지나쳐 버린 것이다. 동물에게는 문제의식이 없다. 인간만이 가지고 있는 특권이다. 그 한국 사람의 문제의식으로 뉴질랜드는 사슴뿔을 약용으로 개발하여 수출하고 있는데, 한국 사람들이 뉴질랜드 녹용의 80%를 수입한다는 소문이 떠돌 정도로 그 한국인은 뉴질랜드에 공헌을 많이 한 사람이 되었다.

빌게이츠의 경영철학에 '기선을 제압하라.' '차별화하라.' '독창화하라.'는 충언이 있다. 김 사장은 많은 여행객 중 기선을 제압한 사람이다. 이것이 수평적 사고와 경영이다. 보는 사물마다 문제의식을 가져라. 거기에서 인생을 사는 샘물을 발견할 수 있다.

가지 않는 길

단풍진 숲속에 길이 두 갈래

두 길을 갈 수 없어 유감이구나

나는 남들이 덜 다닌 길을 택했지

그것이 오늘을 있게 했구나.

– 로버트 프로스트 –

3. 사랑의 경영

– 사랑은 생명이다.

– 사랑은 위대한 불꽃 – 괴테 –

– 진정한 철학은 철학을 경멸하고 진정한 도덕은 도덕을 경멸하고 진정한 사랑은 사랑을 경멸한다. – 파스칼 –

사랑의 경영의 길을 떠나면서 먼저 사랑의 함의를 정리해 보자.

사랑의 경영으로 성공한 기업

하버드 대학에서는 매년 그해 미국 기업 중 5위 안에 드는 기업인을 초청하여 학생들과 대화하는 시간을 갖는다고 한다. 몇 년 전 이 모임에서 한 학생이 한 기업인에게 "당신이 미국에서 5위 안에 든 기업인이 된 이유는 무엇입니까?" 하고 묻자 그 기업인은 한마디로 " '사랑' 입니다."라고 대답하였다. 그 기업인은 사랑의 경영을 통해서 미국에서 5위 안에 드는 기업가가 되었던 것이다.

1) 사랑의 함의

사랑은 생명이나. 사랑이 없는 곳에 생명도 없다. 인간은 사랑으로 태어나서 사랑으로 살다가 사랑으로 죽는다. 이것이 사랑의 경영의 알파요 오메가다.

사랑은 세 가지 사랑, 즉 삼애(三愛)로 표시할 수 있다. 하나는 자애(自愛), 둘은 타애(他愛), 셋은 신애(神愛)이다. 즉 인간은 **첫째**, 자기 자신을 사랑하고 **둘째**, 타인을 사랑하고 **셋째**, 신(神)을 사랑한다. 이 세 가지 사랑을 삼위일체(三位一體)의 사랑이라 할 수 있다. 이 사랑이 진정한 사랑이다. 삼애(三愛)의 사랑을 어떻게 할 것인가?

셸리는 사랑을 이렇게 노래했다. "사랑하는 것, 그리고 견뎌내는 것! 이것만이 인생이고, 기쁨이며, 왕국이고, 승리이다."

자신을 그렇게 사랑하고, 타인을 그렇게 사랑하고, 신(神)을 그렇게 사랑하면 사랑은 위대한 불꽃이 되어 타오르리라. 그의 인생은 의미 있는 삶이 되리라. 삼애(三愛), 삼평(三平)의 세계는 필자가 꿈꾸는 세계이다. 사랑이 있는 곳에는 평화가 온다. 사랑 없는 평화, 평화 없는 사랑은 거짓 사랑이요, 거짓 평화다. 삼애가 있는 곳에 삼평이 온다. 삼평은 **첫째**, 나 자신의 평화요. **둘째**, 타인과의 평화요. **셋째**, 세상의 평화다. 삼애와 삼평의 세계, 이 세계가 오늘의 인류가 지향하는 세계가 되어야 한다.

2) 인간에 대한 인간의 사랑

당신이 가는 곳마다 사랑을 전파하세요. 먼저 당신 자신의 집에서 사랑을 실천하세요. 당신의 자녀를, 아내와 남편을 사랑하세요. 어떤 사람이든지 당신을 만나고 나면 더 나아지고 더 행복해지게 하세요. 신의 사랑이 당신을 통해서 표현되도록 하세요. 당신의 얼굴에, 당신의 눈에, 당신의 미소 속에, 그리고 당신의 따뜻한 말 한마디 속에 신의 사랑을 표현하세요

- 마더 테레사 -

(1) 초월의 힘을 발휘한 인간의 사랑

당신이 날 사랑해야 한다면

오직 사랑만을 위해 사랑해 주세요.

그녀의 미소 때문에… 그녀의 모습… 그녀의

부드러운 말씨… 그리고 내 맘에 꼭 들고

힘들 때 편안함을 주는 그녀의 생각 때문에

"그녀를 사랑해"라고 말하지 마세요

사랑하는 이여, 이런 것들은 그 자체로나

당신 마음에 들기 위해 변할 수 있는 것

그리고 그렇게 얻은 사랑은 그렇게 잃을 수도 있는 법

내 뺨에 흐르는 눈물

닦아 주고픈 연민 때문에 사랑하지도 말아 주세요

당신의 위안 오래 받으면 눈물을 잊어버리고

그러면 당신 사랑도 떠나갈 테죠

오직 사랑만을 위해 사랑해 주세요

사랑의 영원함으로 당신 사랑 오래 오래 지니도록

위의 시는 영문학사에 길이 남을 사랑 이야기의 시이다.

로버트 브라우닝(1812~1889)은 엘리자베스 베릿(1806~1861)이라는 연상의 시인을 사랑했는데 그녀는 마흔 살의 노처녀이자 장애인이었다. 이 시는 로버트 브라우닝의 끈질긴 구애를 받아들이면서 그녀가 쓴 연시이다.

그때 그녀는 브라우닝보다 유명한 시인이었고, 남편이 될 브라우닝은 무명 시인이었다. 엘리자베스 베릿은 4살 때부터 시를 썼던 재원이었고 유복한 가정에서 행복하게 살았었다. 그런데 열다섯 살 되던 해에 말에 안장을 얹다가 척추를 다치고 다시 몇 년 후에는 가슴의 동맥이 터져 시한부 인생을 선고 받았다. 1844년 출판된 'Poems'는 큰 성공을 거두었고 젊은 시인 브

라우닝은 1845년 1월 10일 그녀에게 대담한 편지를 쓴다. "베릿양, 당신의 시를 온 마음을 다해 사랑합니다. 당신의 시는 내 속으로 들어와 나의 한 부분이 되었습니다. 온 마음 다해 그 시들을 사랑하고, 그리고 당신도 사랑합니다."

그 후 결혼할 때까지 2년 동안 주고받은 연서가 두꺼운 책 두 권에 달한다. 그러나 두 사람은, 딸의 죽음을 예견한 아버지의 반대로, 브라우닝의 친구 한 명과 엘리자베스의 하녀 한 명이 참석한 가운데 비밀 결혼식을 올리고, 엘리자베스의 건강을 위해 이탈리아로 떠난다. 그곳에서 그 부부는 활발한 작품 활동을 했으며, 그들의 사랑의 힘은 그녀의 아버지의 예견을 빗나가게 했다. 1849년에는 아들까지 순산하였다. 그들은 15년 동안 행복한 결혼생활을 하였고 1861년 6월 29일 사랑하는 남편이 지켜보는 가운데 그녀가 눈을 감았다. 그들의 사랑은 위대한 불꽃이 되어 생명을 연장시켰고 그로 인해 2세까지 낳게 된 것이다.

사랑은 초월의 힘을 갖는다는 잠언을 그들의 삶을 통해서 보여 주었다. 그들의 사랑의 힘은 위대했다.

"내가 당신을 어떻게 사랑하느냐구요?

방법을 꼽아 볼께요. 내 영혼이 닿을 수 있는 깊이만큼, 넓이만큼, 그 높이만큼 당신을 사랑합니다." 그녀가 남편에게 보낸 시이다.[10]

그들은 사랑의 불꽃이 되어 시작(詩作)을 통해서 의미 있는 인생을 살다가 갔다.

그들의 삶은 "진정한 사랑은 사랑을 경멸한다."는 파스칼의 명언의 사례를 보여 준 일생이었다.

(2) 앙드레 고르와 도린 케어의 특별한 사랑

사랑으로 인생을 바꾼 이야기를 들어 보자. 앙드레 고르라는 사람은 세계적인 생태 철학자였다. 그는 유대계 아버지와 오스트리아계 어머니 사이에서 태어나 유대인이라는 이유로 정체성을 찾지 못하고 아버지의 사랑은 받지 못하면서 오스트리아에서 스위스로, 스위스에서 프랑스로 떠돌며 이름을 세 번이나 바꾸면서 산 사람이었다.

그는 외로움에 떨던 24세 때 어느 가을날 스위스 로잔의 어느 카드게임장에서 우연히 도린 케어(Doreen Keir)라는 처녀를 보고 첫눈에 반한다. 그러나 넘볼 수 없는 아가씨라 생각하고 뒤돌아섰다. 당시 도린에게는 세 남자가 호감을 갖고 있었다.

한 달쯤 지나 하얀 눈이 흩날리던 거리에서 앙드레는 놀랍게도 도린을 만난다. 영국 출신인 도린은 어릴 적부터 어머니가 떠나 버린 상태에서 친부도 없이 '대부' 아래서 자랐다. 고아 아닌 고아였다. 따뜻한 사랑을 받지 못하고 자란 도린에게 삶은 고통이자 공허 그 자체였다. 그들은 동병상련 격인 사람들

이었다. 24세와 23세로 사랑의 피가 끓을 때였다. 두 사람이 인연을 맺어 1949년 결혼을 하고 프랑스로 떠난다. 그들은 곡절 많은 세상을 살았으나 사랑에는 변화가 없었다. 앙드레는 아이를 원치 않았다. 아버지의 정을 느끼지 못하고 살았기 때문에 스스로가 자기 아버지와 같은 아버지가 될까 두려웠고 무엇보다 아내의 사랑을 자식에게 빼앗길까 두려웠기 때문이었다.

1983년 도린이 허리 디스크 수술의 부작용으로 치명적인 질병에 걸린 것을 알고 파리를 떠나 150킬로나 떨어진 시골로 간다. 그 후 앙드레는 도린을 정성껏 돌보면서 명저들을 내었다. 도린이 없으면 다른 모든 것은 무의미하고 무가치하다고 보았기에 앙드레는 도린을 24년간이나 돌보며 살았다.

　2007년 9월 22일, 그들은 60년간의 동반자 생활을 마감하고 함께 침대에 나란히 누워 자살이라는 수단으로 생을 마감했다. 앙드레는 아내에게 보낸 편지를 모아서 『D에게 보낸 편지』를 남겼으며 그 책에서 "우리는 둘 다 한 사람이 죽고 나서 혼자 남아 살아가는 일이 없기를 바랍니다. 우리는 서로에게 이런 말을 했지요. 혹시라도 다음 생이 있다면 그때도 둘이 함께 하자고." 앙드레는 『D에게 보낸 편지』에서 "당신은 곧 여든 두 살이 됩니다. 키는 예전보다 6cm 줄었고 몸무게는 겨우 45kg 입니다. 그래도 당신은 여전히 탐스럽고 우아하고 아름답습니다. 서로 만난 지 60년, 함께 살아온 지 58년이 되었지만 그 어느 때보다도 더 나는 당신을 사랑합니다."라고 썼다.

　그는 "텅 빈 세상에서 혼자 살고 싶지 않다네. 아내의 관을 따라가는 남편이 되고 싶지 않다네."라고 독백하였다. 그래서 그는 사랑하는 아내와 함께 돌아올 수 없는 길을 떠났다. 그들은 살면서도 연대하였고, 죽어서도 연대하였다.[11]

(3) 사랑의 힘 – 어느 여교사의 사랑

　어느 사회학과 교수가 자신의 강의를 듣는 학생들에게 과제물을 내었다. 그것은 볼티모어의 유명한 빈민가로 가서 그곳에 사는 청소년 2백 명의 생활환경을 조사하는 일이었다. 조사를 마친 뒤 학생들은 그 청소년들 각자의 미래에 대한 평가서를 써냈다. 평가서의 내용은 모두 동일했다. "이 아이에겐 전혀 미래가 없다. 아무런 기회도 주어지지 않기 때문이다." 그로부터 25년이 지난 뒤, 또 다른 사회학과 교수가 우연히 이 연구 조사를 접하게 되었다. 그래서 그는 학생들에게 그 2백 명의 청소년들이 25년이 지난 현재 어떤 삶을 살고 있는지 추적 조사하라는 과제를 내었다. 학생들의 조사 결과 놀라운 사실이 밝혀졌다. 사망을 하거나 다른 지역으로 이사 간 20명을 제외하고 나머지 180명 중에 176명이 대단히 성공적인 인생을 살아가고 있었다. 그들의 직업도 변호사와 의사와 사업가 등 상류층이 많았다. 교수는 놀라서 그 조사를 더 진행시켰다. 다행히 그들 모두가 그 지역에 살고 있었고, 교수는 그들을 한 사람씩 만나 직접 물어 볼 수 있었다.

"당신이 성공할 수 있었던 가장 큰 이유가 무엇입니까?"

대답은 모두 한결같았다.

"여선생님 한 분이 계셨지요."

그 여교사가 아직도 생존해 있다는 사실이 알려졌다. 교수는 수소문 끝에 그 여교사를 찾아가서 물었다. 도대체 어떤 기적적인 교육 방법으로 빈민가의 청소년들을 이처럼 성공적인 인생으로 이끌었는가? 늙었지만 아직도 빛나는 눈을 간직한 그 여교사는 작은 미소를 지었다. 그러고는 이렇게 말하는 것이었다.

"그것은 간단한 일이었지요. 난 그 아이들을 사랑했답니다."[12]

(4) 사랑하는 사자(死者)를 부르는 노래

김소월의 초혼

산산이 부서진 이름이여

허공 중에 헤어진 이름이여

불러도 주인 없는 이름이여

부르다가 내가 죽을 이름이여

사랑하던 그 사람이여

사랑하던 그 사람이여

심중에 남아 있는 말 한마디는

끝끝내 마저 하지 못하였구나

붉은 해는 서산 마루에 걸리었다

사슴의 무리도 슬피 운다

떨어져 나가 앉은 산 위에서

나는 그대의 이름을 부르노라

설움에 겹도록 부르노라

설움에 겹도록 부르노라

부르는 소리는 비껴 가지만

하늘과 땅 사이가 너무 넓구나

선채로 이 자리에 돌이 되어도

부르다가 내가 죽을 이름이여

사랑하던 그 사람이여

사랑하던 그 사람이여

김소월은 한동네에 사는 연상의 처녀, 오순이를 사랑했다. 그러나 광산업체를 경영하던 할아버지의 완강한 반대로 결혼을 하지 못하고 슬픈 이별을 하고 만다. 오순이는 다른 남자와 결혼을 하였는데 갖은 학대 속에서 고생하고 살다가 요절하고 만다. 사랑하는 여인의 비보를 듣고 소월은 너무도 슬픔에 겨워 죽은 애인을 목 놓아 부른다. 이 시는 소월이 애인의 혼을 부르는 노래이다.

저세상으로 간 아내와의 대화: 프랭클의 아내와의 대화

그날도 우리는 참호 속에서 일하고 있었다. 잿빛 새벽이 우리를 둘러싸고 있었다. 우리 위에 있는 하늘도 잿빛이었고, 창백한 새벽빛에 반사되는 눈도 잿빛이었다. 동료가 걸치고 있는 넝마 같은 옷도 잿빛이었고, 얼굴도 잿빛이었다. 나는 또다시 아내와 침묵의 대화를 나누고 있었다. 아니 어쩌면 당시 나는 내 고통에 대한, 그리고 내가 서서히 죽어가야 하는 상황에 대한 정당한 이유를 찾으려고 애쓰고 있었는지도 모른다. 곧 닥쳐올 절망적인 죽음에 대해 마지막으로 격렬하게 항의하고 있는 동안, 나는 내 영혼이 사방을 뒤덮고 있는 음울한 빛을 뚫고 나오는 것을 느꼈다. 나는 그것이 절망적이고 의미 없는 세계를 뛰어넘는 것을 느꼈으며, 삶에 궁극적인 목적이 있는가라는 나의 질문에 어디선가 "그렇다."라고 하는 활기찬 대답 소리를 들었다.

바로 그 순간 수평선 저 멀리에 그림처럼 서 있던 농가에 불이 들어왔다. 바바리아의 동트는 새벽의 초라한 잿빛을 뚫고 불이 켜진 것이다. '어둠 속에서도 빛은 있나니.' 빛은 어둠 속에서 빛났다. 나는 몇 시간 동안 얼어붙은 땅을 파면서 서 있었다. 감시병이 지나가면서 욕을 했고, 나는 또 다시 사랑하는 사람과 대화를 나누었다. 그러자 점점 더 그녀가 곁에 있는 것 같이 느껴졌으며, 그녀는 정말로 내 곁에 있었다. 그녀를 만질 수 있을 것 같았고, 손을 뻗쳐서 그녀의 손을 잡을 수 있을 것 같은 느낌이 들었다. 그 느낌이 너무나 생생했다. 그녀가 정말로 '거기에' 있었던 것이다. 바로 그 순간 새 한 마리가 날아와 내가 파놓은 흙더미 위에 앉았다. 그리고는 천천히 나를 바라보았다.[13]

빅터 프랭클이라는 유태인 심리학자는 아우슈비츠 수용소로 끌려가 3년 동안 죽음의 고비를 넘고 넘어 살아남는다. 여기에 쓴 아내와의 대화는 죽음의 수용소에서 죽음을 예감하면서 이미 죽어 간 아내를 부르는 영혼과의 대화이다.

저승으로 간 남편에게 보낸 400년 전 아내의 편지

원이 아버지께

당신 언제나 나에게 "둘이 머리 희어

지도록 살다가 함께 죽자"고 하셨지요.

그런데 어찌 나를 두고 당신 먼저 가십니까?

나와 어린 아이는 누구의 말을 듣고 어떻게

살라고 다 버리고 당신 먼저 가십니까?

당신 나에게 어떻게 마음을 가져왔고,

나는 당신에게 어떻게 마음을 가져왔었나요?

함께 누우면 언제나 나는

당신에게 말하곤 했지요.

"여보, 다른 사람들도 우리처럼

서로 어여삐 여기고 사랑할까요?

남들도 정말 우리 같을까요?"

어찌 그런 일들 생각하지도 않고

나를 버리고 먼저 가시는가요.

당신을 여의고는 아무리 해도

나는 살 수 없어요.

빨리 당신에게 가고 싶어요.

나를 데려가 주세요.

당신을 향한 마음을 이승에서

잊을 수 없고, 서러운 뜻 한이 없습니다.

내 마음 어디에 두고

자식 데리고 당신을 그리워하며

살 수 있을까 생각합니다.

이 내 편지 보시고 내 꿈에 와서

자세히 말해 주세요.

당신 말을 자세히 듣고 싶어서

이렇게 글을 써서 넣어 드립니다.

자세히 보시고 나에게 말해 주세요.

당신 내 뱃속의 자식 낳으면

보고 말할 것 있다 하고 그렇게 가시니,

뱃속의 자식 낳으면 누구를 아버지라

하라시는 거지요?

아무리 한들 내 마음 같겠습니까?

이런 슬픈 일이 또 있겠습니까?

당신은 한갓 그곳에 가 계실 뿐이지만,

아무리 한들 내 마음같이 서럽겠습니까?

한도 없고 끝도 없어 다 못 쓰고

대강만 적습니다.

이 편지 자세히 보시고 내 꿈에 와서

당신 모습 자세히 보여 주시고

또 말해 주세요.

나는 꿈에는 당신을 볼 수

있다고 믿고 있습니다.

몰래 와서 보여 주세요.

하고 싶은 말, 끝이 없어 이만 적습니다.

사자에게 보낸 이 편지의 유래는 산 자를 눈물 짓게 한다. 1998년 경북 안동에서 400년 전 만들어진 무덤이 발견되었다. 이 무덤 안에는 놀랍게도 조선시대 미라가 있었다. 또 무덤 안에는 미라와 함께 머리카락으로 삼은 미투리가 있었다. 미투리는 조선 시대 사람들이 삼이나 노로 짚신처럼 삼았던 신이다. 미투리를 싸고 있던 한지에는 미라가 된 시신에게 보내는 편지가 쓰여 있었다. 부인이 남편한테 보내는 애틋한 사랑을 담은 이 편지에는 "내 머리카락을 잘라 신을 삼았는데, 이 신을 신어 보지도 못하고 돌아가셨다."는 절절한 내용이 담겨 있다. 이 무덤의 주인공은 이응태라는 임란 때 왜군 토벌대장으로 밝혀졌다. 그는 전쟁에 나가 독화살을 맞고 귀가하여 회복하지 못하고 끝내 사망하고 말았다. 그의 나이는 겨우 31세였다. 그의 아내는 뱃속의 유복자를 생각하며 설움이 가슴에 사무쳐 저승에 간 남편을 그리는 절절한 편지를 남편의 가슴에 붙였다. 그 편지와 신발을 가슴 떨리는 마음으로 앞에서 소개했다. 머리칼 잘라 신을 삼아 사랑하는 님에게 바친다는 전해 오는 옛말이 있었는데 사실로 밝혀졌다. 가슴을 여미게 한다. 진정한 사랑을 가슴으로 느꼈다.

사자는 답이 없다. 삶을 누릴 때 아낌없고 후회 없는 사랑을 하기를!

(5) 사랑을 승화시킨 사람들

＊ 슈베르트와 미완성 교향곡

슈베르트는 1797년 비엔나 근교에서 태어난 음악의 천재였다. 그는 13세 때부터 작곡을 시작하여 교향곡 두 곡을 포함하여 5년 동안에 140곡이나 되는 가곡을 작곡하였다. 그의 아버지는 초등학교 교장을 지냈지만 그의 집은 늘 가난에서 벗어나지 못하고 빈곤하게 살았다.

가난한 슈베르트는 어느 목사의 집 가정교사로 들어가 두 딸들을 가르쳤다. 그런데 무슨 인연이었던지 슈베르트의 가슴에는 둘째 딸에 대한 사랑의 불길이 타오르기 시작하였다. 그 사랑의 불길이 둘째 딸의 가슴에 미처 닿기도 전에 그녀의 아버지가 낌새를 알아차리고 "발칙한 놈, 감히 내 딸을 넘보다니" 하고 슈베르트를 쫓아내 버렸다. 슈베르트는 비련의 상처를 안고 그 집에서 나와 작곡에 열중하게 된다. 그중에 불멸의 명작 〈미완성 교향곡〉이라는 작품이 있다. 이 작품은 슈베르트가 연인을 그리면서 작곡한 것이다. 슈베르트는 이 명작을 완성을 하지 못하고 죽었다. 다행히 슈베르트의 사후에 세상에 알려진 눈물 젖은 명작이다. 슈베르트는 목사의 집에서 쫓겨난 후 사랑하는 연인을 단 한 번 만났다는 이야기가 전해 내려오고 있다.

만일 슈베르트가 비련의 아픔을 겪지 않았더라면 〈미완성 교향곡〉은 탄생하지 않았을 것이다.

이 불세출의 천재 작곡가는 〈미완성 교향곡〉과 더불어 〈겨울 나그네〉, 〈들장미〉, 〈보리수〉 등 수많은 아름다운 가곡들을 남기고 31세의 젊은 나이로 요절하고 만다.

(6) 그늘진 곳을 사랑했던 천사들

몇 년 전 오랜만에 소록도에 가서 봉사도 하고 그곳 이장님의 이야기도 감명 깊게 들었다. 그분의 말씀 중에 잊을 수 없는 이야기가 있었다.

"나병환자라고 모두 불행한 줄 아십니까? 그렇지 않습니다. 우리는 행복합니다. 우리는 100% 종교를 믿고 있습니다. 평균 나이가 73세이고 100세 되신 노인도 계십니다."

필자는 깜짝 놀랐다. 저주의 병에 걸려 격리 생활을 하고 있는 한센병 환자들이 불행하지 않다니! 우리들이 모여서 이장의 말을 듣고 있을 때 저 건너편 잔디밭에 환자 서너 명이 앉아 있는 것이 보였는데, 팔이 없고 다리가 없는 환자들이 몸통을 써서 움직이고 있었다. 저들도 행복할까 하는 생각을 했었는데 지금도 가끔 그 생각이 머리를 스친다.

1980년대 후반에 소록도에 갔다가 길을 가는 두 벽안의 수녀들을 보았다. 소록도 사람들에게 물으니 그분들은 오스트리아에서 온 마리안 수녀님과 마가렛 수녀님이었고 20대에 섬에 들어와서 바깥세상과 등지고 오로지 한센병 환자들을 돌보며 평생을 바치고 있다고 하였다. 그들의 봉사활동에 조금은 감동을 받았지만 잊고 지내다가 90년대 후반에 소록도에 봉사활동을 가서 그분들의 근황을 물었다. 그분들은 여전히 한센병 환자들을 간호하고 한센병 환자 자녀들을 위한 학교를 세우고 그

들의 재활치료를 위해서 외국 의사의 원조를 받아 가며 봉사활동을 하고 있다고 하였다.

특히 충격을 받은 것은, 한 가지 일을 하고도 열 가지 일을 했다고 티를 내는 세상에, 그분들은 세상에 알려지기를 거부하고 많은 인터뷰 요청을 받았음에도 불구하고 신문이나 방송에 그들의 신분이 노출되는 것을 피하며 숨어서 봉사활동만을 하고 있다는 사실이었다.

성녀 테레사 수녀님은 세계의 주목을 받으며 노벨 평화상까지 받았는데 이분들이야말로 하느님이 보낸 천사 중의 천사라는 생각이 들었다.

그런데 이번에 정말로 감동적인 사건이 일어났다. 이 두 수녀님이 소록도를 떠나셨는데 "이제 나이가 들어 더 이상 있으면 여러 형제들에게 부담이 되니 떠나기로 하였습니다. 그동안의 은혜에 감사하며 그 동안의 부족함을 용서해 주십시오."라는 짧은 글을 남기고 두 분의 옷 보따리 하나씩을 들고 이른 새벽에 아무도 모르게 조용히 떠났다고 한다. 너무도 큰 감동과 충격을 받았다. 그들이 떠난 후에야 언론에서 떠들어 댔다.

과연 그 천사들에게서 우리는 무엇을 배울 것인가. 가치관의 혼란에 빠져 이익 집단의 화신이 되어 있는 오늘의 한국인들, 너무도 부끄럽지 않은가.

그분들은 한글을 깨우치고 전라도 사투리를 구사하며 43년 동안 봉사하고 떠났다고 한다.

1962년 6월에 소록도에 들어와서 평생을 봉사하고 마리안 수녀님은 71세, 마가렛 수녀님은 70세가 되어 빈손으로 새벽길을 재촉하여 떠났다고 한다.

그 천사들은 오스트리아 고향 비엔나에 조용히 살고 있다.

*** 사랑 – 죽음 – 부활의 길을 가는 이태석 신부**

〈울지마 톤즈〉를 관람한 사람들은 영화를 보면서 흘렸던 눈물의 여적(餘滴)이 마르지 않고 아직도 가슴에 남아 있을 것이다.

이태석 신부는 의대를 나와 다시 신학대학에 진학하여 사제

서품을 받고 남북의 내전으로 폐허가 된 남수단으로 가서 선교활동을 하였다. 그가 수단으로 가게 된 동기는 제임스 신부를 만나서였다. 그는 로마로 유학을 갔는데 유학을 마치고 아프리카에서 선교활동을 해야겠다고 생각하고 아프리카여행을 갔다가 제임스 신부를 만났다. 제임스 신부는 남수단에서 30년 동안 선교활동을 해 온 인도 출신 신부였다. 제임스 신부의 요청으로 남수단에 가서 수단 사람들의 비참한 모습을 보고, 특히 사회로부터 버림받고 인생을 체념하고 살고 있는 나환자들을 보고 큰 충격을 받고 '내가 설 땅은 여기구나.' 하고 수단에서 선교활동을 하기로 결심하였다. 그는 수단에서 본 느낌을 이렇게 이야기하였다.

"하루 한 끼도 제대로 먹지 못해 뼈만 앙상한 사람들이 거리를 배회했습니다. 사람들이 살고 있는 집에 들어가 보니 거의 먹을 것이 없었습니다. 또한 많은 건물들이 전쟁으로 부서져 있었습니다. 그들을 보살필 사람은 없었습니다. 간단한 치료만 받으면 살아날 수 있는 사람들이 매일 죽어 가고 있었습니다. 맨발로 걸어 다니는 여인을 볼 때는 눈물이 났습니다. 아이들과 청년들은 학교가 없어서 세월을 허송하고 있었습니다. 세상에는 이런 곳도 있구나 싶었습니다."

그는 원시인보다 더 비참하게 살고 있는 수단 사람들을 위해서 병원을 짓고 초, 중등, 고등학교 과정의 학교를 세웠다. 브라스 밴드를 창단하여 수단의 국가 행사에 초청받을 정도로 유명한 밴드로 키웠다. 그는 악기를 다루는 데 천재성을 발휘하여 학생들에게 직접 가르쳤다. 브라스 밴드는 전쟁으로 황폐해져 버린 아이들과 어른들의 마음의 병을 치료하는 데 큰 역할을 하였다. 그는 어느 강론에서 하느님이 왜 나에게 음악적인 재주를 주었는지 몰랐었는데 수단에서 음악을 가르치라고 재주를 주신 것을 수단에 와서 알았다고 말하였다.

〈울지마 톤즈〉에서 그는 버림받은 한센병 환자들을 찾아가 스스럼없이 악수하고 약을 발라 주곤 하였다. 특히 손발이 문드러지고 맨발로 사는 그들에게 맞는 신발을 주문하여 손수 신겨 주는 것과 같은, 누구도 흉내 낼 수 없는 천사나 할 수 있는 일을 하면서 행복해하고 있었다. 처음으로 인간 대접을 받은 한센병 환자들의 눈에서는 오랜만에 이슬이 맺혔다. 너무도 감동적이었던 그 장면이 잊혀지지 않는다.

그는 휴가차 한국에 나왔다가 대장암이 발견되어 48세의 젊은 나이에 안타깝게도 선종하였다. 이태석 신부는 한국에서 안락한 사목생활을 할 수 있었다. 그런데 그는 왜 그 쉬운 길을 가지 않고 국토는 폐허로 변하고 아이들은 웃음을 잃어버린 버림받은 수단을 택하여 고행의 길을 걷다가 너무도 빨리 떠나고 말았을까? 인류에 대한 사랑 때문이었다. 가장 어려운 자를 사랑하는 것, 그것이 진정한 사랑이다. '진정한 사랑은 사랑을

경멸한다.' 파스칼의 잠언이다. 그는 수단에서 진정한 사랑의 모습을 보여 주었다. 이태석 신부는 수단 사람들에게 사랑을 보여 주었고 희망과 눈물을 찾아 주었다. 수단 사람들은 눈물조차 잃어버리고 살고 있었다.

이태석 신부는 한 언론과의 인터뷰에서 이렇게 말했다.

"한센병 환자 병동에 레지나라는 환자가 있습니다. 손가락 발가락이 다 떨어져 나간 말기 환자입니다. 가진 거라곤 저주받은 병밖에 없습니다.

그런데 그는 무엇이 그리 기쁜지 항상 행복해합니다. 병원에서 보살핌을 받고 있다는 자체가 기쁨입니다. 작은 것에 고마

워하고 항상 즐겁게 삽니다. 다른 환자들과 잘 어울리고 그들을 보살피려 합니다. 레지나에게서 나는 행복이 무엇인지를 배웁니다.

내가 그들에게 해 주는 것보다 그들이 내게 돌려주는 행복과 가르침이 더 큽니다.”[14]

그는 이렇게 신 앞에서 겸손하였다.

이태석 신부, 그는 이 세상을 떠났다. 그는 영원히 떠났을까? 영원히 죽었을까? 진정한 사랑은 생명이다. 생명은 살아 있는 것을 의미한다. 그가 떠난 후 그의 생명사랑운동은 더욱 확산되고 있다. 〈울지마 톤즈〉를 통해서 그의 사랑의 철학은 전 세계로 울려 퍼지고 있다. 바티칸 성당에서도 〈울지마 톤즈〉를 상영한다고 한다.

이태석 신부, 그는 갔지만 다시 부활하고 있다. 사랑은 죽음을 초월한다. 그의 사랑은 죽음을 초월하여 다시 부활하고 있다. 이태석 재단을 통하여 그의 고귀한 사랑의 꽃이 피어오르고 있다. 살아 있지만 죽어 있는 사람들이 있고 죽었지만 살아 있는 사람들이 있다. 이태석 신부는 우리 앞에 살아 있다. 영원히 살아갈 것이다. 다음의 시는 이태석 신부가 고등학교 3학년 때 지었다는 시이다. 그의 미래를 예시 하는 그 시를 여기에 소개하고자 한다.

숨 쉰다는 것만으로 살아 있는 것이 아니다. 인간은 영원히 살고자 한다. 영원히 의미 있게 인생을 사는 것은 진정한 사랑, 사랑 이상의 사랑을 하는 것이다. 이태석 신부는 진정한 사랑을 가르쳐 주고 여행을 떠났다. 그는 하느님이 보낸 아프리카의 성자였다.

3) 나라사랑 이야기

(1) 만해(万海) 한용운의 나라사랑

- 출가이유

1879년 8월 29일, 충남 홍성에서 태어난 한용운의 시대는 열강의 회오리 바람이 한반도를 감싸고 돌고 급기야 강압적으로 한일합병 조약을 맺은 불행한 시기였다. 그는 당시의 풍습을 극복하지 못하고 14살에 결혼을 하게 되지만 출가를 결심한다. 출가하는 이유는 첫째는 인생이 무엇이고, 나는 무엇인가를 알기 위함이요, 둘째는 나라를 위해 의인이 되고 열사가 되기 위해서라고 하였다. 출가의 배경에는 자신과 나라사랑의 근본정신이 배어 있었다.

그는 두 가지의 실천을 위해 공부하고 견문을 넓혀야 함을 깨닫고 원산항을 출항하여 블라디보스토크까지 여행(비록 중도 포기하였지만)도 하였으며 일본에 건너가 강의도 듣고 공부도 하였다. 일본에서 귀국하여 각종 불교 서적을 출간하고 독립운동에 매진하였다. 여기에서는 큰 족적만을 이야기하려 한다. 그는 3·1 독립선언서에 서명하고 대표로 연설하였다. 그는 다른 민족 대표들과 함께 온갖 고문을 당하였다. 한용운은 가혹한 고문을 받으면서 동지들에게 다음의 세 가지 사항을 전달했다.

첫째, 변호사를 선임하지 않을 것, 둘째, 사식(私食)을 넣지 말 것, 셋째, 보석(保釋)을 요구하지 말 것. 그의 제안은 옥중투쟁 3대 원칙이었고 그는 그것을 지켰다. 그런데 감옥에서 고통을 받는 동안 독립선언서에 서명한 민족 대표들은 모두 사형당할 것이라는 소문이 퍼졌다. 감옥의 분위기는 술렁거렸고, 몇몇 사람은 울음을 터뜨렸다.

"이런 똥통의 구더기만도 못한 비겁한 인간들아, 울긴 왜 울어! 나라 잃고 죽는 것이 무엇이 그리 슬프냐. 고작 이것이 소위 민족선언서에 서명했다는 민족 대표들의 모습이더냐!"

만해 한용운은 그들을 향해 감방 구석에 있는 똥통을 내던지며 외쳤다.

– 변절자 육당 최남선과의 일화

최남선은 3·1 독립선언서를 작성한 사람인데 변절하여 중추원 참의라는 높은 벼슬자리를 얻었다. 어느 날 길을 가다 한용운은 최남선과 마주치게 되었다. 한용운이 못 본 체하며 고개를 돌렸는데 최남선이 굳이 아는 체를 하였다. "만해 선생 오랜만에 뵙겠습니다." "누구시지요?" 한용운이 눈을 크게 껌벅이며 최남선을 빤히 쳐다보았다. "아 육당입니다." "육당이 누구요?" "아, 최남선을 몰라보시겠어요?" "내가 아는 최남선은 벌써 죽었소.” 그는 그렇게 절개가 굳은 사람이었다.

- 조국에 바치는 영원한 시: 〈님의 침묵〉

님은 갔습니다

아아, 사랑하는 나의 님은 갔습니다

푸른 산빛을 깨치고

단풍나무 숲을 향하여 난

작은 길을 걸어서 차마 떨치고 갔습니다

황금의 꽃같이 굳고 빛나던 옛 맹서는 차디찬 티끌이 되어서

한숨의 미풍에 날아갔습니다

날카로운 첫 키스의 추억은

나의 운명의 지침을 돌려놓고

뒷걸음쳐서 사라졌습니다.

나는 향기로운 님의 말소리에 귀먹고

꽃다운 님의 얼굴에 눈멀었습니다

사랑도 사람의 일이라 만날 때에

미리 떠날 것을 염려하고

경계하지 아니한 것은 아니지만

이별은 뜻밖의 일이 되고 놀란 가슴은

새로운 슬픔에 터집니다

그러나 이별을 쓸데없는
눈물의 원천으로 만들고 마는 것은
스스로 사랑을 깨치는 것인 줄 아는 까닭에
걷잡을 수 없는 슬픔의 힘을 옮겨서
새 희망의 정수박이에 들어부었습니다.

우리는 만날 때에
떠날 것을 염려하는 것과 같이
떠날 때에 다시 만날 것을 믿습니다

아아, 님은 갔지마는

나는 님을 보내지 아니하였습니다.

제 곡조를 못이기는 사랑의 노래는

님의 침묵을 휩싸고 돕니다

잃어버린 조국을 자기 생명처럼, 생명 이상으로 사랑했던 시가 위의 〈님의 침묵〉이다. 잠자는 동포의 가슴에 민족독립의 불을 놓았던 시이다.[16]

만해 한용운이 조국을 사랑하지 않았더라면, 어찌 이 형극의 길을 꿋꿋하게 걸어 왔겠는가. 조국에 대한 그의 사랑의 불꽃은 우리 후손들의 가슴에 영원히 타고 있을 것이다.

사랑하라! 사랑은 초월의 힘을 갖는다. 초월의 힘으로 인생을 경영하라!

(2) 호세 리잘의 슬픈 필리핀 사랑

필리핀 독립의 영웅으로 21세였던 1882년에 의학을 공부하기 위해 스페인으로 유학을 떠나고 24세에 철학과 문학 박사학위를 받고 의사자격증까지 딴다. 그는 공부에 천재적인 재능을 발휘했다. 그는 문학자, 과학자, 시인, 언어학자, 조각가, 화가, 음악가, 안과의사로 활동한 다재다능한 천재였다.

그는 유학 중 필리핀의 독립에 눈을 뜨게 되고 두 권의 소설

『나에게 손대지 마라.』, 『체제 전복』을 발표하였다. 그의 소설 내용은 스페인 수사들의 학정을 고발하고 필리핀인들의 민족의식을 일깨우는 내용이었다. 실제로 그의 어머니, 그의 형, 매형도 투옥당하고 토지를 강탈당했다. 그는 큰 충격을 받고 여러 언론단체와 사회단체를 만들어 스페인의 학정에 반기를 들기도 하였다. 그는 스페인 등 여러 나라를 여행하며 간접적인 독립활동을 하고 있었는데 스페인인들이 자기 집 토지를 빼앗고 형제들을 남쪽 섬으로 유배를 보냈다는 소식을 듣고 "전쟁터는 바로 필리핀"이라는 일기를 남기고 귀국한다.

1892년, 귀국하자마자 투옥과 유배를 당하고 유배된 섬에서 섬 아이들을 가르치고 있었다. 리잘의 소설에서 독립투쟁의 영감을 얻은 사람들이 비밀결사 조직을 만들어 1896년 폭동을 일으킨다. 리잘은 그 단체와 무관했지만 그를 노리고 있던 스페인 경찰은 배후조종자로 체포한다. 그는 반란에 무관하다고 항변하였지만 받아들여지지 않고 끝내는 반역죄목으로 형장의 이슬로 사라지게 된다. 그의 나이 꽃다운 35세였다. 1896년 12월 30일, 이른 아침 총살형으로 저세상으로 떠났다. 그는 총살당하면서 집행군인들을 등진 자세를 고집했다. 그들의 앞을 바라보고 총을 맞으면 그들 앞에 무릎을 꿇게 되니 그것이 싫다는 것이었다.

그는 처형되기 전날 감방에서 〈나의 마지막 안녕〉이라는 장시를 썼다. 그리고 그 시를 취사용 곤로 속에 숨겼다가 누이 트리니다드에게 건네주었다. 운명의 날 아침 5시에는 그가 사랑한 여인 조세핀 브라엔이 오자 리잘의 요청으로 말라 구에르 신부(神父)는 그들을 결혼시켰다. 헤어지면서 리잘은 조세핀에게 토마스 캠퍼스의 책에 헌사("내 사랑하는 아내 불행한 조세핀에게")를 써 건네주었다. 〈나의 마지막 안녕〉은 당대 스페인 문학의 백미로 평가받았으며 필리핀 사람들의 국민시가 되었다. 필리핀 마닐라에는 유명한 리잘 공원이 있다. 그 공원은 리잘이 총살당한 곳을 공원으로 만든 것이며 필리린 정부에서 관리하고 있다.

그의 처형은 잠자는 필리핀 국민들에게 독립운동의 촛불이 되었다.

〈마지막 안녕〉

잘있거라 내 사랑하는 조국이여
태양이 감싸주는 동방의 진주여
잃어버린 에덴이여
나의 슬프고 눈물진 이 생명을
너를 위해 바치리니
이제 내 생명이 더 밝아지고 새로워지리니

나의 생명 마지막 순간까지
너 위해 즐겁게 바치리

먼 훗날 잡초 무성한 내 무덤 위에
애처로운 꽃 한 송이 피었거든
내 영혼에 입맞추듯 입맞추어다오
그러면 차가운 무덤 속
나의 눈썹 사이에
너의 따스한 입술과 부드러운 숨소리 느끼게 되리니
부드러운 달빛과 따스한 햇빛으로
나를 비쳐다오
내 무덤가에 시원한 솔바람 불게 하고
따스하게 밝아오는 새 빛을 보내다오

작은 새 한 마리
내 무덤 십자가에 날아와 앉으면
내 영혼 위해 평화의 노래를 부르게 해다오
불타는 태양으로 빗방울 증발시켜
나의 함성과 함께 하늘로 돌아가게 해다오
너무 이른 내 죽음을 슬퍼해다오
어느 한가한 오후

저 먼 저승의 나 위해 기도해다오

아 나의 조국

내 편히 하늘나라에 쉬도록 기도해다오

내 무덤가 십자가 비석도 잊혀져 가면

삽으로 밭을 일궈

내 무덤에서 시신의 재를 거두어

조국 온 땅에

골고루 뿌려다오

내 영원히 사랑하고 그리운 나라

필리핀이여

나의 마지막 작별의 말을 들어다오

그대들 모두 두고 나 이제 형장으로 가노라

내 부모, 사랑하던 이들이여

저기 노예도 수탈도 억압도

사형과 처형도 없는 곳

누구도 나의 믿음과 사랑을 사멸할 수 없는 곳

하늘나라로 나는 가노라

- 호세 리잘 -

※ 장시인데 중간 중간 생략하였음.

(3) 러시아를 위해 아들을 버린 피터 대제(1682~1725)

피터 대제는 러시아의 알렉세이 황제와 후궁 사이에서 태어났다. 피터가 네 살이 되기 전에 그의 아버지가 사망했다. 첫째 왕후의 자녀들이 13명이나 되었기 때문에 그가 왕이 되리라는 것은 요원한 이야기였다. 더욱이 왕위 계승을 둘러싸고 싸우고 반란을 일으키는 궁정 싸움이 계속되는 소용돌이 속에서 그는 어렵게 자랐다. 10세 때는 궁중 혁명이 일어나 피신하여 겨우 살아난 일도 있었다. 그런 혼란기 속에서도 그는 왕궁 밖으로 나와 서구 외교관들과 접촉하면서 서구 선진 문물을 학습

할 기회를 가졌다.

당시 러시아는 이복형 이반 5세와 이복 누나 소피아가 섭정을 하고 있었는데, 소피아가 음모를 꾸미다가 발각되어 혼란이 초래되었고 피터 대제는 그 와중에 정권을 잡게 되었다. 그는 서유럽에 비하여 낙후되어 있는 러시아를 근대화시켜야겠다는 큰 꿈을 꾸고 있었다. 그 꿈은 그가 어린 시절 모스크바 궁정 밖에서 습득한 서구 문명의 영향을 받은 때문이었다. 그는 가명을 쓰고 유럽 여러 나라를 직접 순방하며 발달된 유럽의 문명을 학습하였다. 그는 단기간에 유럽의 문화, 과학, 산업, 행정 등을 관찰하고 공부하였다. 영국에서는 왕실 해군의 군항(dock)에서 노동을 하기도 하였으며 의회를 방문하여 의회제도를 관찰하기도 하였다.

그는 돌아와서 모스크바는 유럽에서 너무 멀리 떨어져 있으니 유럽의 관문이 되는 페테르부르크에 새로운 수도를 건설하고 천도를 해야겠다고 발표하였다. 우리나라 세종시 문제처럼 찬반 양논으로 시끄러웠다. 보수파들은 그 늪지대에 무슨 수도를 건설하느냐며 결사반대하였다. 그때 피터에게는 첫 번째 부인과의 사이에 아들이 하나 있었는데 그 아들이 보수진영에 가담하여 반대 음모에 가담하였다. 그 아들을 체포 구금하였다. 그 아들은 감옥에서 의문사하고 말았다. 아들이 죽은 후 그는 페테르부르크를 건설하여 1712년에 수도를 옮긴다. 그는 러시아를 위한 일을 그의 아들 위에 두었다. 아들을 죽이면서까지 그는 포기하지 않고 그 넓은 늪지에 수도를 건설하였다.

그는 유럽문명을 이식하여 러시아를 근대화시키고 강대국으로 만들었다. 그가 집권하는 동안 여러 차례 반란도 일어났지만 무자비하게 진압하였다. 그가 외국을 순방하는 중에도 반란이 일어났는데 피터는 곧 바로 귀국하여 반란에 가담한 사람들의 목을 직접 베었다.

페테르부르크를 건설하면서 수만 명의 노동자가 비참하게 죽어 갔다. 4만 명의 농노와 5,000명의 기능공이 동원되었다는 기록이 있다. 푸시킨은 그의 시에서 페테르부르크가 '인간의 뼈 위에 건설된 도시'라고 한탄하였다. 그렇게 백성의 피로 건설된 도시는 300년이 지났지만 세계에서 가장 아름다운 3대 도시로 평가받고 있다. 1차 대전 때 독일군의 침공을 받았으나, 러시아는 50만 명의 시민을 희생시키면서 그 도시를 지켜 냈다고 한다. 그 도시를 위해, 그 도시 때문에 얼마나 많은 사람들이 희생되었을까? 페테르부르크는 아름답지만 언젠가는 파괴될 운명인데 그 도시를 건설하고 지키기 위해서 수많은 사람들이 희생을 당하다니, 모순과 탐욕의 인간 사회에 대한 회의를 버릴 수 없다.

300년 전에 이런 엄청난 도시를 건설할 수 있다니 상상을 초월한 규모이다. 그곳에는 자칫 지나치고 갈 만큼 조그마한 건

물 한 동이 있다. 그 오두막은 피터가 도시를 건설하면서 8년 동안 병사들과 함께 숙식을 하며 함께 일을 했던 숙소였다고 한다. 거기에는 피터가 손수 만들었다는 작은 돛단배 한 척이 있다. 그 배는 그날의 피터의 대망을 말해 주고 있는 듯하다. 다행히도 필자는 그 집을 둘러볼 수 있어서 페테르부르크 여행의 보너스를 받은 기분이었다.

피터, 그의 모든 것을 닮을 필요는 없지만 그의 꿈, 그의 결단력, 그의 추진력, 그의 통찰력을 취사선택하여 인생을 항해하기를!

03. 역사에서 배우는 예방경영 전략

인간 사회에서 개인이나 조직이나 국가 사회나 성공과 실패의 원인과 결과의 근본 원리는 동일한 뿌리에서 출발한다. 그 원인을 세 가지로 요약 분류한다면 변화와 생산성과 경영이라 할 수 있다. 이 세 가지 요인을 분석하고 효율적으로 대처해 나간다면 실패를 예방하고 예방경영의 인생을 살고 조직을 성장시키고 나라를 발전시킬 수 있다고 믿는다.

이 세 가지 요소를 역사적 사례를 들어 독자들과 이야기해 보려고 한다.

1. 역사의 교훈

실패 없는 인생을 사는 것은 모든 인간의 화두다. 그런데 왜 일기일회(一期一會), 한 번뿐인 인생을 실패의 인생으로 만든 사람들이 많은가? 첫째로 인류의 역사에서 일어난 사례를 통해서 예방경영의 방법을 찾아보려고 한다.

1) 소련의 패망

막스의 제자 레닌이 공산혁명을 일으켜 건설한 공산주의 국가이자 세계의 초강대국이었던 소련은 74년 만에 외부세력에

의해서가 아니라 러시아 내부에서 일어난 동요로 인하여 모래
성처럼 붕괴되었고 소련뿐만 아니라 동구의 위성국들을 비롯하
여 세계 거의 모든 공산국가들이 도미노 현상으로 비참하게 붕
괴되고 말았다.

그 이유는 어디에 있을까? 소련이 망한 이유를 열거하자면
수없이 많다. 아마도 2,000가지도 더 넘을 거라는 이야기도 있
다. 그러나 공산국가 소련에 대한 깊은 연구 끝에 소련이 패망
할 것이라는 예측을 일찍이 하고 패망 원인을 간단 명료하게
정리한 한 학자가 있다. 그가 바로 미국의 경영학자 피터 드러
커(Peter Ferdinand Drucker) 교수이다. 그에 의하면 소련의 패망
원인은 다음과 같다.

첫째, 변화(Change)에 대처하지 못한 점을 들었다. 인류의 역
사는 변화의 역사다. 변화는 혁신을 통해 새로운 세계를 개척
한 역사다. 그런데 소련은 74년 동안 막스–레닌의 공산주의라
는 낡은 이론을 지켰다. 변화를 시도한 공산국가는 수정주의자
라 하여 가차 없이 응징하였다. 변화를 시도했던 헝가리와 체
코를 소련은 붉은 군화발로 짓밟았다. 공산종주국 소련의 이런
태도에 비하여 자본주의 사회는 어떠하였는가. 자본주의 사회
는 변화하는 역사의 흐름에 발을 맞추었으며, 때로는 변화를
선도하였다. 더 나아가 공산주의의 제도라도 필요한 것은 수혈

을 하였다. 그 결과로 오늘날 자본주의는 변화를 거듭하면서
살아남고 있다.

둘째, 생산성(productivity)이다.

생산성 싸움에서 공산주의는 자본주의에 패하고 말았다. 막
스는 생산성이라는 단어를 알지도 못했다. 그는 부(富)의 분배
만을 강조하였다. 막스가 죽기 2년 전 미국에서는 테일러(Taylor)
라는 사람이 나타나 생산성 혁명을 일으켰다. 생산성 혁명은
대량생산의 혁명을 가져왔다. 대량생산의 성공은 자본주의와
공산주의 싸움에서 자본주의 승리를 가져온 결정적 요인이 되
었다. 대량생산의 경제체제는 자본주의 사회에 중산층이라는
새로운 계층을 만들어 냈다. 이 중산층은 자본가 계급은 아니
지만 자본주의 사회를 지탱하는 허리 역할을 하여 공산주의의
유혹에서 벗어날 수 있었다. 다수의 근로자 계층도 중산층이
되어 자본가와 근로자가 함께 사는 경제 풍토를 만들어 내었
다. 공산주의 사회는 소련의 노먼 클라투라(Nomen-klatura)같은
공산 귀족(200만)과 가난한 노동자 계층으로 양분되어 결국 무
너지고 말았다. 구소련이 붕괴된 후 러시아에서 가장 인기 있
는 직업이 자동차 운전사와 콜걸이었다. 일반 대중은 그만큼
삶의 질이 엉망이었다. 그 결과 고르바초프의 페레스트로이카가
등장하자 뿌리가 썩어 있었던 공산 정권은 일시에 사라지고 말

았다.

셋째, 경영(management)의 부재이다.

1950년대 이후 경영혁명이 일어났고, 경영은 기업조직의 근간이 되며 나아가 모든 조직을 능률적, 효율적으로 운영하여 계속 생존·번영케 하는 것을 의미한다. 구소련은 모든 조직이 관료화되어 조직이 경직되어 있었다. 다시 말하면 현대조직 경영이 존재치 않는 나라였다. 한 예를 들면 관계 당국에서 어떤 기업에 대한 조사를 실시한다고 하면 다른 공장에서 생산한 제품을 빌려다 진열해 놓고 조사가 끝나면 다시 반환해 주는 식이었다. 소련의 경직된 공산체제는 그런 경영을 통해서 국가경제를 엉터리 통계로 선전하였다.

변화, 생산성, 경영의 원리는 개인, 조직, 국가의 발전에 있어서 그 근본원리는 동일하다고 생각한다. 현대사회는 변화의 사회다. 시대의 변화에 적응하지 못하고 선도하지 못한다면 생존경쟁에서 성공하기 어렵다. 전자제품의 변화를 보라. 우리를 어리둥절하게 한다. 인간은 숫자를 계산할 때 선조들은 손가락으로, 우리 선배들은 주판으로, 그 후 주판에서 계산기로, 계산기에서 컴퓨터로 변화과정을 거쳤다. 아직도 주판을 고집하고 계산기를 고집하는 사람이 있다고 상상해 보라.

소련만이 변화, 생산성, 경영이라는 세 가지 패인 때문에 패망한 것이 아니라 이 세 가지 것에 실패한 모든 인간과 조직은 생존 경쟁에서 성공하기 어려울 것이다. 변화, 생산성, 경영은 인간 생존의 3대 요건이다.

2) 중국의 개방정책 – 등소평의 결단

중국의 모택동은 혁명에서는 성공하였지만 국가 경영에서는 인민공사(人民公司)라는 공산주의식 집단농장을 전국적으로 경영하여 1년에 3,000만 명씩이나 굶어 죽는 비극이 일어나기도 하였다. 상상할 수 없는 일 아닌가. 이것이 지상낙원을 약속한 공산주의의 실태란 말인가. 등소평이 개방정책을 시행한 사례를 보자.

* 후난성 18인 농민 이야기

중국에 새로운 지도자가 등장하였다. 모택동 시대가 가고 등소평 시대가 온 것이다. 그의 최우선 과제는 13억 중국인의 식량 문제를 해결하는 것이었다. 그때 중국 후난성 한 농촌마을에 18인의 농민결사 사건이 일어났다. 그 농민들은 인민공사 시절 공동으로 농사를 지어 봐야 계속 굶어 죽어 가니 '국가의 인민공사 토지를 18등분하여 각자 농사를 짓자. 소득이 나면 국가에서 할당한 양을 납부하고 나머지 소득을 각자 소유하기로 하자. 만일 우리 중에 주자파(走資派)라고 하여 감옥에 가거나 사형당한 사람이 발생할 경우 그 사람들의 자식들은 남아 있는 사람들이 책임을 지자.'라는 결의를 하였다. 이 농민들은 인민공사의 규칙대로 농사를 지으면 흉년이 들고 흉년이 들면 굶어 죽는 사람들이 생길 것이고 각자 개인이 농사를 지어 풍작이면 굶어 죽지는 않을 것이고 인민공사의 규칙을 어겼다고 공안 당국에 잡혀가면 반동자로 몰려 죽을 것이다, 이래도 죽고 저래도 죽을 바에 우리의 결의대로 농사를 지어 보자 하고 죽음을 각오하고 자본주의식 농사를 지었다.

일 년 후 이 사람들은 농사가 풍작이 들어 할당량을 나라에 내고도 남아 그 식량으로 굶주림을 면할 수 있었다. 이 소식이 등소평의 귀에 들어갔다. 등소평은 주자파라고 감옥으로 보내는 대신 '이것이구나!' 하고 무릎을 쳤다. '흰 고양이든 검정 고양이든 쥐만 잡으면 된다.'라는 등소평의 유명한 경구는 18인 농민결사에서 얻은 아이디어였다. 등소평의 개방정책의 스승은 공산당 수뇌부나 북경대학이 아니고 바로 무식한 18인 농민들이었다.

그 후 중국은 개방정책을 도입하여 21세기 미국의 가장 강력한 잠재적인 적으로 등장하였고 우리 한국에 가장 두려운 국가로 부상하고 있다. 지도자의 의사결정이 한 나라의 운명을 좌우한 예다. 개인, 집단, 조직, 나라의 중대사가 있을 때 지도자의 의사결정이 얼마나 중요하게 작용하는지를 입증하는 살아 있는 사례들은 그 밖에도 얼마든지 있다.

등소평의 개방정책은 변화, 생산성, 경영의 세 가지 요소를 추구하는 정책이었다. 만일 중국이 오늘까지 모택동식 공산주의 정책을 폈다면, 13억 중국 사람들은 지금 어떻게 살고 있을까. 북한의 모습이 그 대답이다.

3) 쇄국정책으로 인한 어처구니 없는 국치의 사건들

18세기 열국은 영토 확장을 위해서 싸우는 시기였다. 조선반도도 예외일 수는 없었다. 신미양요, 병인양요와 같은 사건이 일어났을 때 조선의 위정자들은 서양의 신무기에 놀랐다. 강화도를 침범한 프랑스 함대에서 발사한 포탄은 정확하게 강화도 조선군의 진지에 떨어져서 조선의 강화도 수비군의 간담을 서늘케 하였다. 조선 당국자들은 외부의 발달된 세계로 눈을 돌려 러시아의 피터 대제처럼 나라의 모든 낡은 제도를 혁신해야 했다. 그리고 그럴 수 있었다. 그런데 조선은 대원군이 집권을 하고 그를 등에 업은 수구세력에 의해서 철저하게 쇄국의 굴레로 벽을 쌓았다. 반면 일본은 명치유신을 일으켜 서구 문물을 받아들여 나라를 근대화시키고 그 힘으로 한국을 식민지화하였다. 싸움 한 번 해 보지 못하고 나라를 빼앗기고 말았다. 어처구니없는 일이었다.

조선은 수많은 풍운 속에서도 500년의 역사를 이어 왔지만 조선조 말에는, 외세는 강해지는데 나라는 힘이 빠져 흔들리다가 결국 망하고 말았다. 왜 그렇게 되었을까?

첫째는 쇄국정책이었다. 조선말의 쇄국정책으로 인해 다른 열강들은 발전하고 있을 때 조선은 잃어버린 100년이 되고 말았다.

둘째는 부패였다. 3권을 한손에 쥔 지방원님의 백성에 대한 수탈은 말할 수 없었다. 그 대표적인 인물이 고부 군수 조병갑이었다. 나라의 부패는 동학혁명의 원인이 되어 외국군대가 주둔하게 되어 나라를 망하게 하는 큰 원인을 제공했다.

셋째는 당파싸움이라 할 수 있다. 당파싸움은 며느리(민비)와 시아버지(대원군)의 싸움으로 이어져 조선을 둘러싸고 청일전쟁이 일어났다. 그 전쟁에서 승리한 일본이 조선을 삼키게 되었다.

* 쇄국의 결과 빚어진 국치(國恥)의 두 사건

– 명성황후의 시해

조선을 둘러싸고 러시아, 청나라, 일본이 각축을 벌이고 있었다. 청일전쟁, 러일전쟁은 조선을 둘러싼 전쟁이었다. 그 두 전쟁에서 일본이 승리하여 조선 내에서도 일본의 세력이 기세를 올리고 있었다. 민비(고종의 비. 명성황후)는 친러, 친청, 친일의 줄타기를 하며 나라의 주권을 지키려고 노력하고 있었다. 민비가 청나라를 등에 업고 일본을 멀리하려 하자, 일본인들은 민비시해의 음모를 꾸몄다. 민비를 어떻게 암살하였는가? 그들은 경복궁을 지키고 있는 궁궐 수비대의 무기를 은밀히 조사하였다. 경복궁 왕궁을 지키고 있는 보초병의 총은 불발탄의 구식총이었다. 그들은 군대를 동원할 필요도 없었다. 1895년 일본의 군인들과 조선에 와 있는 일본의 낭인들이 궁궐에 난입하여 경복궁 왕비의 처소에 머물고 있는 민비를 찾아내어 칼로 무참히 살해하고 왕비의 시신을 불살라 버렸다. 아무리 일본인들이 무자비하다고 한들 세계 역사상 유례없는 천인공노할 사건이 일어난 것이다. 여기서 잠깐 생각해 보자.

한 나라의 황후를 전쟁에서 포로로 잡은 것도 아닌데, 깡패들이 살해한 사건은 세계 역사에 없는 일이었다. 그것도 구중궁궐까지 침입하여. 정말 천벌을 받아야 할 왜놈들 아닌가.

그러나 다시 생각하면 왕비조차 지키지 못하는 나라, 그 나라 경비대는 무어라 변명할 것인가. 자기 나라 왕비 한 사람 지키지 못한 나라가 나라인가.

세계사의 변화의 물결을 받아들이지 않고 쇄국으로 일관하며 상투 잡고 싸우기만 하는 썩어 가는 나라의 모습이었다. 고종은 왕비가 살해된 후 생명의 위협을 느꼈다. 왕비의 목숨을 구하지 못한 궁궐 경비대에게 왕의 경호를 믿고 맡길 수 없었다. 친러파의 설득으로 그는 러시아 공사관으로 몸을 피한다. 이것을 아관파천(俄館播遷)이라고 한다. 이 얼마나 수치스러운 일인가. 왕비는 살해당하고 왕은 다른 나라 공사관으로 몸을 피하고….

미래를 예측하지 못하고 대비하지 못한 무능한 왕을 비롯한 집권 세력에 그 책임이 있었다.

– 치욕의 고종 양위 사건(1907년 7월)

고종은 허수아비 왕에 불과하였다. 1년의 아관파천 후 다시 궁궐로 귀환한 고종은 고종황제라는 거창한 칭호를 쓰고 국권 회복을 위해 나름대로 노력을 한다. 그러다 만국평화회의가 열리고 있는 헤이그에 이준 등 3인의 밀사를 파견하였다. 이를 빌미로 일본은 고종을 강제로 퇴위시키고 고종과 민비의 소생인 순종을 왕으로 추대하였다. 고종의 양위식은 가관이었다. 고종과 순종은 양위식에 나오는 것을 거절하였다. 일본은 내시를 동원하여 한 사람은 고종으로 한 사람은 순종으로 가짜를 내세워 왕의 양위식을 치렀다. 이것은 무슨 꼴인가. 왜놈들은 후안무치한 사악한 놈들이었다. 그러나 그렇게 되도록 친일파

의 앞잡이들이 진을 치고 있었다. 어떻게 이런 수치스런 희극
이 일어난 것일까? 그 원인은 어디에 있을까? 쇄국의 그늘에
안주하고 있었던 눈먼 조선 사람들에게 있었다. 조선말 두 가
지 과제는 밀려오는 외세에 대응하고, 썩어 가는 조선왕조를
개혁하는 것이었다. 그것에 실패하고 우왕좌왕하다가 나라를
잃고 말았다. 변화, 생산성, 경영의 물결을 인식하지 못하고
망국의 문을 열어 주고 말았다.

한국 역사에서 일어난 수치스런 사건들, 즉 임진왜란, 병자
호란, 6·25, IMF 금융위기 등은 모두 예방하지 못한 데서 빚
어진 민족 역사의 수치였다. 위정자들의 실책으로 얼마나 많은
민족들이 고통받았는가.

2. 기업의 사례

1) 흔들리는 노키아

세계 1위를 달리던 노키아가 추락하고 있다. 노키아는 핀란
드요, 핀란드하면 노키아를 연상할 정도로 노키아는 핀란드의
상징이었다. 노키아는 핀란드 경제의 25%를 점하고 있으며 노
키아에 대한 핀란드의 자부심은 25% 이상이었다. 실제로 노키
아의 CEO는 핀란드 대통령보다 더 극진한 대접을 받고 있었는
데 세계 1위의 노키아는 3위로 추락하였고 7,000명의 사원을
해고해야 할 위기에 놓여 있다. 노키아의 위기는 핀란드의 위
기라고 우려하는 목소리가 높다.

왜 이렇게 되었을까?

노키아는 인류보편애의 경영철학을 정립하고 이를 실천하기
위하여 5달러 이하의 초저가 휴대폰을 만들어 인도와 아프리카
오지 사람들에게 통신 문명을 선사한, 세계로부터 추앙받은 업
체였다. 노키아의 기술력을 보면 무려 4만 2천여 건의 원천기

술을 보유하고 대부분 무상으로 공개하며 공생(共生)의 경영철학을 실천하는 회사였다.

사실 스마트폰도 1996년 발표한 노키아 9000시리즈가 효시였다. 노키아는 핀란드 수출의 1/3 이상을 점유하고 있었다. 그런 노키아가 휴대폰을 만든 지 3년밖에 안 되는 애플에 밀려 끝없이 추락하고 있다. 세계시장의 50%까지 점유했었지만 스마트폰의 등장으로 점유율 30%대로 떨어졌다. 과거에 집착하여 변화와 생산성과 경영이라는 경쟁의 세계를 외면한 노키아, 세계 스마트폰 시장이 애플 아이폰과 구글 안드로이드 계열로 양분되고 있는데 노키아는 단 한 대의 안드로이드 스마트폰도 내놓지 않고 자신들이 개발한 심미안 스마트폰에만 집착했다. 세계 소비자들의 눈이 아이폰으로 쏠리고 있는데도 그들의 제품은 고립하며 변화하지 않았다. 터치스크린 폰을 출시할 때도 다른 경쟁업체들은 애플 아이폰 이후 너도나도 스크린 폰 개발에 참여하였는데, 노키아는 6개월 후에야 동일제품을 출시했다. IT업계는 제품의 성격상 촌시를 다투는 업계이다. 노키아는 변화, 생산성, 경영이라는 경쟁의 원리를 잊고 과거 1위의 명성의 그늘에 앉아 있는 동안 위기의 구름이 그들의 지붕을 덮은 것이다.[17]

노키아 글로벌 컨설팅 부서장을 역임한 토미 에이호넌은 노키아 몰락의 원인으로 두 가지를 꼽았다. 전략적 실수와 전술적 실수를 동시에 범했다는 것이다. 전략적 실수는 일등 기업 유지를 위한 비용관리에만 집중하다 보니 조직의 현실 안주화와 보수성을 초래했다는 것, 전술적 실수로는 경영진의 판단미스를 꼽았다. (경향신문 참조)

일등을 유지하는 비결은 아무리 좋은 제품도 경쟁업체가 그들의 제품을 압도하기 전에 자기의 제품을 스스로 파괴하는 데 있다. 미래 노키아의 운명은 애플, 삼성 구글의 제품을 능가하는 제품을 출시하는 데 달려 있다. 노키아는 과거의 영광을 되찾기 위해 새로운 제품개발에 사운을 걸고 있다. 행운이 있기를!

노키아는 1등 자리를 되찾기 위하여 새로운 제품개발에 총력을 기울이고 있다.

명심하라. 세상사 모든 논리와 진리의 원리는 하나로 돌아간다. 변화, 생산성, 경영원리는 예방경영의 기본 원리이다.

3. 미래를 내다보는 통찰력과 시스템 개발

"힘 있는 자의 말은 항상 정의였다."

1) 미래 예방경영의 통찰력을 발휘하라

IMF 금융위기 때 한국의 기업들은 두 부류로 나누어졌다. 한 부류는 미래를 예측하고 만일에 대비했던 기업, 한 부류는 과거의 성공신화에서 벗어나지 못하고 부채 더미에서 세계경영을 외치며 방만경영을 계속했던 기업이다. 앞의 부류는 쓰라린 구조조정을 하고 살아났지만 뒤의 부류는 하루아침에 쓰러지고 말았다. 미래의 변화에 대한 아무런 대비를 하지 않았기 때문이다. 세계경영을 외치던 부류는 산산조각이 나고 말았다. 기업이 예방경영을 하기 위해서는, 첫째, 미래의 새로운 추세 예측, 둘째, 구체적인 혁신전략, 셋째, 제품을 개선하기 위한 끊임없는 노력이 필요하며 한 번 획득한 주도권을 빼앗기지 않고 유지할 수 있어야 한다.

미래예측 시스템을 형성하지 못하고 사라진 한 회사를 보자.

* 세계의 미용계를 누볐던 코티의 몰락

프랑스 회사 코티는 현대적 향수산업을 창조했다. 이 회사는 1차 대전이 화장품에 대한 태도를 바꾸었다는 것을 재빨리 파악했다. 1차 대전 전에는 오직 '직업여성들'만 화장품을 사용했으나 전쟁 이후에는 일반 여성들에게까지 화장품 사용이 수용·장려되었던 것이다. 1920년대 중반까지 코티는 유럽과 미국 양쪽에서 거의 독점적인 지위를 구축했다. 1929년 화장품 시장은 '전문시장', 즉 중상층을 위한 시장이었다.

그러나 그다음 대공황 시기 동안 화장품 시장은 진정한 대중시장으로 폭발적인 성장을 했다. 화장품 시장은 또다시 두 개의 세분시장으로 분리되었다. 한 시장은 고급품 시장으로서 고가에다 전문 유통 그리고 특수한 포장이 특징이었다. 또 다른 시장은 대중품 시장으로서 적당한 가격에다 슈퍼마켓과 편의점, 의약품점을 포함한 모든 유통 채널에서 팔리는 대중상표 시장이었다.

몇 년 안 되는 짧은 기간 내에 코티가 지배했던 전문시장은 사라지고 말았다. 그러나 코티는 대중용품 판매자 가운데 하나가 될 것인가, 아니면 고급품 생산자 가운데 하나가 될 것인가를 결정할 수가 없었다. 코티는 더 이상 존재하지 않는 시장에서 머물고자 노력했으나 길이 없었다.[18]

2) 예방경영에 실패한 국난 이야기: 병자호란

무방비의 조선: 임진왜란이 끝난 후 명나라는 쇠락의 길을 걷고 있었고, 북쪽 만주에서는 만주족이 일어나 후금이라는 나라를 세우고 명의 정복을 꿈꾸고 있었다. 광해군은 실리 외교를 펼쳐 나라의 안위를 지키려고 노력했다. 명나라는 임진왜란의 은공을 운운하며 후금과의 싸움에 원병을 요청하였다. 광해군은 강홍립에게 1만 군사를 주어 명나라를 돕게 하는 한편, 후금과 싸우는 척하고 항복하게 하였다. 후금에 대해서는 명나라의 강요에 못 이겨 출병을 하였다 하고 항복하여 조선의 사정을 이해시켰다. 후금에 억류되어 있었던 강홍립의 밀서로 후금

의 정보를 얻어 후금의 침략을 예방할 수 있었다. 광해군은 밖으로는 철저한 실리주의 외교노선을 걸었고, 안으로는 강력한 왕권체제하에서 부국강병의 길을 모색하였다. 명나라를 지지하는 사대주의자들은 인조반정을 일으켜 광해군을 유배 보내고 반정을 함께 일으켰던 능양군을 왕위에 올렸다. 그가 곧 인조이다.

인조반정은 명나라에 대한 의리를 앞세운 사대주의자들의 역모였다. 명은 쇠락해 가는 나라요, 청은 신흥국인데 기울어져 가는 명나라에 대한 사대에 빠져 친명배금(親明排金)정책을 시행하여 청의 분노를 샀다. 인조와 친명파들은 정권의 야욕과 사대주의에 빠져 국제정세에 어두워 나라를 위기로 몰아넣었다.

후금은 국호를 청이라 칭하고 정묘호란과 병자호란을 일으켰다. 정묘호란 때는 왕과 신하들은 강화도로 피란을 떠났으며 2개월 만에 조선반도는 대부분 청국에 점령당하고 말았다. 2개월의 싸움에서 조선의 군대는 단 한 명의 청의 포로도 잡지 못하였다고 한다. 이런 자들이 입으로만 나라를 지키고 있었다. 1636년 후금은 국호를 청으로 바꾸고, 정묘조약에서 설정한 형제관계를 군신관계로 바꾸고 공물과 군사 3만을 지원하라고 요청하였다. 조선이 이를 거부하자 일어난 전쟁이 병자호란이다.

청의 태종이 20만 대군을 이끌고 조선을 침략하였다. 조선군은 남한산성으로 도피하여 1만 3천여 군사로 진을 쳤지만, 45일 만에 항복하고 인조는 삼전도에서 청태종에게 아홉 번 목례를 하고 세 번 큰절하고 군신의 의를 맺는 굴욕을 당하였다. 소현세자와 봉림대군을 청에 볼모로 보내고 척화론을 펼친 홍익환, 오달제, 윤집도 청으로 끌려가 심양의 서탑 거리에서 사형을 당하였다.

병자호란 때 청의 병사들은 사대부의 집안 부녀자들을 포로로 잡는 데 혈안이 되었다. 그 수가 수만에서 수십만에 달했다고 한다. 청으로 끌려간 사람들을 찾아오는데 조선정부는 협상조차하지 못하고 당사자 개인이나 그 가족이 책임을 떠 맡게 되어 청에 가서 자식을, 아내를 찾아오는 데는 많은 비용을 감당해야 했다. 청으로 끌려간 부녀자 중 많은 사람들이 심양의 서탑 거리에서 노예로 팔려갔고, 어찌어찌하여 천신만고 끝에 집에 찾아온 여자들은 환향녀(還鄕女)라며 정조를 유린당하였다고 문전박대를 당하여 비참한 인생의 막을 내린 경우가 많았다. 심양의 서탑거리 입구에는 큰 호수가 있다. 청으로 끌려간 여자들 중 많은 여자들이 호수에 몸을 던져 생을 마감하였고, 문전박대를 받은 여자들은 집 앞에서 자살하고 어떤 사람들은 길거리를 헤매다가 얼어 죽었다. 전쟁의 참화로 얼마나 많은 여인들과 사람들이 희생 되었는지 그 수를 헤아릴 수가 없었다. 그때 생겨난 유행어가 있었으니 행실이 좋지 못한 여자를 가리키는 '화냥년', 버릇없는 아이들을 나타내는 '후레자식'이라는 욕이었다. 화냥년은 환향녀(還鄕女)에서, 후레자식은 호로

(胡虜, 청나라 사람을 일컬음)자식에서 유래한 말이었다.

여자들은 죄가 없었다. 죄가 있다면 미래를 내다보지 못하고 나라를 망친 왕과 그 일당들에게 있었다. 그러나 그들은 아무 책임을 지지 않고 오히려 힘없는 여자들에게 목숨을 끊지 않고 왜 살아 돌아왔느냐고 비난을 퍼부었다. 돈을 주고 찾아온 사대부 남자들은 아무런 비난을 받지 않았다. 오히려 고생했다고 위로를 받았다. 이 무슨 망발인가!

인조와 그의 일당들은 미래에 대한 준비는커녕 기울어져 가는 나라 명나라에 기대어 나라를 병들게 하고 수많은 죄 없는 백성들을 사지(死地)로 몰아넣고도 아무도 책임을 지지 않았다. 남아 있는 백성은 죄인이요, 피란 갔다 온 왕과 고관대작은 공훈자가 되었다. 청나라는 명을 치기 위해서 준비하고 있는데 그들은 아무것도 하지 않았다. 통탄할 일이다.

역사는 잘났다는 인간들에 의해서 병이 든다. 일반 민초들은 땀 흘리며 열심히 생업에 종사하다가 갑자기 날벼락을 맞고 죽임을 당하고 가산을 탕진한다.

부조리한 세상이여! 최근에 일어난 IMF 금융위기, 세계적인 경제위기, 물가폭등은 왜 일어나고 있는가. 소위 잘났다는 인간들의 소행이 아닌가.

명심하라! 미래를 통찰하라(insight)! 미래를 대비하라. 인생은 두 번 다시 오지 않는다.

3) 효과적인 예방 경영의 시스템을 만들어야 한다

효과적인 예방경영을 하기 위해서는 미래에 다가올 변화와 위기를 예측하고 관리시스템을 만들어야 한다. 미래 관리를 위한 팀을 만들고 그 팀으로 하여금 미래의 대처방안을 연구하도록 하여야 한다. 그러기 위해서는 첫째, 미래의 예측 장치를 만들고 둘째, 위기 대처방법을 개발해야 한다.

S기업은 베어링을 제조하는 잘나가는 회사였다. 주식시장에 상장을 하고 해외 공장과 지사도 7, 8개를 가지고 있는 중견 기업으로 성장하였다. 그런데 미래를 예측하지 못하고 과거 성공의 틀을 깨지 못하고 옛날 제품을 생산하다가 하루아침에 매출이 급락하여 구조조정에 들어가서 종업원을 100여 명 해고하였다. 자고 나면 변하는 IT업계의 기술발달로 스마트폰 등이 개발되어 부품산업의 일대 변화가 오고 있는데 그 회사는 과거의 성공신화에서 벗어나지 못하고, 종업원들은 열심히 일하고 있었는데 CEO는 변화의 위기를 감지하고서도 망설이고 있는 동안에 날벼락이 떨어지고 만 것이다.

빌게이츠는 10대 때 세계 모든 사람들의 책상 위에 PC 한 대씩 놓을 수 없을까 하는 아이디어를 가지고 PC사업을 시작하여 PC황제가 되었다. 그런데 그 PC시대가 저물어 가고 있다. 세계 최대 PC업체인 미국의 휴렛팩커드(HP)가 PC사업에서의 철수를 결정했다. 한동안 세계정보기술(IT)의 총아로 불려

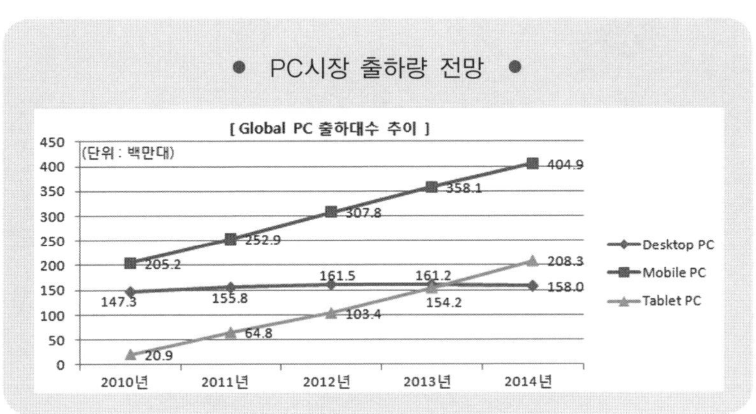

온 PC가 스마트폰, 태블릿 PC와 인터넷TV에 밀려 역사의 뒤안길로 사라지고 있기 때문이다. 세계적 시장 조사기관인 가트너(Gartner, Inc.)가 제시하고 있는 PC와 인터넷 가전의 성장추이를 보면 그림과 같다.

자고 나면 뜨는 기업이 있고 자고 나면 사라지는 기업이 있다. 미래를 예측하지 못하고 미래의 변화에 대비하지 못한 개인, 기업, 나라는 사라지는 것이 오늘의 역사의 현실이다.

S기업은 준비를 하지 않고 있다가 위기를 맞이하였다. 휴렛팩커드는 미래를 내다보고 예방경영의 전략을 세우고 실천하고 있다.

명심하라! 인생의 길은 미래에 대한 통찰력을 발휘하여 혁신 또 혁신하는 데 있다.

1) 심재우 외 지음, "조선의 왕으로 살아가기", 돌베개, 2011

2) 역사연구모임 지음, "영화처럼 읽는 한국사", 명진출판사, 1999, p.221-222 참조

3) 마티아스 호르크스 지음, 백종유 옮김, "미래를 읽는 8가지 조건", 청림출판, 2006, p.16 참조

4) 댄 가드너 지음, 이경식 옮김, "엘빈토플러와 작별하라", 생각연구소, 2011, p.422 참조

5) 티엔수 지음, 이선아 옮김, "빌게이츠의 19가지 충고", 이코노믹북스, 2006, p.97 참조

6) 로버트 그린 지음, 안진환 옮김, "전쟁의 기술", 웅진지식하우스, 2007, p.245 참조

7) 김광희 지음, "창의력에 미쳐라", 넥서스BIZ, 2010, p.158 참조

8) 빌 게이츠 지음, 이규행 옮김, "미래로 가는 길", 삼성, 1995, p.67 참조

9) 로버트 그린 지음, 안진환 옮김, "전쟁의 기술", 웅진지식하우스, 2007, p.256 참조

10) 장영희 지음, "문학의 숲을 거닐다", 샘터사, 2005, p.29 참조

11) 앙드레 고르 지음, 임희근 옮김, "D에게 보낸 편지", 학고재, 2007

12) 잭 캔필드, 마크 빅터 한센 지음, 류시화 옮김, "영혼을 위한 닭고기 수프", 푸른 숲, 2008, p.15-16 참조

13) 빅터 프랭클 지음, 이시형 옮김, "죽음의 수용소에서", 청아출판사, 2005, p.32 참조

14) 우광호 지음, "나는 당신을 만나기 전부터 사랑했습니다", 여백, 2011

15) 김대섭. "웅진. 웅진 또또사랑으로 사업간 시너지효과 결실", 아시아 경제, 2010

16) 조정래 지음, "한용운", 문학동네, 2007

17) 박영훈·최상현·김상수, "필립스 장기전략 부재가 화근", 헤럴드 경제, 2011

18) 피터 드러커 지음, 권영설·전미옥 옮김, "피터 드러커의 위대한 혁신", 한국경제신문사, 2006, pp.176-177 참조

>> 예방경영의

인생을 위하여

"더 이상 사랑하지 않고 더 이상 방황하지 않는 사람은

죽은 것이나 다름없다."

- 괴 테 -

03

수평적 경영의 장

"우주는 육체를 덮고 마음은 우주를 덮는다."

01. 수평적 경영

1. 수평적 경영이란?

역(逆)으로 사고하고 역(逆)으로 행동하는 삶의 지혜를 말한다. 불교에서는 시종여일(始終如一) 생사일여(生死一如), 즉 시작과 끝은 하나요, 삶과 죽음은 하나라고 한다. 서울에서 LA를출발하는 사람들은 서울을 시작이라 하고, LA에서 서울로 오는 사람들은 LA가 시작이요, 서울이 끝이라고 한다. 그러나 두 도시는 시작도 끝도 아니다. 출발하는 사람들의 인식의 차이에서 이런 차이가 생겼을 뿐이다. 수평적 경영이란 고정관념에서 탈피하여 상황에 따라서 처음이 끝이 되고 끝이 처음이 되는 역발상을 의미한다.

한 기업의 예를 들면, 경쟁사를 이기는 데 집중하는 대신 구매자와 회사를 위한 가치도약을 이뤄 새로운 비경쟁 시장공간을 창출함으로써 경쟁 자체에서 벗어나자는 사고와 전략을 말한다. 이러한 전략을 김위찬 교수는 블루오션 전략이라 부르고 이를 표시하면 다음 표와 같다.

● 레드오션 전략 vs 블루오션 전략[19] ●

레드오션 전략	블루오션 전략
기존 시장 공간 안에서 경쟁	경쟁자 없는 새 시장 공간 창출
경쟁에서 이겨야 한다.	경쟁을 무의미하게 만든다.
기존 수요시장 공략	새 수요창출 및 장악
가치-비용 가운데 택일	가치-비용 동시 추구
차별화나 저비용 가운데 하나를 택해 회사 전체 활동체계를 정렬	차별화와 저비용 동시에 추구하도록 회사 전체 활동체계를 정렬

2. 수평적 사고와 수평적 전략 이야기

1) 명장의 실패 사례: 한니발의 성공과 실패

이탈리아 캄파니아에서 로마군과 전투가 벌어졌을 때, 명장 한니발이 대전을 앞두고 산속에 진을 치고 로마군을 살펴보니 대적할 수 없는 대군이 진을 치고 있었다. 밤이 찾아와 전투가 벌어졌다. 한니발군의 진영에서 불꽃이 전 산을 요동치고 어마어마한 괴성이 산을 흔들며 대군이 로마군을 향해서 돌진하는 것이 아닌가. 로마군은 겁에 질려 제대로 싸워 보지도 못하고 줄행랑치고 말았다. 로마군은 대패했다. 한니발이 적은 군대로 대군을 격퇴시킨 그 오묘한 전략은 어디서 나왔는가?

한니발은 소들을 몰고 적진에 가서 산 속에 소들을 숨겨 놓고 소의 뿔을 솜으로 감고 거기에 기름을 부어 놓았다. 그리고 밤이 되어 전투가 벌어짐과 동시에 소의 뿔에 불을 붙였다. 놀란 소들이 괴성을 지르며 요동치니 산 전체가 소들의 소동으로 불꽃이 춤을 추고 소들의 괴성으로 천지가 떠나갈 듯 굉음이 울려 퍼졌다. 한니발의 전략에 산 속에 매복해 있던 적은 다투어 도망치고 말았다. 한니발은 병력의 열세를 책략으로 만회했다. 이러한 전략을 수평적 전략, 수평적 경영이라 할 수 있다.

그러나 여기에서 짚고 넘어가야 할 문제를 생각해 볼 필요가 있다. 한니발보다 뛰어난 사람이 있었다. 로마 시민들은 절망

하여 한니발의 점령을 기정사실화하고 있는데 한니발은 로마를
완전히 점령할 수 있음에도 불구하고 어떤 생각을 하였는지
로마로 진격하지 않았다. 기회를 얻은 로마는 로마를 수호하기
위하여 새로운 집정관을 선출하고 그 집정관은 한니발과 평화
조약을 맺었다. 로마의 집정관은 위험한 고비를 넘기고 나자
지구전으로 침략자를 지치게 하는 전략을 구사하였다. 적과 정
면으로 전투를 하면 이길 수 없다는 것을 간파한 집정관은 지
구전으로 한니발군을 지치게 하여 빼앗긴 영토를 야금야금 회
복해 나갔다.

집정관 파비우스는 로마 시민들이 한니발이 무서워 싸우지
않고 피하기만 한다고 불평하자 "사람들의 조롱이 두려워 내
신념을 꺾을 수 없소. 오히려 나는 더 바보가 되는 길을 택할
것이오. 내 나라의 안위를 위해 겁쟁이라는 비난을 받는 것은
수치가 아니오. 남들의 비난 그리고 오해가 무서워서 신념을
바꾼다면 그것이 오히려 집정관이란 직책을 맡은 나에게 더 어
울리지 않는 행동일 것이오."라고 시민들에게 대답하였다.

한편 로마의 장군 스키피오는 스페인에 남아 있는 카르타고
(오늘의 튀니지)군을 격파하고 북쪽에 있는 카르타고의 본토를 공
격했다. 한니발은 자기 나라의 본토를 지키기 위하여 귀국하여
로마군과 휴전을 시도하였지만 휴전은 진전이 없었고 최후의
결전에서 패하였다. 로마군은 17일 동안 카르타고에서 보이는

것은 모두 죽이고 국토를 파괴하고 불태웠다. 지도자의 의사결정이 얼마나 중요한가!

한니발은 소의 뿔에 불을 붙여 로마군을 퇴각케 하는 전략을 구사하는 명장이었지만 로마의 목전에서 로마가 재생할 수 있는 시간을 주어 그의 나라가 멸망케 하는 엄청난 씻을 수 없는 실수를 범하고 말았던 것이다. 한국전쟁 당시 맥아더 장군도 인천에 상륙하고 38선까지 적군을 몰고 갔지만 북진전략의 실패로 흩어진 적군이 다시 모여 전열을 재정비할 시간을 주고 말았다.

막다른 길에 서 있는 적에게 살아날 기회를 주지 말라.

2) 역설적인 상황의 이용

에릭슨이라는 의사는 일곱 살 때 아버지가 송아지 한 마리를 외양간에 들어가게 하려고 애쓰는 것을 보았다. 아버지는 고삐를 힘껏 잡아당기고 있었지만, 송아지는 앞발을 들고 버티면서 들어가기를 거부하였다. 어린 에릭슨은 깔깔 웃으면서 아버지를 놀렸다. 아버지가 말했다. "어디 네가 한번 해봐라. 얼마나 잘하는지 보자." 그러자 에릭슨은 한 가지 묘안을 떠올렸다. 고삐를 잡아당기는 대신에 송아지 뒤에 가서 꼬리를 잡아당기자는 것이었다. 에릭슨이 꼬리를 잡아당기자 송아지는 즉시 앞으로 달려 나가 외양간 안으로 들어갔다. 40년 후 그는 의사가 되어 환자들의 건강을 회복하기 위하여 '에릭슨 최면'이라는 역설적인 방법을 생각해 냈다.

반대방향으로 잡아당기는 것이 때로는 옳은 방향으로 잡아당기는 것보다 더 효과적인 것으로 나타난다. 그것이 의식의 분별을 야기하기 때문이다. 이러한 방법은 인류의 역사를 보더라도 의식적으로든 무의식적으로든 끊임없이 사용되어 왔다.[20]

3. 인간의 상상력은 어디에서 오는 것일까

인간은 상상하는 갈대다. 인간은 바늘 하나 물 한 방울로도 죽음에 이르게 할 수 있는 나약한 존재이지만 무한한 상상력의 특권을 타고났다. 이 나약한 인간은 상상력을 이용하여 지상의 최강자로 군림하고 있다. 오늘의 첨단과학 문명도 인간의 상상력에서 그 아이디어가 나온 것이다. 이 위대한 인간의 상상력은 어디에서 오는 것일까. 우주처럼 무한한 마음에서 온다. 인간의 마음은 상상력의 보고이다. 이 상상력의 보고는 영원히 마르지 않는 상상력의 샘이 되어 계속해서 뿜어낸다. 그 상상력으로 괴테는 『젊은 베르테르의 슬픔』을 썼고 스페인은 1992년 바로셀로나 올림픽 성화에 불화살을 쏘아 수많은 관중들로부터 참신하고 스릴 있는 아이디어라는 찬사를 받았다. 인간의 모든 문명의 발달의 원천지는 상상력이다. 다음에서 상상력의 사례를 들어 보기로 하자.

모래알 하나에서 세계를 보며

들꽃 하나에서 우주를 본다

무한을 한 손에 움켜잡으며

한 순간 속에서 영원을 느낀다.

- 윌리엄 블레이크 -

4. 상상력의 사례

1) 정주영 회장과 서산 간척지 공사

현대의 정주영 회장은 은퇴 후 농사를 짓겠다고 선언하고 충청도 서산 앞바다를 매립하여 총면적 40,100ha의 엄청난 간척 공사를 하였다. 공사를 마무리하고 절강 작업이 남아 있을 때, 절강하고 수문을 내야 하는데 물결이 너무 세어서 실패를 거듭하였다. 세계적인 공학박사들을 동원하였으나, 그들의 방법은 모두 실패하였다. 정주영 회장은 기발한 아이디어를 생각해 냈다. 세계에서 가장 큰 폐(廢)유조선을 동원해 물살을 막는 이른바 정주영 방식 유조선 공법을 적용하였다. 많은 전문가들의 반대를 물리치고, 정주영 회장의 아이디어에서 나온 이 공법으로 현대건설은 280억 원의 공사비를 절감했다. 공사기간도 36

개월이나 단축하였다. 그는 신화를 창조하였고 오늘의 서산농
장이 탄생하였다.

정주영 회장은 개척정신으로 남들이 가 보지 못한 미지의 길
에 뛰어들어 성공사례를 만들었다. 그는 프로스트가 읊은 대로
남이 가지 않은 길을 간 경영자였다. 그는 서산 농장에서 소를
길러 1998년 500마리의 소떼를 몰고 통일의 길을 닦기 위하여
38선을 넘었다.

2) 조르다노 브루노(1548~1600)의 상상력과 운명

태양이 지구를 도는가 아니면 지구가 태양을 도는가의 해답

은 인간의 상상력을 발동한 가설이지 사실 아무도 몰랐다. 전지전능하신 신을 믿는 기독교에서는 지구가 중심이고 태양을 비롯하여 모든 것은 지구를 중심으로 뜨고 진다고 믿었고 그렇게 교시하였다. 태양은 동쪽에서 떠서 서쪽으로 진다는 것이 진리였다. 의문을 제기하는 자는 신을 배신하는 이단자로 무참하게 처형되었고 로마 교황청의 뜰에서 화형당하기도 하였다. 그런데 반역자들이 나타나기 시작하였다. 아리스타르코스(B.C. 310~230)라는 사람이 지구가 자전을 하면서 태양의 주위를 돈다는 가설을 처음 내어 놓았다.

폴란드의 천문학자 니콜라우스 코페르니쿠스(1473~1543)는 지동설을 주장하고 『천구의 회전에 관하여』(전 4권)를 집필하였으나, 출판은 자신의 사후로 미루고 임종의 순간에 이르러서야 자신의 깊은 확신을 고백하였다. 종교재판에 의해 이단자로 몰릴까 두려웠기 때문이다. 그 후 그의 주장에 동조하는 몇몇 학자들을 거쳐 조르다노 브루노에 이르렀다. 그는 코페르니쿠스의 가설을 이어받았고, 또 별들의 수가 무한하다고 주장하였다. 그는 우주는 광대무변하며, 우리의 세계와 같은 세계들을 무수히 포함하고 있다고 생각했다. 종교재판관들은 8년에 걸친 고문과 심문 끝에 그를 이단으로 선고하고 화형에 처하였다. 화형대에 오르기 전에 그의 '거짓말'을 멈추게 할 목적으로 혀를 뽑아 버렸다고 한다. 그 후 이탈리아 갈릴레오 갈릴레이

(1564~1642)가 브루노가 남긴 작업을 계속하고 망원경을 제작하여 천체를 관찰하고 은하계를 발견하고 우주의 원리를 주장하였다. 그러나 교황의 측근들은 재판을 요구했고 그가 발견한 사실들은 부정되었으며 렌즈의 결함에 기인한 착시 현상이라고 선언하였다. 교회의 권위 앞에 무릎을 꿇게 된 갈릴레이는 자신의 생각이 틀렸음을 공개적으로 선언했다.

그 후 3세기가 지나고 나서야 서구 여러 나라의 학계에서는 지구가 태양 주위를 돌며 우주에는 무수한 별들이 존재한다는 사실을 공식적으로 인정하게 되었다.[21]

상상력 천재들의 혀를 뽑히는 희생 위에서 지구가 태양을 돈다는 우주의 진리가 밝혀진 것이다. 상상력은 우주의 진리를 밝혀내고 인류의 역사를 새로 쓰고 있다. 위대하고 무한한 상상력은 인간이면 누구나 가지고 있는 재능이다.

아인슈타인의 상대성 원리, 뉴튼의 만유인력의 법칙, 아르키메데스의 부력의 원리는 모두 그들의 상상력에서 나왔다.

* 아인슈타인의 상대성 원리

옛날 옛날 아주 먼 옛날, 멀고 먼 나라에 임금님 한 분이 살고 있었다. 어느 날 임금님은 심심했던지, 신하들에게 코끼리와 눈먼 장님들을 데리고 오라고 시켰다. 임금님은 장님들에게 코끼리를 만져 보게 한 뒤, 물었다. "그대들이 만져 본 코끼리는 무엇과 비슷한가?" 귀를 만져 본 장님은 코끼리가 부채와 비슷하다고 말했다. 이빨을 만져 본 장님은 무와 비슷하다고 했고, 다리를 만져 본 장님은 절구와 비슷하다고 했다. 등을 만져 본 장님은 침상과 같다 했고, 배를 만져본 장님은 큰 항아리와 같다고 했다. 마지막으로 꼬리를 만져 본 장님은 새끼줄과 같다고 했다. 서로의 말이 다르자, 그들은 자기 주장이 옳다고 싸우기 시작했다. 그 장님들이 관찰한 것은 모두 사실이다. 그럼에도 불구하고 그들이 관찰한 코끼리의 모습은 그들이 서 있던 위치에 따라 달랐으며, 진정한 코끼리의 모습과도 사뭇 멀었다.

아인슈타인의 상대성 이론이 말하는 것은 우주의 모든 것은 보편적인 법칙의 지배를 받지만, 관찰자의 입장에 따라 관찰 결과는 달라진다는 것이다. 우리는 코끼리를 만지는 장님의 입장에 처하고 만 것이다. 우리는 자신의 입장(중력장)에 따라, 서로 다른 관찰 결과를 말한다. 그리고 서로 자기가 관찰한 것이 옳다고 주장한다. 그러나 누구의 관찰 결과도 옳다고 할 수 없고 누구의 관찰 결과도 틀렸다고 할 수 없다. 왜냐하면 그의 관찰 결과는 그가 처한 입장(중력장)에서는 옳은 것이지만 다른 사람의 입장(중력장)에서는 틀린 것이기 때문이다. 모든 지식(관찰결과)은 상대적이고 우리의 인식(관찰능력)에는 한계가 있다.[22]

* 뉴턴의 만류인력의 법칙

뉴턴은 사과가 떨어지는 것을 보고 "사과가 왜 하늘로 안 떨어지고 땅으로 떨어지는가" 하는 질문을 하였다. 모든 사람이 당연한 일로 여겼던 사과가 땅에 떨어지는 것을 그냥 지나치지 않고 "왜 그렇지?" 하는 호기심을 품고 만류인력의 법칙을 발견했다.

* 아르키메데스의 부력의 원리

시칠리아의 히에론 왕은 자신이 받은 왕관이 순금으로 만든 것인지, 아니면 속아서 은이 섞인 왕관을 받은 것인지 알아내고 싶었고 아르키메데스에게 이 문제를 해결하도록 했다. 그렇지만 금속을 녹여 왕관을 망가뜨리지 않고서야 무슨 도리로 알아낸단 말인가? 목욕을 하던 중, 아르키메데스는 자신이 물 속에 들어가자 수위가 높아진다는 점에 주목했고, 왕관을 물 속에 넣어 무게를 달아 보면 황금의 밀도를 측정할 수 있다는 사실을 깨달았다. 이 발견에 흥분한 나머지 그는 "유레카!"("알아냈다!")라고 외치며 알몸인 채 거리로 달려 나갔다고 한다.

이 우주처럼 무한 잠재의식이 상상력의 보고요, 이 상상력을 발휘하여 인간은 수평적 사고, 수평적 경영, 즉 창조적 경영의 세계를 여는 것이다.

3) 창의적(수평적) 능력은 어떻게 형성되는가

사람들은 창의적 능력(creative ability)과 창의적 행동(creative behavior)을 혼동하는 경향이 있다. 그러나 창의적 행동도 다른 행동과 마찬가지로 개인의 능력과 모티베이션(motivation)의 상호작용의 함수이며, 물리적·사회적 환경의 영향을 받게 된다. 따라서 창의적 능력은 창의적 행동에 영향을 미치는 한 변수에 불과한 것이다. 이 항에서는 주로 창의적 능력의 형성에 대해서 살펴보기로 한다.

자동차의 안전유리를 발명한 프랑스의 과학자 아두아르 베네딕투스의 이야기를 예로 들어 보자.

프랑스의 화학자였던 아두아르 베네딕투스는 어느 날 파리 시내를 걸어가고 있었다. 그런데 때마침 자동차 사고로 앞 유리창이 깨어져 운전자의 얼굴에 처참하게 상처가 나서 검붉은 유혈이 범벅이 되어 있는 것을 목격하였다. 그는 그 광경을 안타깝게 생각하고 그의 연구실로 향하였다. 연구실에 가서 선반을 청소하다가 그만 실수를 하여 병 하나가 연구실 바닥에 떨어졌다. 그 병을 치우려고 보니 그 병은 산산조각 부서져 있었지만 파리 시내에서 보았던 자동차 사고시의 유리처럼 산산이 흩어진 것이 아니고 병의 형태를 유지한 채 조각들이 서로 엉켜 있었다. 그 병을 자세히 보니 오래된 실험용병에 약품은 모두 사라지고 얇은 막이 형성되어 병의 깨어진 조각들은 흩어지지 않고 그 막에 부착되어 있었다. 그는 무릎을 쳤다. "바로 이것이구나!" 그는 파리의 자동차 사고와 그의 깨어진 실험용 유리병의 원리를 이용하여 자동차의 안전유리를 발견하게 되었다. 이러한 현상을 연상작용이라 부른다. 인간은 신으로부터 상상력이라는 선물을 받았다. 연상작용은 상상력을 통해서 일어난다. 그 교수의 자동차 안전유리의 발명이 창의적 사고요, 창의적 능력이다.

위의 사례를 바탕으로 창의적 능력과 연상작용에 대하여 이야기해 보자. 창의적 능력이란 새롭고도 유용한 아이디어를 창출할 수 있는 능력을 가리킨다. 이를 연구한 학자들은 창의적 능력이란 개인으로 하여금 새로운 결합(combination)과 연상(association)을 할 수 있도록 해 주는 일련의 재능이라고 정의한다. 창의적 행동에 대한 문헌들은 이에 관한 두 가지 특징을 강조한다.

첫째, 이는 단순한 단일 차원의 능력이 아니라 여러 가지 능력의 복합체라는 점, **둘째**, 대부분의 개념들(concepts)을 다른 사람들이 이전에 하지 않았던 새로운 방식으로 연결 짓는 것과 관련되어 있다는 점이 그것이다.

인간의 지능에 대한 연구에 평생을 바친 길포드(J. P. Guilford)는 "창의적 능력이란 지능에 수반되는 단일의 광범위한 능력이 아니라 지능과 마찬가지로 수많은 능력으로 구성되어 있고 또

한 지능과 구별되는 것이다."라고 결론짓고 있다.

* 번지점프의 유래

뉴질랜드에 가면 번지점프로 거부가 되었다는 이야기가 많다. 번지점프는 태평양의 섬나라 바누마투의 페테 코스트에서 매년 봄에 행해지는 원주민의 성인 축제에서 유래되었다. 뉴질랜드에서는 원주민 마오리족의 성인축제이기도 하다. 성인이 되면 칡의 일종인 번지를 다리에 묶고 높은 나무 위에서 뛰어내려 성인된 남성의 담력을 보여 주는 행사였다.

그 아이디어를 연상작용을 통해서 활용하여 스포츠로 발전시

● 마오리족의 성인축제였던 번지점프 ●

킨 것이 번지점프의 시작이 되었다. 1978년 영국 옥스퍼드 대학교 모험스포츠클럽 회원 4명이 미국 샌프란시스코의 금문교에서 뛰어내리면서 시발이 되었다. 8년 뒤에 뉴질랜드의 해킷이라는 사람이 프랑스의 에펠탑에서 점핑한 것이 세계 매스컴의 각광을 받고 널리 알려지게 되었다. 해킷이 다음 해 고향 뉴질랜드의 퀸스타운에서 해킷 번지클럽을 결성, 47m 높이의 카와라우강 다리에서 50명에게 번지점프를 지도하면서 인기 레저스포츠로 발전하게 되었다고 한다. 뉴질랜드에 가면 높은 다리위에 번지점프 장치만 설치해 놓으면 쉽게 돈을 벌어들인다고들 한다. 번지점프를 시작한 사람들은 활용할 방법을 몰랐지만 그것을 스포츠에 연결하여 돈을 버는 사람들이 있다. 인간의 상상력은 문제의식이 있는 사람에게는 이렇게 찾아온다. 신은 나약한 인간에게 상상력이라는 선물을 주었다.

* 창조적으로 모방하라

1945년경 컴퓨터를 완성한 IBM은 일반 시민에게 최초의 컴퓨터를 공개했고 폭발적인 반응을 불러일으켰다. 그러나 IBM은 자기 회사의 디자인을 폐기하고 경쟁사인 애니악(ENIAC)이 펜실바니아 대학에서 개발한 모델을 채택했다. 애니악의 모델은 급여 계산과 같은 기업의 사무용으로 훨씬 더 적합했는데 애니악 모델 설계자들은 이런 사실을 인식하지 못했던 것이다.

IBM은 애니악 모델을 고도의 과학계산뿐만 아니라 기업을 위한 잡다한 자료처리가 가능하도록 개조했다. 1953년 애니악 모델을 바탕으로 IBM 기종이 나왔고 그 즉시 기업용 및 다목적용 대형컴퓨터들의 표준이 되었다. 이것이 바로 '창조적 모방전략'이다. 이 전략은 다른 누군가가 새로운 것을 만들 때까지 그리고 그것을 거의 완성에 가까울 정도로 만들 때까지 기다린다. 그런 다음 혁신을 추진하는 데 짧은 기간 내에 확실히 고객을 만족시킬 수 있는 새로운 혁신제품을 공급한다. 고객이 갖고 싶고 기꺼이 돈을 낼 수 있는 새로운 혁신제품을 내놓는 것이다. 그렇게 되면 창조적 모방이 오히려 표준이 되고, 시장을 지배하게 된다.[23]

02. 예측할 수 없다면 창조하라

미래를 정확히 예측하여 예방경영의 세계를 열어간다면 금상첨화겠지만, 미래의 세계는 미궁의 세계다. 예측 불가능의 세계도 있으며 인간은 이 예측 불가능의 세계를 창조활동을 통해서 개척한다.

1. 창조적 사고의 원리

1) 특별하고 새로운 아이디어를 찾아내는 것

2) 새로운 소재를 탐구하는 것

3) 숨겨져 있는 문제를 찾아내는 것

4) 우연한 기회(chance)를 최대한 이용하는 것

5) 풍부한 상상력을 활용하는 것

2. 창조적 사고의 사례

1) CNN의 창업자 터너

터너는 20대 초에 중소기업인 이었던 아버지가 사업실패로 자살하고 막막한 상황에서 멍하니 천장만 쳐다보고 한숨만 쉬고 있다가 위대한 아이디어가 떠올랐다. '미국 군대에서 하늘에 띄어 올린 군사위성을 통신위성으로 바꿀 수 없을까?' 이 아이디어를 실행에 옮겨 CNN을 창업하고 생방송 역사를 시작하였다.

2) 골다 메이어의 코

이스라엘의 초대 수상 골다 메이어는 여자로 태어났으니 아름다운 여성이 되고 싶었다. 16세 소녀였을 때 그녀는 거울 앞에 서서 자기 모습을 보았다. 코가 너무나 커 보였다. 이처럼 큰 코를 가지고는 여자의 세계에서 아름다운 여인이 되기는 어렵고, 여성으로 출세하기도 어렵겠다는 생각이 들었다. 그녀는 남성의 세계로 가야겠다고 생각하고 정치가의 꿈을 키웠고 마침내 이스라엘의 초대 수상이 되었다. 이것이 인간에게만 부여된 깨달음의 섭리다.

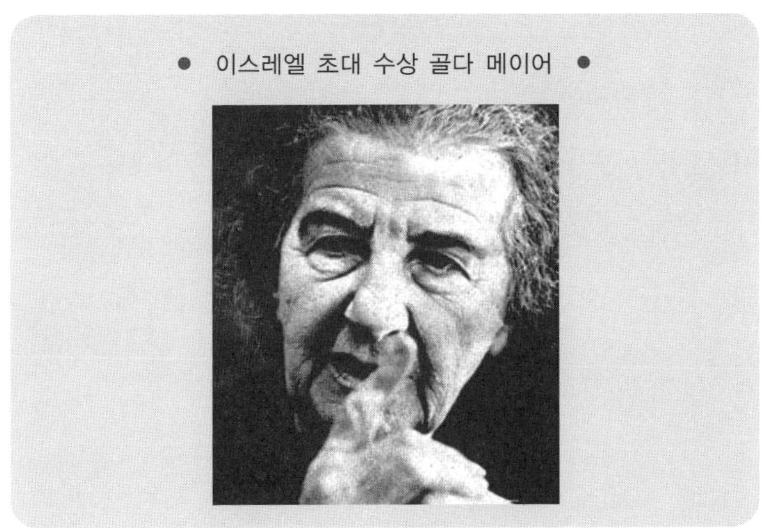

● 이스레엘 초대 수상 골다 메이어 ●

3) 라면을 한국에 도입한 삼양식품의 전 회장

삼양라면 전 회장이 일본의 어느 호텔에 투숙했는데 배가 고파 그 호텔 종업원을 불러 빵을 사다 줄 것을 부탁했다. 그 종업원은 빵과 라면을 들고 와서 일본에서 개발한 라면이라며 시식하여 보라고 권하였다. 그 라면의 맛을 본 전 회장은 한국으로 돌아와 바로 삼양라면을 창업하였다.

3. 창조를 위한 전략

◉ 목표를 세워라
◉ 상황을 분석하고 목표로 가는 진로를 수정하라
◉ 목표달성 그 후에도 멈추지 마라

서울을 출발하는 기차는 종착역이라는 목표를 세우고 출발한다. 서울발 부산행, 서울발 목포행이 그것이다. 인생도 출발하면서 목표를 세우고 출발해야 한다.

첫째, 인생의 목표를 세우고 목표달성을 위해서 인생을 걸어라. 이것이야말로 미래를 창조하는 것이다.

둘째, 목표는 확고부동하되 목표달성을 위한 수단은 변경할 수 있다. 목표달성을 위한 중간 진로는 수정할 수 있다. 이것이 인생 항로다. 달을 향해 날고 있는 우주 비행사들은 달까지 가는 진로를 계산하지 않는다. 단, 총 384,000km라는 거리만 유지한다. 만일 그들이 한 가지 진로만 유지할 경우 절대 달에 도착할 수 없다. 그들은 이동하는 도중에 진로를 수정하고 목표까지 가는 데 필요한 또 다른 조치를 미리 준비하여 필요한 경우 다시 진로를 수정하는 것이다.

달나라를 향해 달리는 우주선이 진로수정을 잘못하면 달에 도달할 수 없듯이 인생을 항해하는 이치도 마찬가지다. 인생의 목표를 향해서 운명을 개척한 사람들의 예를 보자.

4. 창조적 인생의 사례

1) 인생을 창조한 사람들

(1) 시각장애인으로 사법시험에 합격한 최영 씨

최영 씨는 시각장애인이다. 그는 시각장애를 극복하고 사법시험에 합격하여 2012년 봄에 사법연수원을 수료하였다. 한국 역사에서 최초로 시각장애인으로 사법시험에 합격한 사람이다. 시각장애인 변호사가 일본에는 3명, 미국에는 250명이나 활동하고 있다고 한다. 그런데 한국에서는 사법 역사상 최초의 시

각장애인 법조인이 탄생하였다. 그는 서울 법대에 진학하였으
나 사법시험을 6번이나 실패하였다. 일본처럼 시각장애인을 위
한 음성지원 컴퓨터로 사법시험을 치르게 해달라는 진정을 한
것이 받아들여졌다. 그는 시각장애인으로 일용직 노동을 하면
서 치른 사법시험에 합격하였다. 그는 그의 인생을 창조한 것
이다. 최영씨는 연수원 성적이 상위 5% 내에 드는 우수한 성
적으로 수료하여 판사로 임명받았다.

(2) 119번 오디션에서 낙방한 어느 탤런트 이야기

〈추노〉와 〈뿌리깊은 나무〉 등에서 열연을 펼쳐 배우로서 생
명력을 과시하고 남성적인 매력으로 뭇 여성들의 시선을 멈추
게 했던 어느 탤런트는 하루아침에 탤런트가 되었을까? 아니다
그는 119번째까지 오디션에서 낙방하고 120번째에야 합격한
신기루 같은 인간이었다. 물은 섭씨 100도에서 끓는다. 그 탤
런트의 인생이 끓는 정점은 오디션 120번에 있다. 그가 만일
119번째 낙방한 후 낙심하고 포기하고 말았더라면 그의 인생은
달라졌을 것이다.

『톰 아저씨의 오두막』의 작가 스토우 부인은 "어려움이 닥치
고 모든 일이 어긋난다고 느낄 때 이제 1분도 더 견딜 수 없다
는 생각이 들 때, 그래도 포기하지 말라. 바로 그때, 바로 그
곳에서 다시 기회가 올 것이기 때문이다."고 했다.

미국의 육체파 배우 실베스타 스텔론은 감독을 1,115번 찾아간 후에야 배우가 될 수 있었다.

(3) 통계학 문제를 푼 대학원 학생

미국의 한 대학원에서 한 학생이 게으름을 피우다가 강의실에 가 보니 강의실은 텅 비어 있고 칠판에 왠 통계학 문제가 쓰여 있었다. 그 학생은 그 문제가 통계학 숙제인 줄 알고 노트에 적어 집으로 왔다. 집에서 며칠 끙끙대며 나름대로 숙제를 하여 교수의 책상 위에 놓고 집으로 왔다. 어느 날 밤 문을 두드리는 사람이 있었다. 문 밖에는 뜻밖에 통계학 교수가 서 있었다. "자네는 지금까지 내가 풀지 못하는 문제를 풀었네." 통계학 교수의 말이었다. 그 통계학 문제는 숙제가 아니고 교수가 고민하다가 적어 둔 문제였다. 그 학생은 지각을 하지 않았더라면 문제를 풀지 못했을 것이다.[24]

정신일도하사불성(精神一到何事不成)이라는 잠언이 있다. 정신을 한곳에 집중하면 어떠한 일이라도 못 이룰 것이 없다는 의미이다. 그 대학원생은 그의 정신력을 한곳에 집중하였기 때문에 교수가 고민하고 있는 어려운 통계학 문제를 풀었던 것이다. 산속에서 수도하고 있는 스님들도 촛불 앞에 앉아 있다고 하여 깨달음을 얻는 것이 아니다. 무아의 경지에서 화두에 몰두하고 또 몰두할 때 깨달음을 얻게 된다. 태양 빛도 한 점에 모을 때 불꽃을 점화시킬 수 있다. 초능력은 따로 있는 것이 아니라 우리 모두는 초능력을 지니고 있다. 다만 그것을 믿고 찾아내느냐 사장시키느냐의 문제는 우리들 자신이 결정해야 할 문제다. 여기에서 한 성자의 수행 사례를 소개하고자 한다.

인도에 한 성자가 있었다. 그는 20여 년 동안 산 속에서 수도를 한 후 고향에 와서 친척집에 들렀다. 그런데 그 집 아이가 울기 시작하니 그 아이의 엄마는 장난감을 주었다. 그 아이는 장난감을 가지고 놀다가 다시 울기 시작하였다. 그 아이의 어머니는 가짜 젖꼭지를 주었다. 아이는 가짜 젖꼭지를 빨며 놀다가 젖이 나오지 않자 대성통곡을 하였다. 그 때서야 그 아이의 엄마는 진짜 엄마의 젖을 주었다. 성자는 그 모습을 보고 크게 깨달았다. 본인이 산속에서 20여 년 수도한 것은 헛것이었다는 것을….

그는 눈감고 합장하고 있었지만 옛 애인을 생각하고, 맛있는 고기를 생각하고, 옛 친구를 생각하며 수도하는 척만 한 사이비 수도승이었다는 것을 깨달았다. 생각을 한 점에 모으는 기도가 진정한 기도이다.

전류는 세상 만물에 흐르고 있지만 한 점에 모이지 않으면 전깃불을 켤 수가 없다.

(4) 조수미: 신이 내려 준 목소리의 주인공

성악가 조수미는 신이 내려 준 목소리를 가졌다고 한다. 그녀는 로마 근교에 삶의 둥지를 틀었지만 세계가 그의 집이다. 그는 그렇게 세계적인 성악가가 되어 바쁘게 하루하루를 살고 있다. 그런 조수미는 하루아침에 위대하게 되었을까?

그녀의 어머니는 그녀의 배 속에 든 아이에게 자신이 이루지 못한 음악가의 꿈을 전수시키기로 결심하고 태교 때부터 음악가의 길을 가도록 맞춤 교육을 시킨 정말 극성스런 엄마다. 조수미는 엄마가 만들어 놓은 음악의 감옥 속에서 살았다. 어렸을 때의 장난감, 친구, 놀이, 사춘기, 사생활은 없었고, 엄마의 설계도에 따라 음악 인생을 살았다. 그녀의 가정은 부유했을까.

조수미는 유학을 떠나면서 하루 전에야 비행기표를 겨우 구입하여 떠날 정도로 가정이 어려웠다. 아버지가 무역상을 하였는데 사업의 굴곡이 심했다. 조수미는 이러한 형편을 알고 유학을 떠난 1년 후부터는 학비를 부치지 말라고 부모님께 부탁하였다. 그러면 그녀는 어떻게 학비며 생활비 등을 마련하여 살았을까. 이태리에서는 지방에서 음악 경연대회를 여는데 예컨대 1등상은 5,000달러라고 광고가 뜨면 그녀는 1등할 자신이 있어서 그곳으로 기차를 타고 갔다. 돈이 없어 너무 배가 고파 꼬르륵 소리가 날 때면 옆에 앉은 아주머니가 먹고 있는

샌드위치를 한 조각 얻어먹고 주린 배를 위로하며 공연장으로 간 적도 있다고 한다.

샌드위치를 얻어먹고 겨우 시장기를 면하고 화장실에 가서 발성연습을 하였다. 어떤 때는 화장실에서 아파서 신음하는 줄 알고 다른 승객이 놀라서 괜찮으냐고 묻기까지 하였다고 한다. 그렇게 어렵게 학교를 다녔다. 5년 동안 유학을 마치고 김포공항에 내렸는데 입국장에서 공항직원이 저쪽 라인으로 가라고 하더란다. 몰골이 너무 험하게 보이니까 한국 사람이 아닌 필리핀이나 동남아에서 온 처녀인 줄 알고… 그때 어머니가 공항에 마중 나왔는데 평소 엄격하였던 그 어머니가 처음으로 부여잡고 눈물을 흘렸다고 한다.

조수미는 독신이다. 자궁근종수술로 아이를 가질 수 없는 여자가 되었다. 그녀는 한편 아쉬워하면서도 한편 이만큼 세계적인 음악가가 된 걸로 위안을 삼고 있다고 한다. 그녀는 구차한 사생활을 이야기하고 싶지 않아서 여태까지 가슴에 담아 두고 살았다고 고백하였다.

신의 목소리는 신이 그저 졸고 있는 사람에게 내려 준 단 이슬이 아니라 20세에 비행기 표 한 장을 들고 조국을 떠나서 생명을 걸고 인생을 바쳤던 결과의 선물이다(이 이야기는 조수미 씨가 출현한 TV 프로그램을 우연히 보고 재구성한 것이다. 환경 탓만 하고 방황하는 사람들을 위하여…).

조수미는 위대한 음악가로 자기의 인생을 창조하였다.

(5) 피카소와 여인들

피카소는 창작과 혁신의 일생을 살았으며 90세가 넘어서까지 새로운 화풍을 개척한 위대한 예술가였다. 그는 56세에 기념비적인 대작 〈게르니카〉를 완성하였다. 당시 서구는 산업사회로 그 나이는 은퇴할 나이였다. 그는 66세에 도자기 제작에 도전하였고 87세에 347장으로 된 동판화 〈화가와 모델〉 시리즈를 완성하였다.

90세에는 새로운 화풍을 창안하였다. 피카소의 일생은 새로운 화풍을 창조해 내는 일생이었는데 불멸의 명작을 그릴 때마다 여인이 옆에 있었고 그 여인을 통해서 그림에 대한 영감을 얻었다. 그리고 피카소의 작품 중 여인을 그린 인물화가 많은데 그 인물화는 거의 그의 애인들을 모델로 한 것이다. 피카소의 예술은 연인에게서 영감을 얻고 연인을 통해서 승화하였다. 피카소는 10명의 여인과 평균 7년씩 동거를 하였으며 그중 결혼은 두 번뿐이었고 한 번은 비밀 결혼을 하였다. 그 10명의 여인 중 적어도 7명이 피카소의 작품에 영감을 주었다. 그들 여인들은 서로 간의 질투로 인해 상처를 받기도 하였다. 도라 마르라는 여인이 나타나 피카소의 부인 마리테레사 월터를 슬픈 여인으로 만들어 버렸고 그 부인은 피카소에 의해 상처를 많이 받았다. 1943년 또 다른 여인 프랑스와즈 질로와 사랑에 빠지자 도라 마르는 질투의 화신이 되어 정신과 치료까지 받는다. 그녀는 궁핍한 생활을 하다가 쓸쓸하게 저세상으로 떠났는데 피카소의 초상화를 간직하고 죽었다. 질로는 피카소가 62세 때 만난 여인으로 당시에 22세였으며 피카소는 그녀를 태양의 여자라고 불렀다.

17세 때인 마리테레즈라는 여인은 피카소로부터 6개월 동안의 구애를 받고 피카소의 여인이 된다. 그러나 마리테레즈는 20세 때 딸을 낳자마자 피카소가 또 다른 여자를 만나는 바람에 버림을 받고 만다. 마리테레즈는 1973년 피카소의 사망 소식을 듣고 저승에서라도 피카소를 보살펴야겠다고 목을 매었다. 피카소의 마지막 여인 자클린 노크는 33세에 73세의 피카소를 만나 비밀 결혼을 하였다. 사람들은 그녀를 비웃었다. "그 늙은 사람과 결혼하다니. 너! 정신이 나갔느냐?" 그러나 그녀는 이렇게 대답했다. "나는 이 세상에서 가장 아름다운 청년과 결혼했어요. 오히려 늙은 사람은 저였지요."

자클린은 피카소 사후 1986년 마드리드 전시를 앞두고 권총자살을 하고 만다. 10명의 여인 중 스스로 피카소 곁을 떠난 여자는 두 아들을 가진 프랑수아즈 질로 한 여인 뿐이었다. 피카소는 평생 동안 무려 45,000점의 작품을 남기고 떠났다. 스페인 내전을 소재로 한 명작 〈게르니카〉는 스페인에 민주정부

가 들어서면 스페인으로 옮기라는 유언에 따라 지금은 마드리
드에 전시되어 있다.

피카소와 여인들! 그 여인들은 위대한 창작의 소재가 되었고
사랑을 많이 받았지만 상처도 많이 받았다. 피카소에게서 본받
을 것은 여인의 정복사가 아니라 90이 넘도록 꾸준히 새로운
화풍을 창조했다는 것이다. 고령화시대가 와서 노인의 문제가
사회의 문제가 되어 가고 있다.

늙었다고 인생을 포기할 것인가? 많은 건강한 노인들이 일하
고 싶어하지만 적당한 일자리가 없는 것이 현실이기도 하다.
그러나 스스로 노력해야 한다. 노년은 폐기처분된 인생의 낙엽
이 아니다. 청년은 청년대로, 중년은 중년대로, 노년은 노년대
로 할 일이 있다.

아데나워는 85세 나이에 독일의 총리가 되었고 90세에 기독
교 민주당의 당수가 되었다.

폰 볼트는 88세에 그의 5권짜리 저작(우주)을 탈고했다. 노벨
문학상을 수상한 독일의 작가 파울 하이제의 충고에 귀를 기울
이라.

"짧은 인생을 사는 동안 항상 잘 여문 과일을 갖고 싶다면
젊을 적에는 나이 든 이를 따르고 늙어 가면서는 젊은이를 따
르라."[25]

● 피카소의 명작 〈게르니카〉 ●

(6) 세계적인 보디빌더가 된 비실이

이탈리아에서 미국으로 이민 온 가난한 집안 출신의 안젤로 시실리아노란 소년이 있었다. 가냘픈 체구에 숫기 없는 성격의 시실리아노는 덩치가 더 크고 힘센 아이들에게 괴롭힘을 당했다. 어느 날 그 아이들과 맞서 보기도 했지만 호되게 당하기만

했다. 시실리아노는 절대 다시는 그런 수모를 겪지 않겠다고
맹세했다. 그는 자신의 미래를 창조하여 단순히 스스로를 보호
하고 아이들의 괴롭힘을 견뎌 낼 정도의 힘을 기르는 수준을
넘어서 누구보다도 강해지겠다고 다짐했다. 이것이 바로 모든
계획의 시발점이 되어야 하는 명확한 목표였다.

몇 달 동안 시실리아노는 모두를 기피했다. 친구들조차 그에
게 무슨 일이 있는지 궁금해했다. 그는 남몰래 도서관에서 보
디빌딩에 관한 책을 빌렸다. 그는 근육을 단련하는 데 필요한
역기 하나 살 경제적 여유가 없었기 때문에 모든 보디빌딩 방
법을 철저히 공부했다. 그래서 그는 점점 커지는 저항력에 각
근육이 역으로 작용함으로써 근육이 단련된다는 사실을 깨우쳤
다. 또한 그는 굳이 역기가 아니더라도 다른 방법으로 그런 저
항력을 유발할 수 있다고 생각했다. 그래서 그는 자신의 몸을
도구 삼아 자신만의 실험을 했다. 결국 자신이 구입할 여력이
없는 역기와 다른 장비를 사용하지 않고서도 근육을 단련할 수
있는 아이디어를 착안하고 실행에 옮겼다.

그는 날마다 자신의 방법을 이용하여 근육을 단련해 자신이
원하던 힘과 근육을 얻었다. 마침내 그는 자신을 괴롭히던 아
이들을 맞닥뜨릴 준비를 마쳤다. 더 정확히 말하자면 그가 그
아이들을 찾아 나섰다. 아무도 그와 대적하려 들지 않았다. 연
약하기만 했던 아이가 힘센 남자가 되어 돌아오자 그들은 싸움

대신 도망치는 걸 택했다.

이후로도 시실리아노는 계속 몸을 단련시켰다. 계획을 실천에 옮겨 목표를 달성할 때마다 그는 새로운 목표를 세웠다. 전문 보디빌더로 나서도 충분할 정도가 되자 그는 보디빌딩 대회에 출전했다. 처음에는 성적이 형편없었지만 그는 자신이 끊임없이 창조한 미래를 염두해 두고 계속 노력했고 시간이 흐를수록 그의 몸은 더욱 좋아졌다. 그리고 마침내 '세상에서 가장 완벽한 몸을 가진 남자'라는 일류 보디빌딩 타이틀을 거머쥐었다. 시실리아노는 큰 포부를 가지고 자신의 미래를 창조했지만 거기에 안주하지 않았다.

또 한 번 새로운 목표를 정했다. 한때 연약했으나 그가 개발한 자칭 '역동적 긴장'이라는 방법을 이용해서 강한 남자로 거듭나는 젊은이들을 그는 머릿속에 그렸다. 그는 보디빌딩 프로그램을 개발해 우편으로 홍보했고 덕분에 수백만 달러를 벌어들였다. 향후 50년 동안 수만 명의 학생들이 그의 프로그램을 이용했다. 그 프로그램은 효과가 매우 좋아 그가 사망한 지 30년이 지난 오늘날까지도 판매되고 있다. 남성 독자라면 시실리아노의 또 다른 이름을 기억할지 모르겠다. 오래 전에 그는 자신의 변신을 좀 더 효과적으로 표현하기 위해 이름을 바꿨다. 세상이 알고 있는 이름은 바로 '찰스 아틀라스'다.

모든 분야에는 찰스 아틀라스처럼 밑천이 거의 없이 시작한 사람이 있게 마련이다. 그들은 자신의 미래를 창조한다. 그들은 보통 사람들이 성공하는 데 필요하다고 생각하는 힘, 부 혹은 학벌 등을 갖추지 못한 경우가 많다. 그러나 그들은 수십억 달러 가치의 기업을 키워 내거나 심지어 완전히 새로운 산업을 창출하기도 한다. 그리고 그들은 더 큰 목표를 세운다.[26]

2) 기업을 창조한 사람들

(1) 정주영 회장의 조선소 건설

1960년대 당시에는 작은 건설 회사였던 현대건설의 정주영 회장은 사업규모를 확장시켜야겠다는 꿈을 안고 조선소를 설립하고 싶었다. 그가 조선소를 건설하게 된 것은 기적과 같은 일이었다. 그의 조선소 건설의 비화를 보면 조선소를 건설할 허허벌판을 찍어놓은 사진과 사업계획서만 가지고 ① 배를 미리 사 줄 선주를 설득하여 유조선 두 척을 수주하고, ② 그 수주계획서에 대해 영국수출보험공사(ECGD)의 승인을 얻고, ③ 이 승인으로 바클레이즈 은행의 차관을 얻어, ④ 조선소 도크를 건설하면서 동시에 유조선 두 척을 건조하여 납기 내에 선주에게 인도한 것이다.

정주영 회장은 영국으로 차관을 얻으러 갈 때 울산의 모래벌과 거북선이 그려진 한국의 화폐 한 장을 가지고 영국으로 날

아갔다. 그는 영국 사람들에게 한국은 500년 전에 철갑선을 만든 나라라는 점을 역설하며 우여곡절 끝에 차관을 얻어 내 한국중공업을 세우고 현재와 같은 세계적인 조선소로 성장시켰다.

불가능에 도전하지 않았더라면 가능했을까? 모험과 도전 없는 곳에는 발전이 없다. 처음 유조선을 만들어 진수할 때의 일화도 유명하다.

선박의 진수식을 위하여 장관 등 고위층, 선주 등 외국귀빈, 내외귀빈으로 식장은 가득 찼는데, 때마침 폭풍우가 몰아쳤다. 베테랑 선장도 진수할 수가 없었다. 마침내 정주영 회장이 배에 올라서 키를 잡고 도크에서 바다로… 진수에 성공하였다. 그는 신화를 창조한 영웅적인 기업인이었다. 그는 그렇게 해서 현대 그룹이라는 세계적인 기업을 창조했다.

(2) 신뢰경영을 실천한 박흥석 회장

신뢰경영이란 철학을 실천하여 리어카 한 대로 인생을 역전시킨 기업인이 있다. 그 대표적인 예로 럭키산업 박흥석 회장을 꼽을 수 있다.

그는 젊은 시절 잠시 공직에 몸을 담았다가 공직을 그만두고 당시 비좁은 골목의 교통수단인 리어카와 자전거 한 대로 유통소매업을 시작하였다. 작은 소매점이었지만 정직과 신뢰를 바탕으로 혁신경영을 하여 성장가도를 달렸다. 그는 주위와 본사로부터 주목을 받게 되고 사업이 점차 확장되어 마침내 LG 생활건강의 전신인 럭키금성 충남북, 전남북 대리점 대표를 맡게 되었다.

그렇게 기업인으로서의 능력을 발휘하기 시작하던 차에 본사인 모기업이 경영난에 빠져 위기를 맞자 그간 함께 협력했던 대리점 대표들은 위기극복을 위하여 공동 노력하자는 제의에도 동참하지 않았고 살 길을 찾아 뿔뿔이 흩어져 나가 버렸다. 그러나 박 사장은 대리점 사장 중 유일하게 혼자 남아 모기업이 미래 발전계획에 따라 세워 놓은 공장부지가 타 기업으로 넘어가는 것을 막고자 고군분투하였다. 시급한 대책은 모기업이 필요로 한 공장부지가 타 기업으로 넘어가기 전에 매입하는 일이었다. 그는 광주의 현 광천터미널 인근 부지 천여 평을 주위사람들의 도움과 심지어 사채까지 빌려 매입하여 공장부지를 확보하였다. 당시 본사의 회장은 외국에 체류 중이어서 박 회장이 본사의 누구하고도 부지 매입에 대하여 상의할 수가 없었다. 그는 단독으로 미래를 내다보고 회사가 다시 회생하려면 이 공장부지는 꼭 확보해야 한다는 판단에서 부지 매입을 강행하였던 것이다. 그 이후 부지가격은 계속 상승하여 구입가의 몇 배로 뛰어 올랐다. 그런 가운데 모기업도 어느 정도 경영안정을 되찾게 되자 외국에서 돌아온 모기업 회장은 광주를 방문하였고, 박 회장으로부터 공장부지 구입 경위와 부지가격을 구매 당시의 가격으로 본사에 넘기겠다는 제의를 받고 크게 감동하였다. 모기업 회장은 그룹 전체 사장 회의 때 그룹 내 사장들과 임원도 하기 힘든 외부 대리점 대표인 박 회장의 신뢰경영의 사례를 소개했다. 그 후 그 공장부지 건은 그룹의 모범경영 사례가 되었다. 박 회장에 대한 그룹의 신뢰는 박 회장의 인생과 기업경영에 큰 전환점을 가져왔다. 박 회장은 오직 독자적으로 결정한 일이었기 때문에 많은 돈을 벌 수도 있었다. 그러나 그는 이자 한 푼 받지 않고 모기업에 땅을 넘겼다. 보통 사람이라면 하기 어려운 결단이었다. 박 회장은 신뢰와 미래를 내다보는 탁월한 눈을 가진 분이었다. 신뢰를 잃어버린 세계를 사는 오늘의 사회현상과 경영풍토를 생각해 볼 때 그때 박 회장의 결단은 우리에게 시사하는 바가 매우 크다 하지 않을 수 없다.

이처럼 모기업과 신뢰관계를 쌓은 박 회장은 당시 회장의 막내 동생이 운영하던 칫솔공장이 어려움에 처하자 종업원 10명 정도였던 조그마한 중소기업을 인수하여 여성 및 장애인, 근로자 등을 채용하여 종업원 200여 명의 모범적이고 견실한 중견기업으로 크게 성장시켰다. 최근에는 럭키 「비나라」라는 베트남 현지 법인을 설립하여 해외에까지 진출하였다.

광주 KBC가 여러 가지 경영난으로 위기에 빠지자 소액 주주였던 박 회장이 구원투수가 되어 회사경영을 책임지게 되었다.

방송에 문외한이었던 박 회장은 특유의 경영능력을 발휘하여 현재는 전국 16개 지역 방송국 중 제일 높은 순이익의 매출을 올리는 언론사로 획기적 발전을 가져왔다.

그는 럭키산업과 KBC의 경영을 통해서 지역사회를 위해서 필요한 지도자로 인정받게 되어 광주상공회의소 회장에 만장일치로 추대되었고 2012. 4.에 연임되었다. 그가 회장에 취임한 이후 광주지역사회의 언론, 정치, 행정, 시민단체, 종교 등 각 계각층이 협력 및 화합된 모습을 보여 당시 1,600여 개의 회원기업이 2,000여 개로 늘어나 지역경제계의 구심적인 역할을 다하고 있다. 그는 모정당의 19대 국회 비례대표 제의를 받았으나 거절하고 오직 지역사회발전을 위해 헌신하고 있다.

그는 공자가 가장 강조한 믿음(信)의 철학을 경영에 접목시켜 리어카 한 대로 출발하여 인생을 창조하고 기업을 창조하고 사회를 변화시켜 가는 성공적인 수기, 치인, 치세(修己, 治人, 治世)의 인생길을 가고 있다.

(3) 스티브 잡스 – 사생아로 태어난 디지털 혁명가

탄생: 디지털 혁명가 스티브잡스는 사생아로 태어나(1955년 2월) 친부모에게서 버림받고 입양아로 성장했다. 어릴 때부터 천재성을 보였던 그는 평범한 노동자였던 부모의 만류를 무릅 쓰고 학비가 비싼 사립대학교에 입학하였으나, 6개월 만에 자퇴

하였다. 2006년 스탠퍼드 대학교 졸업식 축사에서 "6개월 후 나는 대학 공부에 그만한 가치가 없다는 생각을 했다."고 말하였다.

창업에 눈을 뜨다: 비디오게임 디자이너로 아타리(Atari)에 취직하면서 전자산업에 눈을 뜨게 되었다. 1976년 친구 스티브 워즈니악과 함께 애플 컴퓨터를 설립하고 애플 Ⅰ을 만들어 냈다. 1977년 최초의 PC 애플 Ⅱ를 내놓음으로써 본격적인 컴퓨터 시대의 문을 열었다. IBM으로 대표되는 대형 컴퓨터만 있던 시절, 사람들은 그 작은 컴퓨터를 보고 충격을 받지 않을 수가 없었다. 그는 회사 설립 4년 만에 억만장자가 되었다. 그러나 IBM이 다양하고 새로운 PC를 출시하면서, 고객의 외면을 받은 애플은 추락하기 시작했다. 그는 위기를 극복하기 위해 경영의 귀재라고 이름난 존 스컬리 펩시콜라 사장을 영입하였다. 그러나 경영전략 상의 갈등으로 영입한 사람에 의해 축출당하는 굴욕을 당하였다.

전화위복: 그는 자기가 설립한 애플에서 쫓겨 나와 컴퓨터 업체 익스트림을 세워 대성공을 거뒀다. 그는 마침내 애플을 눌렀다. 그가 떠난 애플은 경영난이 심화되어 다시 잡스의 복귀를 요청하기에 이르렀다. 그는 애플에 다시 돌아와 화려하게 부활하였다. 잡스는 2007년 감성적인 디자인에 풀터치 스크린 등을 갖춘 스마트폰 '아이폰'을 내놓아 세계 IT 시장의 선두주

자가 되었다. 세계를 주름잡았던 노키아가 애플에 무릎을 꿇고 3위로 밀려났다

그의 철학과 전략: 그의 철학은 창조성이요, 그의 전략은 혁신, 즉 기술혁신, 제품혁신, 프로세스 혁신에 있다.

그는 세계 IT업계에 돌풍을 몰고 다니는 천재적 마술사와 같은 존재였다. 그가 청바지에 검정셔츠를 입고 연단에 서면 세계가 주목했고, 주가가 오르락내리락했다.

스티브 잡스는 7가지 원칙을 가지고 새로운 세계를 개척해 나갔다.

첫째, 좋아 하는 일을 하라.

둘째, 세상을 바꾸어라.

셋째, 창의성을 일깨워라.

넷째, 제품이 아닌 꿈을 팔아라.

다섯째, 'No'라고 1,000번 외쳐라.

신제품을 출시할 때 압축하고 압축하여 필요한 요소가 제대로 기능하도록 하라.

여섯째, 최고의 경험을 선사하라.

일곱째, 스토리텔링의 대가가 되어라.

잡스는 위의 7가지 원칙을 가지고 세상을 바꾸는 창조적인 기업경영을 하고 인생을 살았다.

아이맥, 맥북, 아이팟, 아이폰 그리고 아이패드에 이르기까지 잡스는 지구상에서 가장 호기심을 끌어당기는 제품들을 만들어 냈다. 애링턴이 잡스에 대해 한 말을 들어 보자.

"지난 12년 동안 애플이 선보인 기기들은 시작에 불과하다. 애플은 이제 휴대전화의 개념을 완전히 뒤집어 놓았다. 그리고 음악과 영화, 콘텐츠 시장에서 변화의 가속도를 높여 놓았다."[27]

"때때로 인생이 당신의 뒤통수를 때리더라도 결코 믿음을 잃지 말라. 나는 인생에서 꼭 해야 할 일, 사랑하는 일이 있었기에 반드시 이겨 낼 수 있다고 확신했다. 당신이 사랑하는 것을 찾아보아라. 사랑하는 사람이 내게 먼저 다가오지 않듯이 일도 그렇다. 자신의 일을 위대하다고 자부할 수 있을 때는 사랑하는 일을 하고 있는 그 순간뿐이다. 그리고 가장 중요한 것은 마음과 직관을 따르는 용기를 가지는 것이다. 늘 갈망하며 우직해지라." 잡스가 스탠포드 대학교 졸업식 축사에서 남긴 말이다.[28]

위대한 창조자, 세상을 바꾸어 놓은 잡스가 세상을 떠났다. 위대한 천재도 운명을 거역할 수는 없었던 모양이다. 그는 세상을 호령했던 어느 황제보다도 전 세계인의 깊은 애도를 받으며 하늘나라로 떠났다. 그에 대한 애도의 물결이 한동안 지구

곳곳에 물결쳤다.

잡스의 행동 철학 7가지 원칙은 그가 우리에게 남기고 간 교훈이다.

2010년 1월 24일, 〈뉴욕타임스〉의 칼럼니스트 토마스 프리드만은 오바마 대통령에게 의미 깊은 공개서한을 보냈다.

"우리는 미래사회를 위해 수백만 명의 아이들을 스티브 잡스 같은 인물로 키워 나가야 합니다. 단순히 머리만 똑똑한 천재가 아니라 혁신과 기업가 정신에 열광하는 젊은이들이 절실히 필요한 상황입니다." 그렇다. 프리드만의 편지는 미국에만 국한된 이야기가 아니고 우리 한국에도 절실히 요망되는 사항이다. 희망이 없는 사회는 죽은 사회다. 우리 사회는 60~80년대보다 더 희망 없는 사회로 변해 가고 있다. 사회 구조의 대혁신이 필요하다. 젊은이들에게 젊음의 정열을 바칠 수 있는 터전을 마련해 주어야 한다. 기존의 사회 시스템이 아니라 새로운 사회 시스템을 만들어야 한다. 새로운 사회 시스템에 적응할 일꾼을 양성해야 하는데 그 과업이 바로 스티브 잡스 같은 젊은이들이 많이 나오게 하는 것이다. 국가정책과 더불어 개인의 열정으로 희망의 사회를 만들어 나가야 한다. 그것이 잡스가 우리에게 주고 간 유지이다.

스티브 잡스의 친부모는 대학원 학생들이었다. 남자가 시리아계 유색인이라는 이유로 여자 부모들이 반대하여 잡스는 태어나자마자 어느 가난한 농부 집에 맡겨졌다. 환경이 불우하다고 가진 것이 적다고 꿈을 이루지 못하는 것이 아니다. 인간으로 태어나서 사람다운 삶을 살아야 한다는 강렬한 의지만 있다면 인생의 패배자가 아닌 승리자로 살 수 있다.

사람이면 다 사람일까? 사람이어야 사람이다. 사람으로 태어나서 사회에 해독을 끼치고 사는 사람들이 얼마나 많은가?

잡스는 두 가지 유산을 남기기를 원했다. 혁신을 선도하는 위대한 제품을 만드는 것과 영구히 지속될 회사를 구축하는 것이었다.

명심하라. 잡스의 일생을 보고 감탄만 하지 말고 먼저 자기 자신의 인생을 혁신하자. 남의 인생에 감탄만 하지 말고 자기

인생을 감탄하게 만들자. 그 길이 보이지 않는가? 자기 길을 찾아보지 않고 길이 나기만을 기다리고 있는 것은 아닌지 생각해 보자.

– 이사야서 43장 –

3) 역사를 창조한 위인들 이야기

인간의 역사는 신천지를 찾아가는 역사, 즉 창조의 역사이다. 인류의 역사는 새로운 세계를 창조하고 열어가는 사람들에 의해서 쓰여 왔으며, 쓰이고 있고, 쓰여 갈 것이다.

인류는 아프리카에서 출발하여 신천지를 찾아 전 세계로 퍼져 나갔다. 인류의 문명은 문명의 발상지인 유프라테스 강과 티그리스 강에서 출발하여 새로운 문명사회를 개척하며 전 세계를 돌고 있다. 때때로 위인들이 출현하여 새로운 세계를 건설하였다. 알렉산드로스나 징기스칸은 신천지를 찾아 해외 원정길에 나가서 광대한 영토를 정복하고 대제국을 건설하였다. 아인슈타인은 상대성 원리라는 새로운 창조물을 내놓았다. 세종대왕은 한글이라는 문자를 창조하였다. 피카소는 그림을 통해서 신천지를 개척하였다. 빌 게이츠는 컴퓨터 제국을 건설하였다. 그들은 신천지를 개척하고 창조한 사람들이다.

신천지를 찾아가는 길은 진정한 인생의 길이요, 예방경영의 길이다. 신천지를 찾아 새로운 세계를 창조하고 개척하는 민족과 개인이 미래의 역사를 창조하게 될 것이다.

여기에서는 신천지를 개척한 역사의 창조자들의 이야기를 엮어 보고자 한다.

(1) 베트남의 국부 – 호치민(胡志明)

호치민은 1969년에 심장마비로 세상을 떠났지만 살아서도 죽어서도 베트남의 국부로 추앙받고 있는 인물이다. 왜 그럴까?

그는 베트남의 독립을 위해서 결혼도 하지 않은 채, 평생을 옷 세 벌로, 그리고 죽을 때까지 방 2개인 10평짜리 오두막집에서 살았다.

베트남의 지도자인 그가 추구했던 꿈은

첫째, 함께 산다,

둘째, 함께 먹는다,

셋째, 함께 일한다였다.

그는 그가 추구했던 비전을 실천하며 살았다.

그는 프랑스 유학 중 식민해방운동에 참여하여 1차 대전 후 베르사이유 회의에서 베트남 대표로 출석, '베트남 인민의 8항목의 요구'를 제출하여 유명해졌다. 1930년에는 인도차이나 공산당을 창립하여 독립투쟁을 계속하였다. 1945년 8월 태평양 전쟁 종전 후 완조(阮朝)정부(왕정)를 타도하고 베트남 민주공화국 독립선포를 하고 정부 주석이 되었다.

1954년 프랑스와 디엔 비엔 푸의 전투에서 승리하여 베트남 독립을 수립하였다. 그는 미국과 적대관계를 갖지 않기 위해서 독립선언문에 베트남이 사회주의 국가라는 명시를 하지 않았고 베트남 독립선언서 첫머리에 미국의 독립선언서 '모든 인민은 평등하게…'를 인용하였다. 그의 세심한 주의에도 불구하고 프랑스가 대패하며 물러난 후 미국이 개입하여 남북으로 갈라졌다가 끝내는 북월맹에 의해서 베트남은 마침내 통일국가를 이룩하였다.

그는 청렴결백의 실천, 교육입국의 비전, 가난한 서민들을 위한 정책 등 세 가지 목표를 실현하기 위해서 평생을 살았다. 그는 국민들에게 폐를 끼치지 않도록 "화장하라."는 유언을 남

기고 떠났다. 그의 10평짜리 집과 그의 무덤은 베트남 사람들은 물론 베트남을 찾는 사람들의 순례지가 되어 있다.

호치민은 미국이라는 초강대국과 싸워 미국을 물리치고 베트남을 통일한 영웅이 되었다. 미국은 베트남에서 퇴각하면서 50억 불 상당의 엄청난 무기를 남겨 두고 허둥지둥 쫓기듯 떠나갔다(승전 전략은 구엔지압 장군 편 참조).

패전의 결과, 미국 전역에서 반전운동이 일어나고 참전 용사들이 훈장을 거리에 내던지며 반전 데모를 하였다. 급기야 존슨 대통령은 대통령 재선 불출마를 선언하고 굴욕적인 패배를 하였다. 가진 것이 적다고 패배하지는 않는다. 죽을 때까지 싸워야 한다는 사명과 그에 따른 전략이 있고 위대한 지도자가 앞에서 끌어 준다면 승리할 수 있다. 호치민은 베트남 사람들이 아버지처럼 믿는 위대한 지도자였다. 그가 있었기에 지압 같은 위대한 장군이 나왔고 세계 최강국에 맞서서 싸우는 끈질긴 국민들이 삼위일체가 되어 승리할 수 있었다.

10평짜리 오막에서 옷 세 벌에, 평생 독신으로 살며 나라를 위해서 인생을 바친 지도자를 어떤 국민이 외면할 수 있으랴? 한국이란 나라의 역대 대통령들과 그들의 주변을 보면 측은한 생각까지 든다. 그들의 아들, 동생, 친척들이 정권 말기만 되면 각종 스캔들에 연루되어 어떤 대통령은 구속되고 다른 대통령은 만신창이가 되어 쓸쓸하게 청와대를 떠났다. 퇴임 후 그들의 사저는 어떠한가? 우리나라 국민 45%가 하층민이라고 스스로 생각하고 있는 판에 퇴임 1, 2년 남겨 놓고부터는 사저 신축, 증축 문제로 시끄럽다.

너무도 철학이 빈곤한 지도자들을 보면 안타깝기 그지없다. 권력 무상의 진리 앞에 그렇게도 무감각할 수 있을까? 사욕의 사탄이 찾아오면 호치민을 생각해 주기 바란다. 새로 왕위에 오른 부탄의 젊은 왕은 화려한 왕실을 버리고 서민풍의 집으로 이사를 가 국민들의 열렬한 지지를 받고 있다고 한다. 호치민 대통령이 살던 오두막은 세계적인 명소가 되어 있는데 우리나라 대통령들의 화려한 집들은 동네의 명소도 되지 못하고 있다. 아쉽고 아쉬운 마음을 감 출 수 없다. 지도자 빈곤의 시대에 사는 우리는 새로운 지도자의 출현을 기다리고, 또 기다리고 있다.

(2) 흑백을 통합한 영웅 만델라 – 가장 위대한 무기는 평화다

2011년 7월 18일은 만델라의 93세 생일이었다. 남아공에서 거국적인 축하행사가 있었다. 이처럼 만델라는 남아공 국민의 절대적인 지지를 받으며 국민들의 추앙을 받고 있다. 그는 흑백 통합의 나라를 건설하기 위하여 27년간 남아공 남단 외딴섬 로벤섬에서 감옥생활을 하였으며 18년이라는 긴긴 세월을 독방에서 보냈다. 그는 지옥 같은 감옥생활을 하다가 밖으로 나오라는 말을 들었을 때가 행복했다고 술회하였다. 그 이유는 푸른 하늘을 볼 수 있기 때문이라고 하였다.

그는 27년이라는 긴긴 감옥생활 중에서도 희망을 잃지 않고 독립투쟁을 하여 마침내 흑백 통합을 이루고 남아공의 대통령이 되었다. 그는 젊었을 때에는 투쟁적 인권운동의 선봉에 섰으나 감옥은 그에게 새로운 인생관, 세계관을 갖게 하는 대학이 되었다.

'투쟁에서 화해로!'가 감옥생활의 교훈이 되었다.

만델라는 대통령이 된 후 냉혹한 성격의 로벤섬의 감옥소 소장을 오스트리아 대사로 보냈다. 1994년 5월 10일, 그의 대통령 취임식에 로벤섬 감옥에서 그를 감시했던 백인 교도관 세 명을 초대하여 귀빈석에 앉혔다. 그리고 1995년 11월, 그는 그를 공산주의 테러리스트라고 비난하고 로벤섬 감옥소로 보낸 전 백인 대통령을 찾아가 화해의 손을 내밀었다. 이렇게 하여 용서와 화해 속에 흑백이 함께 사는 흑백통합의 꿈의 나라를 건설하였다. 그리고 그는 임기를 마치고 깨끗하게 물러났다.

"집으로 돌아가 손자들과 놀 생각을 하니 감옥에서 해방된 기분이다."라는 명언을 남기고 대통령 자리를 떠났다.

얼마나 멋있는 사람인가? 꼭 기억할 것이 한 가지 있다. 만델라는 흔들림 없이 백인들을 용서하고 그들과의 화해를 추구했다. 그러나 포기할 수 없는 하나의 중요한 원칙을 굳게 지켜나갔다. '진실화해위원회'가 그것이다. 과거를 망각하지 않기 위해서 지난날의 진실을 밝히는 것이었다. 즉 '망각하지 않은 용서(forgive without forgetting)' 였던 것이다.

명심하라! '과거를 망각하는 자는 과거를 반복한다.' 라는 경구를 상기하라.

만델라는 경찰의 탄압 속에서 여러 민권단체들과 함께 '자유헌장'을 선포하였는데 이 자유헌장은 해방투쟁을 위한 위대한 횃불이 되었다.

이 자유헌장은 사람들에게 꿈과 희망을 주었고 해방투쟁과 남아프리카공화국의 미래를 위한 청사진 역할을 했다. 자유헌장을 살펴보자.

우리 남아프리카공화국 국민은 우리나라 모든 국민과 전 세계인에게 다음과 같은 사실을 공표한다.

남아프리카공화국은 그 안에 살고 있는 흑인과 백인 모든 사람들의 것이며, 국민의 뜻에 기초하지 않은 어떤 정부도 그 권한을 주장할 수 없다.

우리 국민들은 불의와 불평등에 기초한 정부에 의해서 토지, 자유, 그리고 평화를 누릴 기본적인 권리를 박탈당해 왔다.

우리의 모든 국민들이 동등한 권리와 기회를 누리며 친형제처럼 살아갈 때까지는 이 나라는 결코 번영하지도 자유롭지도 못할 것이다.

국민의 뜻에 기초한 민주주의 정부만이 피부색, 종족, 성 그리고 각자의 신념에 따른 구별 없이 모든 이들에게 기본권을 확보해 줄 수 있다.

그러므로 동료로서, 같은 나라 사람으로서, 형제로서 우리는 자유헌장을 채택한다. 여기에서 우리는 이제 시작된 민주주의적 변화가 승리할 때까지 우리의 힘과 용기를 조금도 아끼지 않으며 함께 투쟁해 나갈 것을 맹세한다.[29]

(3) 알렉산드로스대왕의 위대한 전략 - 위대한 전략이 위대한 결과를 낳는다

알렉산드로스(B.C. 356~322)는 마케도니아왕 필리포스 2세의 아들로 태어났다. 알렉산드로스는 이상하게 그의 아버지를 경멸했고 어머니는 존경했다. 그의 어머니 올림피아스(Olympias)는 영적인 세계를 보는 눈이 있어서 알렉산드로스가 태어났을 때 아들이 언젠가 세상을 정복하리라는 것을 예견했다고 한다. 그녀는 아들에게 자신의 예언을 말해 주었다. 아들은 자신은 왕의 아들 이상의 존재라고 생각했고 위대한 사상가 아리스토텔레스에게서 철학과 문학을 공부하였다. 그의 나이 20세 때 아버지가 암살당하고 왕이 되었다. 왕이 되자 동맹국 곳곳에서 반란이 일어나고 아테네는 동맹에서 탈퇴까지 하였다. 북부지역의 부족들은 침공하겠다고 위협하기도 하였다. 하루아침에 부왕 필리포스의 소왕국은 멸망의 위기에 처했다. 장군들과 정치가들은 그를 준비되지 않은 왕으로 여기고 영향력을 행사하려 하고 책략으로 동맹국을 유지하라고 권고하였다. 그는 그렇게 하지 않았다.

대전략의 수립 실천: 새로운 사고방식과 새로운 행동방식으로 그는 세계를 정복하겠다는 원대한 전략을 세웠다. 첫째로 닥친 시련은 동맹국의 반란과 이탈이었다. 그는 속전속결 전략으로

반란을 일으킨 테베를 점령하고 모든 시민을 노예로 팔아버렸다. 그리고 동맹에서 탈퇴한 아테네로 진격하여 굴복시켰다. 그의 번개 같은 작전에 반란을 일으킨 도시들은 속속 무릎을 꿇었다. 그는 가공할 전략과 행동을 겸비한 영웅이었다.

예상치 못한 전략과 공격: 그는 숙적 페르시아 서부로 진격하여 소아시아를 정복하였다. 다음 차례로 휘하 장군들은 동쪽으로 진격할 것으로 생각했는데 그는 남쪽으로 진격을 감행하였다. 이집트로 진격하여 이집트를 통치하던 페르시아군을 무찔렀다. 이집트인들은 해방의 영웅으로 알렉산드로스를 환영하였다. 그는 나일강 하구에 알렉산드리아라는 도시를 건설하고 1,000km 사막을 가로질러 아몬신에게 참배하였다. 이집트의 룩소르에는 알렉산드로스가 신에게 참배하는 모습이 새겨져 있다. 그는 이집트의 광활한 농토를 손에 넣어 페르시아가 자원 고갈로 자연히 쇠망하도록 하였다.

동화와 통합정책으로 광활한 영토 통치

– 점령지에서 이민족의 옷을 입다.

동화정책을 펴기 위하여 그는 점령지 이민족의 옷을 입고 사람들에게 그들의 전통과 풍속을 따르도록 허락한다는 자신의 뜻을 명확히 전달하였다.

– 이민족의 공주와 결혼

그는 이민족의 동화정책을 실현하기 위해서 이민족의 공주와 결혼까지 하였다. 주연(酒筵)에서 춤추는 '록사나'라는 공주를 보고 사랑에 빠져 결혼하였으나 그의 마음속에서는 이민족의 동화정책의 열정이 숨어 있었다.

알렉산드로스의 흡수·통합에 대한 진보된 견해로 정복지의 주민들은 그들에게 소중한 것, 고유의 문화와 독자성을 잃지 않아도 되었다. 다른 문화를 가진 인종과 조직과의 융화는 2,000년 전이나 오늘이나 중요한 문제이다. 알렉산드로스는 2,000년 전에 다문화 사회의 길을 열었다.[30]

세계는 융합의 세계로 나아가고 있으며 우리나라도 다문화 시대가 열렸고 다문화 가정의 갈등이 큰 사회 문제가 되고 있다. 동화·통합의 시대를 이끌어 가야 하는 것이 우리의 과제로 떠오르고 있다. 알렉산드로스가 존경했던 그의 스승 아리스토텔레스는 그리스인만이 자유인이고 외국인은 노예라고 가르쳤다. 그러나 알렉산드로스는 스승의 가르침에 동의하지 않았다.

알렉산드로스는 위대한 전략가일 뿐만 아니라 정치적 감각이 탁월한 위인이었다. 그가 예측할 수 없는 방식으로 정복의 역사를 창조하는 것을 보며 사람들은 그를 신적인 존재로 인식하였다. 미래에 대한 그의 통찰력은 가히 초인적이었다. 그는 징기스칸보다 1,400년이나 앞서서 이집트에서 인도까지 세계에서 가장 광활한 영토를 정복하였다. 그가 세운 알렉산드리아라는 도시가 7,000개가 되었다고 한다. 지금까지 그의 이름으로

남아 있는 도시는 이집트의 휴양도시 알렉산드리아라는 항구
도시이다. 그곳에는 알렉산드로스가 세운 도서관이 지금도 서
있다. 알렉산드로스에게서 우리가 배울 것은 무엇일까?

인생을 살면서 대전략가가 되기 위해서는 알렉산드로스가 갔
던 길을 벤치마킹해야 한다. 당신의 인생 목표를 확정하고 당
신의 재능과 기술의 수준을 파악하라. 그리고 당신의 인생의
목표를 달성해 가는 그림을 그려라. 우리 모두 자기의 인생을
그리는 화가이다. 신이 준 무한한 상상력을 동원하여 전략을 세
우고 알렉산드로스의 전략에서 인생의 전략을 학습하라.

"내가 알렉산드로스에 대해서 특히 감탄하는 것은 그의 작전이
아니라 그의 정치적 감각이다. 그는 사람으로부터 애정을 얻는 기
술을 지녔다."

– 나폴레옹 보나파르트 –

(4) 이집트 역사의 등불을 밝힌 프랑스 학자 장프랑수아 샹폴 리옹

이집트 카이로의 박물관에는 수천 년의 역사를 간직한 유물
들이 가득 전시되어 있다. 그 많은 전시물 중에 눈길을 끄는
한 사람의 동상이 출구 마지막에 자리 잡고 있다. 그는 이집트
상형문자를 해석하여 이집트 역사의 수수께끼를 풀어낸 위대한

학자다. 그 학자의 상은 로제타석(Rosetta)이라는 돌비석과 나란히 자리 잡고 있는데 그 돌비석은 모조품으로 가짜다. 진품은 영국의 대영박물관에 전시되어 있다. 그 돌비석의 유래는 1799년 보우카르드라는 프랑스인 대장이 로세타 시에서 4km 떨어진 곳에 줄리안이라는 요새성을 쌓는 중에 문자가 쓰여진 돌을 발견한 데서 비롯되었다. 그 돌에는 상형문자와 그리스 문자, 그리고 민용문자(민간에서 쓰는 문자) 등의 세 가지 문자가 새겨져 있었다. 그 당시 영국이 이집트의 지배세력이었기 때문에 영국군이 원석을 영국으로 가져갔다.

영국이 반환해 주지 않기 때문에 모조품을 전시하여 놓았다. 수천 년이 된 유물들 속에 왜 가짜 돌을 전시해 놓았을까? 그

● 샹폴리옹 ●

로세타석은 이집트의 보물이다. 그 돌 비석에 새겨진 상형문자의 해석을 통해서 이집트의 고대 역사와 왕들의 무덤에서 나오는 문자들을 해석하여 이집트의 역사를 밝혀낼 수 있었기 때문이다. 그 어려운 상형문자를 해석한 학자가 돌비석과 나란히 자리하고 있는 바로 그 사람이다. 그 학자는 바로 프랑스의 장 프랑수아 샹폴리옹으로, 다른 영국 학자와 함께 20여 년 동안 200명의 연구원을 동원하여 상형문자를 해석하여 수천 년 동안 잠들어 있던 이집트 역사를 밝혀낸 위대한 학자다.

왜 3~4천 년 전의 유물들 속에 근세의 사람인 그 학자의 흉상이 앉아 있는가를 이해할 수 있으리라.

03. 수평적 사고의 응용과 실전

1. 수평적 사고 – 발상의 전환

고정관념에 빠진 사람들은 연구를 하거나, 기업을 하거나, 인생을 살아가는 전략을 세우는 데 있어 방어적 포지션을 구축하며 경쟁자를 누르는 전통적 방법을 추구하여 왔다. 그러나 수평적 사고로 인생을 사는 사람들은 경쟁자를 이기는 데 집중하는 대신 자기의 세계를 구축하기 위한 새로운 공간을 창출하여 기존의 경쟁적 삶의 세계에서 벗어나려고 한다. 기업의 예를 들면 1908년 모델 T형 자동차를 선보인 포드자동차, 1924년 색상을 다양화하여 감성적 스타일의 차를 출시한 GM자동차, 세계 최초로 24시간 뉴스방송을 시작한 CNN 등이 좋은 예이다. 수평적 사고의 원칙을 들어 보자.

- ◉ 무한한 상상력의 세계를 활용하라.
- ◉ 모방에서 창조를 찾아라.
- ◉ 창조적 파괴의 전략을 세워라.
- ◉ 혁신은 인생의 생명력을 이어준다.

혁신도 때를 기다려야

철도가 등장하였을 때: 프러시아의 왕은 철도의 실패를 장담하면서 "베를린에서 포츠담까지 한 시간에 가려고 그 많은 돈을 낼 사람은 아무도 없을 거야. 말을 타고 하루만 가면 돈을 안 내도 되는데 말이야."라고 기가 막힌 말을 내뱉았다.

철도의 가치에 대해 오판한 것은 프러시아의 왕뿐만이 아니었다. 당시 이른바 전문가들 대부분이 같은 생각을 하고 있었다. 그리고 컴퓨터가 처음 등장했을 때, 기업체에 그런 발명품이 필요할 것이라고 상상이라도 했던 전문가는 단 한 명도 없었다.

전화기 발명의 일화에 대하여 이야기해 보자.

알렉산더 프레이엄 벨(Alexander Fraham Bell)이라는 사람은 전화기 발명가로 유명하다. 전화기에서 울려오는 벨소리는 발명자 벨의 이름에서 따온 것이다. 그런데 벨보다 먼저 전화기를 발명한 주인공이 있었다. 필립 라이스라는 사람은 1861년에 음악을 전송할 수 있고 음성도 거의 제대로 전달할 수 있는 장치를 만들었다. 그러나 그는 결국 포기하고 말았다. 사람들은 전화에 별 흥미를 느끼지 않았고 구입하려는 사람은 더더욱 없었기 때문이었다. 당시 사람들은 우리는 전보만으로 충분하다는 태도를 보였다. 그러나 15년 후 라이스가 아니라 벨이 자기가 만든 전화에 특허를 내자마자 열광적인 호응이 일어났다.

15년 사이에 전화에 대한 수용도가 그토록 바뀐 이유가 무엇일까? 이것을 설명하는 것은 그다지 어려운 일이 아니다. 중요한 두 전쟁, 즉 미국의 남북전쟁과 보불전쟁을 치르는 와중에 군부대 간의 빠른 통신을 위해서 전보는 결코 충분히 좋은 통신 수단이 아니라는 사실이 밝혀졌다.

아무리 새로운 창조물이라도 수요가 없는 창조물은 빛을 보지 못할 수도 있다. 그 예측을 누가 하겠는가? 때로는 우연과 천명을 기다려야 할 때가 있다.

(위대한 혁신, 피터 드러커, p. 150 - 참조)

1) 기업 사례들

(1) 자동차 산업의 역사

1893년 듀리에 형제가 실린더 자동차를 내놓았을 때 자동차는 호화스런 사치품으로 여겨졌다. 사회의 반응은 냉담을 넘어서 지탄의 대상이었다. 자동차 반대 운동가들은 도로를 파괴하고 가시 돋친 철사 줄로 자동차를 옭아매었으며 자동차 사업을 반대하는 운동을 벌였다. 미국 대통령이 된 우드로 윌슨이 "그

어떤 것도 자동차보다 사회적 감정을 확산시킨 것은 없다. 부의 오만한 상징인 자동차…"라고 말할 정도로 자동차에 대한 미국인의 여론은 악화되어 있었다. 대중잡지인 〈Literary Digest〉는 "현재 부유층의 사치품인 평범하고 멋없는 마차는 언젠가 그 가격이 떨어지겠지만 결코 자전거처럼 일반적으로 사용되지 않을 것이다."라고 하였다. 그러나 포드는 그렇게 생각하지도, 믿지도 않았다.

* 헨리 포드와 모델 T형 자동차

당시 미국에는 500여 개의 자동차 회사가 난입하고 있었는데 21세기 들어서 살아남은 업체는 'BIG 3'로 일컬어지는 3개 업체뿐이다. 1908년 포드는 최초의 모델 T형 자동차를 내놓았다. 출시 당시 850달러였던 가격은 1924년 290달러까지 인하

되었다. 그 당시 마차의 대당 가격은 400달러였다고 하니 자동차 혁명의 시대를 연 것이다. 포드는 포드 시스템을 도입하여 자동차 생산공정을 표준화하여 생산기간을 61일에서 4일로 단축하고 가격을 대폭 인하하였다. 모델 T형 자동차는 폭발적 인기를 끌어 포드의 시장 점유율은 61%까지 올랐다. 1923년부터 미국에 자동차 대중화시대가 찾아왔다. 여기서 주목할 점은 포드의 모델 T형 자동차는 검정색 일색이었는데 포드는 이러한 동일 차종을 30년 동안 생산하였다는 점이다. 미국의 도로는 검정색 물결이었다. 오늘의 자동차의 다양성과 비교해 보자.

* GM의 도전

GM도 자동차 시장에 뛰어들어 포드의 모델 T형 자동차보다 성능이 우수한 자동차를 생산하였으나 팔리지 않았다. 여기에서 GM은 수평적 전략을 구사하였다. 상상력을 동원하여 내어 놓은 아이디어는 "색깔을 바꾸어 보자."였다. GM은 다양한 색깔과 다양한 가격, 다양한 스타일의 자동차를 내놓았다. GM은 포드를 넘어 고객을 창조하였던 것이다. 새로운 전략을 구사한 GM은 일 년 만에 포드를 따라잡았다. GM의 수평적 전략의 승리로 포드의 시장 점유율은 50%에서 20%로 급락한 반면 GM의 시장 점유율은 20%에서 50%로 치솟았다. 자동차 왕인 포드는 검정색이야 말로 미국의 중산층이 선호하는 유일의 색이라고 검정색을 찬양하였다. 한때 미국의 거리는 검정색이 물결치고 있었다. 포드는 포드 시스템을 도입하여 자동차 생산의 혁명을 가져온 위대한 사람이었는데 고정관념의 포로가 되어 검정색 T형 자동차를 30년간 생산하였다(프로페셔날의 조건, 드러커, 김재규 역, p. 206 - 참조).

* 수평적 전략의 모방과 경쟁

GM이 성공하자 포드와 크라이슬러도 GM의 수평적 전략의 모방과 구사에 뛰어들었다. 이들은 서로의 전략을 모방하고 창조하면서 싸움을 계속하고 있다. GM은 자동차 역사상 처음으로 다양한 색상의 자동차를 출시하여 소비자의 정서를 사로잡았다. 지금 세계의 자동차 시장은 다양한 디자인과 색상의 전시장이 되고 있다.

(2) 할부구매의 아이디어

19세기 초까지만 해도 미국 농부들은 구매력이 없었기 때문에 농기계를 살 수 없었다. 시장에는 수확기가 수십 대가 쌓여 있었지만 농부들은 사고 싶은 마음만 있을 뿐 돈이 없었던 것이다. 그러나 당시 농기계 발명가 중 한 사람이었던 사이러스 맥코믹이라는 사람이 할부구매의 방법을 고안해 냈다. 물론 미국의 농부들은 할부로 몰려들었고 오늘날 전 세계 시장은 할부

구매의 천국이 되었다. 이것은 인간의 상상력을 동원한 수평적 전략이다. 생각해 보면 누구나 생각해 낼 수 있는 아이디어다. 아무것도 아닌 것으로 큰 부자가 될 수 있는 것이 인간의 수평적 사고의 응용력이다.

(3) 누가 생각해 냈는지도 모르는 컨테이너의 위력

처음에 바다에는 배가 있었다. 바다에 떠 있는 배를 화물을 운반하는 창고로 사용할 수 없을까 하고 생각한 사람이 있었다. 이 평범한 아이디어를 실용화한 것이 컨테이너의 역사다. 이 컨테이너의 개발로 해운업의 생산성은 4배나 증가되었다. 아마도 컨테이너가 아니었다면, 무역업이 지난 1980년대 이후 역사상 그 어떤 주요 경제활동보다도 더 빠르게 성장하고 엄청나게 확대될 수 없었을 것이다. 부산항이나 광양항에 늘어서 있는 컨테이너를 바라보기 바란다. 문제의식을 갖는 자, 즉 보다 많은 화물을 싣고 가장 효율적으로 이동할 수 없을까 하는 문제의식을 갖는 자가 수평적 사고와 실천을 하게 된다.

2. 수평적 전략의 실전 이야기

위대한 장군들은 과거에 실패한 것을 되풀이하지 않았다. 그들은 적이 미리 대비하고 기다리고 있는 전장에서는 직접적으로 부대를 투입하지 않았다. 그 대신 위대한 장군들은 적들이 예상하지 못한 약하고 비조직적인 곳을 노려 공격한다.

1) 모택동의 용병술 – 장개석을 앞잡이로

모택동의 공산당은 강서성 탈출 당시 10만 명이었던 병력이, 1년 동안의 대장정 후 연안에 도착해서는 도중에 많은 병사들이 도망치고 죽어나가 마지막까지 남은 병사는 모택동을 비롯하여 겨우 6,500명에 불과하였다. 공산당이 위기의 상황에 놓여 있을 때 장개석은 부하 20명만을 대동하고 서안을 방문하였다. 서안에 주둔하고 있는 장학량을 격려하기 위해서였다. 아

● 국공내전 당시 국민당과 공산당을 이끈 장개석과 모택동 ●

버지 장작림과 만주 땅을 일본에 잃고 적개심에 불타고 있었던 장학량은 장개석에게 국·공합작을 건의하였으나 묵살당하였다. 화가 난 장학량은 장개석과 그의 부하들을 감금하고 강요하여 국·공합작을 성사시켰다.

여기에서 특기하고 싶은 역사적 사실은 1936년 반란을 일으킨 장개석의 부하들이 장개석을 공산군에게 넘겨주었다. 그때, 모택동의 참모들 중에는 장개석을 죽이자고 주장한 자도 있었으나 모택동은 장개석을 살려 주었고 중공정부는 지방정부로 편입되었으며 모택동의 부대 팔로군은 재편성되어 국민당 정부군의 일부로 인정받게 하였다. 실질적으로 정부수반은 장개석이요, 군사령관도 장개석이 되었다.

이 사건의 배후에는 모택동의 엄청난 전략이 숨어 있었다. 모택동은 장개석을 죽일 수도, 오랫동안 감옥에 감금할 수도 있었다. 모택동은 장개석을 살려서 사령관을 시켜 일본군과 싸우게 하고 자신은 게릴라전으로 싸우는 척하면서 국민당 정부군의 공격을 피하고 훗날을 위한 세력 확장을 위한 것이었다. 모택동은 항일 투쟁 중 다음과 같은 정책을 지령하였는데 "공산당 세력회복 70%, 국민당을 다루는 데 20%, 대 일전에 10%의 역량을 발휘하라"는 것이었다.[31]

장개석이 대일전쟁을 하고 공산당의 세력 확장을 견제하는 데 국력과 군력을 소진하는 동안 모택동은 그의 정책을 한 단계, 한 단계 성사시켜 나갔다. 2차 대전이 끝나고 일본군이 물러났다. 모택동과 장개석의 숙명적인 대결이 시작되었다. 당시 장개석군은 300만이었는데 모택동은 대장정으로 6,500명으로 줄어든 병력을 100만 대군으로 양성하였다. 모택동은 그의 특유의 전략·전술로 장개석군을 압도하였다. 1946년 6월, 중국 위해에서 양쪽 군대 50만 대 50만이 대접전을 벌였는데 장개석군은 대패하고 대만으로 쫓겨나고 1949년 10월 모택동은 천안문 광장에서 중화인민공화국의 붉은 깃발을 꽂았다.

2) 구엔 지압: 미국을 굴복시킨 베트남의 영웅

베트남의 명장 구엔 지압 장군은 베트남 전쟁에서 농민군으로 편성된 오합지졸의 군대와 보잘것 없는 재래식 무기로 어떻게 거대한 미군을 제압할 수 있었을까? 그는 전쟁의 범위를 베트남에 국한하지 않았다. 그는 미국의 문화와 여론의 변화, 미국의 정치계와 TV가 사회적으로 미치는 영향을 연구하여 다음과 같은 전략을 세우고 거인 미국을 베트남에서 몰아냈다.

첫째, 전쟁터의 범위 확대: 전쟁터의 범위를 베트남에 국한시키지 않고 미국 본토로, 세계로 확대

둘째, 미국에 대한 철저한 연구: 미국의 문화, 시민의 여론, 정계, TV의 영향에 대해서 연구

셋째, 첨단 미국의 군사력을 무력화시킬 원시적 전략 활용: 농민군으로 밀림과 지하땅굴을 이용하여 전략적으로 물자를 수송하여 미국의 폭격기에 노출되지도 않았고 베트남의 군수물자 수송루트는 전쟁이 끝난 후에도 미국은 알지 못하였음.

넷째, 프랑스를 패퇴시킨 디엔비엔프 전쟁경험 활용

반면, 미국의 전략가들은 베트남에 대한 문화의 이해는 접어 두고 공산주의를 막아야 한다는 강박관념에 사로잡혀 그들의 종교와 문화가 전투방식에 얼마나 영향을 주는가를 간과하였다. 베트남전 전략의 대실수였다.

모택동이 공산혁명 전쟁 시 중국의 무게중심을 농민에게 두었듯이 지압 장군은 미국의 무게중심을 시민들의 정치적인 지원에 두었다. 2차 대전 때처럼 미국 국민이 군대와 정부를 지지한다면 이기기 어렵다고 판단하였다. 전략적 의사결정은 승리의 전기를 마련한다. 그는 1968년 1월 구정공세를 일으켰다. 사이공을 기습하여 정부관청과 미국대사관까지 포격을 하고 일시 점령하였다. 지압 장군도 많은 병사를 잃었지만 남베트남과 사이공, 그리고 미국은 큰 혼란에 빠졌다. 미국 대사관이 공격받는 모습, 사이공의 혼란이 미국의 시민들에게 여과없이 방영되었다. 당시 북베트남은 전쟁을 수행할 수 없을 정도의 절망적 상황이었다. 만일 미국이 북베트남의 정보를 알고 북폭을

계속하였더라면 베트남은 무너졌을 것이라는 것이 전략연구가들의 결론이다. 구정공세 이후 미국의 여론은 반전으로 돌아섰다. 미국은 민주주의 나라이자 여론의 나라임을 간파하고 이를 적절히 활용하여 베트남에서 미국의 심장부를 공격한 것이다. 그의 전략은 적중하여 공룡 미국은 손을 들었다.[32]

여기에서 특별히 밝히고자 하는 바는 중국에서 트럭과 라디오, 무기 등을 공급해 주겠다고 제안하였으나 지압 장군이 이를 거절하였다는 점이다. 그는 중국이 그들에게 덫을 놓는 것이라고 생각하였으며 자신이 가지고 있는 것을 최대한 활용하는 쪽을 택했다. 승리를 가져오는 것은 무엇을 가지고 있느냐가 아니라 그것을 어떻게 사용하느냐이다. 화력이 우세한 쪽은 장비에 의지하기 때문에 정신적으로 나태해지기 쉽다.

위 사례에서 얻을 수 있는 교훈은 적보다 가진 것이 적다고 해서 절망할 필요는 없다는 것이다. 가난하고 가진 것이 적은 이들이 더 창의적이며, 더 행복하게 사는 경우도 있다는 점을 명심해야 할 것이다.

또한 위의 이야기를 수평적 사고로 다시 한번 생각해 보면 미국이 북폭을 감행할 때, 한편으로는 협상하면서 한편으로는 북폭을 계속했더라면 베트남에서 미국은 보다 명예로운 후퇴를 할 수도 있었을 것이다. 여론에 밀려서 북폭을 중단하여 숨통을 열어 준 것이 문제였다. 다 잡은 쥐를 놓치는 경우를 중요한 역사적 사건에서 종종 볼 수 있다.

3) 징기스칸의 전략

12세기 징기스칸이 몽골제국을 통일하기 전 몽골은 부족단위로 뭉쳐 살고 있었다. 그들은 밤이면 다른 부족을 습격하고 말과 식량과 여자들을 빼앗아 왔다. 빼앗긴 부족은 당하고만 살겠는가! 그들도 기회를 노리다가 똑같은 방법으로 복수를 하였다. 뺏고 빼앗기고의 반복, 이것이 몽골 부족 국가의 모습이었다. 징기스칸의 아버지도 적에게 납치당하여 살해당했고, 징기스칸도 아내와 함께 납치당하였다가 본인은 구사일생으로 탈출에 성공하였으나 아내는 적의 포로가 된 신세였다. 그는 아내를 빼앗아오기 위하여 두 사람의 동지를 규합하여 일 년 동안 준비를 하고 힘을 길렀다. 그리고 마침내 아내를 적에게서 빼앗아 왔다. 그런데 어인 일인가? 아내는 적장의 아이를 잉태하고 있는 것이 아닌가. 아내는 아들을 낳았고 징기스칸은 적장의 아이를 자기의 아들로 삼았다. 아내가 적의 아이를 가진 것은 아내의 불륜이 아니라 아내를 지키지 못한 자신에게 책임이 있다는 자책감에서였다. 징기스칸이 적장의 아들을 자신의 아들로 삼은 괴로운 결단의 배후에는 그의 어머니의 조언이 컸다고 한다. 그 후 그 아들을 직계 후계자로 삼지는 않았지만 중앙아시아 칸제국을 건설하도록 하였다.

　징기스칸은 아내도 찾아오고 몽골부족을 통일하여 통일된 부
족국가의 칸의 지위에 오르게 되었다. 명실상부한 통일국가의
왕이 된 것이다. 어느 날 몽고의 광야에 적막이 깃든 깊은 밤
에 칸이 된 징기스칸은 자신과 몽골의 장래에 대하여 생각해
보았다. 보복의 역사를 지닌 몽골인데 다른 사람과, 다른 부족
이 자신에게 반기를 들어 목을 베지 않으리라 장담할 수 있겠
는가?

　그는 같은 종족끼리 살육과 보복의 악순환에서 탈피하여 함
께 살 방법을 생각해 냈다. 그 방법과 전략이 "밖으로 나가자"
였다. 밖으로 나가자는 간단한 아이디어로 징기스칸과 몽골은
12세기에 인류역사상 유례없는 영토를 확장하고 12~13세기에

걸쳐 징기스칸은 100만~150만의 인구로 폴란드에서 중국, 한국의 제주도에 이르는 광활한 영토와 1억 5천만~2억의 인구를 통치하였다.

그 비결은 무엇이었을까? 그 비결은 응집력에 있었는데 그 응집력은 다음과 같다.

첫째, 기동력과 우수한 무기, 둘째, 능력에 따른 승진, 셋째, 명장들의 등용, 넷째, 전리품의 공정한 분배, 다섯째, 신분에 관계없는 능력급 인사정책 시행 등이었다. 이러한 정책은 당시 몽골의 풍습으로는 혁명적인 시책이었다.

4) 콘스탄티노플의 함락과 돌거포(트힌)의 위력

터키 이스탄불에 가면 소피아 성당 정원에 콘스탄티노플을 함락시키는 데 결정적인 역할을 한 600kg짜리 돌포탄이 천 년 전의 전쟁의 참화를 말해 주며 누워 있다.

중세 전쟁의 양상을 바꾸어 놓은 것은 대포라는 신병기의 출현이었다. 전투의 전문가라는 자긍심으로 살아가던 중세 기사 계급을 무용지물로 만들어 버리기도 했던 것이 바로 대포라는 병기의 출현이었다. 몽골이 전 유럽을 지배했던 무기는 말과 활이었다. 그러나 유럽의 대포의 발명은 몽골이 유럽과의 전쟁에서 결국 패배한 큰 이유가 되기도 했다. 대포소리에 놀란 몽골의 말들이 혼비백산하였기 때문이다. 대포 때문에 천년제국

이 무너진 이야기를 들어 보자.

헝가리인 우르반이라는 사람은 지금까지 발명한 대포보다 몇 배 성능이 뛰어난, 이름하여 돌거포를 설계하여 돈을 좀 벌어야겠다고 생각하고 이슬람과 대치하고 있는 콘스탄티노플의 황제를 찾아갔다. 황제의 측근들은 헝가리인의 설명을 듣고 가소롭다고 비웃고 쫓아내 버렸다. 그는 포기하지 않고 적군인 트루크족의 메메트 2세 술탄을 찾아갔다. 역시 술탄의 참모들은 말도 안 되는 잠꼬대 같은 소리라고 비아냥거리다가 술탄에게 보고나 해 보자고 술탄에게 헝가리인을 데리고 갔다.

술탄 메메트 2세는 신하들과 달리 헝가리인의 설명을 듣고 설계도를 펴고 자세히 설명해 보라고 하였다. 설계도면을 자세히 응시하고 있던 술탄은 즉시 만들어 보라고 명령하였다. 거포를 완성하고 시험 발사할 날이 왔다. 거대 괴물 같은 거포는 포신 길이 8m, 포탄의 무게 600kg에 이르렀고 말 30마리와 소가 좌우에서 끌어야 움직이는 거대한 수레와 700명의 호위병이 필요했다. 당시로서는 듣지도 보지도 못했던 괴물 같은 거포였다. 드디어 시험발사일이 돌아왔다. 군 당국에서 주민들에게 포성에 놀라지 말라고 발사경고까지 하였다. 드디어 발사! 20km 사방에 무서운 굉음소리를 내며 1km반을 더 날아가 커다란 폭음을 내면서 땅을 2m나 파고들어 가 박혔다. 지상최대의 병기가 드디어 그 위용을 과시한 것이다. 물론 헝가리인의 거포만으로 콘스탄티노플이 함락된 것은 아니었다. 당시의 상황을 보면 몽고가 헝가리를 침공할 때 이 성의 점령을 포기하고 돌아서 갔다는 난공불락의 콘스탄티노플 성이었다.

비잔틴제국은 금각만(황실을 지키는 바다의 관문)까지 적군에 주도권을 빼앗기고 1,000년의 세월이 흐르는 동안 황궁은 쇠약해져서 트루크 등 3국의 이슬람국가에 포위되어 있었다. 국내에서는 패배의식에 젖어 고관대작들은 금은보화를 챙겨 자식들을 모두 안전한 이탈리아, 프랑스 등으로 보냈다. 이렇게 나라의 기강이 해이해질 대로 해이해진 틈에 전쟁이 일어났다.

트루크의 메메트 2세는 콘스탄티노플의 콘스탄티누스에게 전면 항복을 요구하고 터키를 떠나면 그대의 백성들의 목숨은 살려 주겠다고 통보하였다. 황제는 조공을 바치겠다고 밀사를 보냈으나 메메트 2세는 밀사의 목을 베어 버렸다. 전쟁이 일어났다. 며칠 동안 콘스탄티노플을 향해서 돌거포의 포격이 가해졌다. 하루에 7번밖에 쏘지 못했다. 오발도 많았다. 하지만 3겹으로 이루어진 1,000년의 성은 거포 몇 발에 힘없이 무너지고 말았다.

메메트 2세는 야음을 틈타 100만 병사에게 총진군을 명하였다. 물론 거포 몇 발에 천년제국이 무너진 것은 아니지만 거포는 결정적인 역할을 하였다. 거포의 위력 앞에 비잔틴제국의 수도 콘스탄티노플은 힘없이 무너지고 그 자리에는 이슬람제국이 건설되었다. 당시 콘스탄티노플을 정복한 트루크의 왕은 나이가 불과 21세인 메메트 2세였다. 그는 49세에 이집트, 시리아 원정길에 나섰다가 세상을 마감했다. 그는 선왕 무라트 2세와 노예 사이에서 태어났다. 그는 아버지의 사랑을 받지 못했었다고 전해지고 있다. 그의 위에는 이복형제가 있었는데 두 명 모두 그보다 먼저 세상을 떠났다. 그래서 그는 아버지에게서 왕위를 물려받게 되었다.[33]

명심하라! 새로운 병기에 눈을 떠라! 인생을 살아가는 데 필요한 새로운 무기를 개발하라! 역사에 만일은 없지만 콘스탄티

노플의 황제가 헝가리인의 병기를 전쟁에 사용했었더라면 전쟁
의 결과는 어떻게 되었을까. 역(逆)으로 생각해 보자.

상상력은 신이 인간에게 내려준 특권이다.

당신은 무한한 상상력과 무한한 잠재능력의 소유자다. 왜 잠
재우고 있는가? 상상력의 세계는 무동력의 세계다. 무동력선인
잠재능력에 전원을 연결하라. 새로운 병기를 만들어 내어라.

19) 김위찬 지음, 강혜구 옮김, "블루오션 전략", 교보문고, 2005, p. 23 참조

20) 베르나르 베르베르 지음, 이세욱·임호경 옮김, "베르나르 베르베르의 상상력 사전", 열린책들, 2011, p. 163 참조

21) 베르나르 베르베르 지음, 이세욱·임호경 옮김, "베르나르 베르베르의 상상력 사전", 열린책들, 2011

22) 류가미, "미국의 이론물리학자 알버트 아인슈타인", 네이버 지식백과

23) 피터 드러커 지음, 권영설·전미옥 옮김, "피터 드러커의 위대한 혁신", 한국경제신문사, 2006, p. 144 참조

24) 장영재 지음, "경영학 콘서트", 비즈니스 북스, 2010

25) 프랑크 아르놀트 지음, 최다경 옮김, "경영", 더숲, 2011

26) 윌리엄 코헨 지음, 김명철 옮김, "피터 드러커 미공개 강의노트", 문학수첩, 2008, pp. 207-209 참조

27) 카민 갤로 지음, 박세연 옮김, "스티브 잡스 무한혁신의 비밀", 비즈니스북스, 2010

28) 이보연 지음, "CEO가 갖추어야 할 조건", 하나북스, 2009

29) 넬슨 만델라 지음, 김대중 옮김, "자유를 향한 머나먼 길", 두레, 2006, pp. 261-262 참조

30) 로버트 그린 지음, 안진환·이수경 옮김, "권력의 법칙", 웅진지식하우스, 2009, p. 534 참조

31) 파사 보즈 지음, 박승법 옮김, "전략의 기술", 매일경제
신문사, 2003

32) 로버트 그린 지음, 안진환 옮김, "전쟁의 기술", 웅진지
식하우스, 2007

33) 시오노 나나미 지음, 최은석 옮김, "전쟁 3부작 1-콘스
탄티노플 함락", 한길사, 2000

>> 예방경영의

인생을 위하여

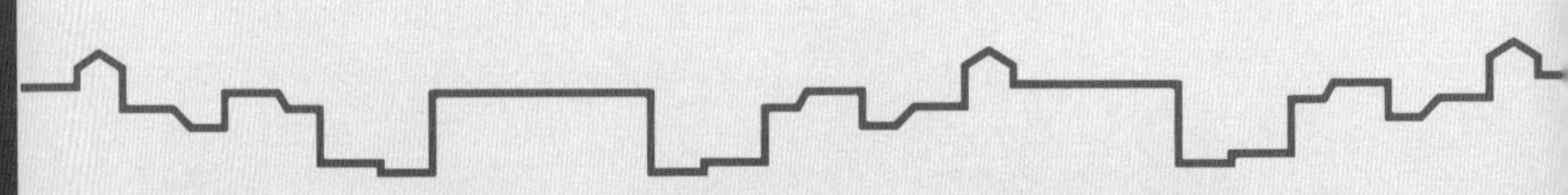

"당신이 태어난 이유를 찾아라. 무슨 사명을 이루기 위해 이곳에 왔는가?

하나님은 평범한 모든 사람들에게 자신의 목적을 달성할 수 있는

능력을 주셨다."

- 마틴 루터 킹 -

04

인간경영의 장

1. 선제(先制)

싸움터에 먼저 자리잡고 적을 기다리면 편하다.

　선처전지이대적자일(先處戰地而待敵者佚)

2. 주동(主動)

적을 끌어들이지 적에게 끌려다니지 않는다.

　치인이불치어인(致人而不致於人)

1) 적이 편할 때는 피곤하게 한다(일능로지; 佚能勞之).

2) 적이 배부를 때는 배고프게 한다(포능기지; 飽能饑之).

3) 적이 안정돼 있을 때는 동요시킨다(안능동지; 安能動之).

3. 의표(意表)

생각지도 못하는 곳을 공격하라.

추기소불의(趨基所不意)

적이 어디를 지켜야 할지 모르게 한다.

적부지기소수(敵不知基所守)

허점을 찌르면 공격해 들어가는 데 방어가 없다.

진이불가어자 충기허야(進而不可禦者 衝其虛也)

선택과 집중

모든 곳을 지키면 모든 곳이 약해진다.

무소불비 즉무소불과(無所不備 則無所不寡)

왼손이 오른손을 못 구해 주고 오른손이 왼손을 못 구한다.

좌불능구우 우불능구좌(左不能救右 右不能救左)

적이 비록 많더라도 못 싸우게 하면 그만이다.

적수중 가사무투(敵雖衆 可使無鬪)

싸움은 정해진 틀이 없다.

최고 경지의 전법은 형태가 없다.

형병지극 지어무형(形兵之極 至於無形)

전술이란 물과 같다.

병형상수(兵形象水)

01. 인간경영의 핵심을 찾아서: 인간이란 무엇인가

"인간은 인간을 필요로 한다."

1. 인간이란 무엇인가

나라는 인간은 어디에서 왔을까? 나는 누구일까? 나는 어디로 가고 있는가? 왜 사랑하고 미워하고 파괴하고 창조하고 방황할까? 왜 한 몸에서 선악의 두 뿌리가 솟아날까? 이와 같은 물음에 대하여 우리는 명백한 대답을 내놓지 못하고 있다. 인간이란 무엇인가의 영원한 수수께끼에 대하여 해답 아닌 해답을 내린 시인 하이네가 있다. 그가 하이델베르크의 로렐라이 언덕에 올라 인간이란 무엇인가 생각하고 생각해도 해답을 내릴 수 없었다. 그래서 그는 역설적인 시 한 편을 읊었다. 그 시를 음미해 보자.

인간이란 무엇인가
어디서 왔다가 어디로 가는 것인가
찬란히 반짝이는 한 많은 저 별빛 너머로 살고 있는 자
그는 누구인가

그 해답을 기다리는 자

그는 바보다.

하이네의 역설적인 시에 인생을 맡겨 놓고 마냥 살아갈 수만
은 없는 것이 이성을 가진 인간이 아니던가. 인간은 이 세상에
태어나면서부터 자신의 출생의 비밀을 찾아 수만 년을 방황하
였다. 그러나 시지프의 신화처럼 해답을 찾지 못하고 오늘도
해답을 찾아 시지프의 산봉우리를 오르내리고 있다.

2. 인간은 인간을 필요로 한다

인간은 인간을 필요로 한다. 이 세상에 홀로 존재하는 것은
아무것도 없으며 인간은 더욱 그렇다. 인간은 누군가의 뱃 속
에서 태어나 누군가와 더불어 살다가 누군가의 손을 잡고 죽는
다. 인간은 인간을 필요로 하는 존재다. 그래서 인간은 서로
관계를 형성하고 살아간다. 인간관계뿐만 아니라 이 우주 만물
은 상호관계 속에서 자연의 법칙하에 신비한 질서를 유지하며
움직인다. 만일 우주신비의 질서가 깨어진다면 우주는 파괴되
어 폭발하고 말 것이다. 우주는 관계 속의 우주다. 우주만물은
모두 상호관계를 맺고 있다.
우주와 태양과 지구와 나는 자연의 우주법칙의 관계 속에 존

재한다. 범위를 좁혀 인간사회로 돌아오면 인간은 인간끼리 관계를 맺고 살아간다. 서로 관계를 맺고 공동생활을 유지하는 인간을 사회적 동물이라고 한다. 이 사회적 동물이 의미 있는 인생을 살기 위해서는 인간관계, 인간경영을 성공적이고 효과적으로 해야 한다. 이것이 인간에게 주어진 명제다. 인간에 대한 무지(無知)의 한계를 극복하기 위해 어떻게 인간경영을 잘할 수 있을까. 그 길을 찾아보고자 한다.

그 사람을 가졌는가

만리길 나서는 길
처자를 내맡기며
맘 놓고 갈 만한 사람
그 사람을 그대는 가졌는가

온 세상 다 나를 버려
마음이 외로울 때에도
"저 맘이야" 하고 믿어지는
그 사람을 그대는 가졌는가

탔던 배 꺼지는 시간

구명대 서로 사양하며

"너만은 제발 살아 다오" 할

그 사람을 그대는 가졌는가

잊지 못할 이 세상을 놓고 떠나려 할 때

"저 하나 있으니" 하고

빙긋이 웃고 눈을 감을

그 사람을 그대는 가졌는가

온 세상의 찬성보다도

"아니" 하고 가만히 머리 흔들 그 한 얼굴 생각에

알뜰한 유혹을 물리치게 되는

그 사람을 그대는 가졌는가

– 함석헌 –

3. 인간경영의 목표: 수기(修己), 치인(治人), 치세(治世)

인간의 역사는 신천지를 찾아가는 역사다. 신천지를 찾아 자기의 세계를 창조하기 위해 인간은 끊임없이 자신을 개발하고(修己) 타인과 관계를 맺고 타인을 움직여 함께(治人) 신천지를 찾아가고 인간이 개척한 신천지라는 사회를 보다 낳은 사회로 변화(治世)시키며 살고 있다. 이것이 인류역사의 흐름이다. 이와 같은 역사의 흐름으로 보아 인간경영의 목표를 3가지로 설정하고, 보다 구체적인 이야기를 하고자 한다.

1) 수기(修己): 공자는 인생에서 30세를 입(立)이라 하였다.

입이란 한 개체로서 독립하여 사회로 나아가는 출발점에 서는 것을 말한다. 사회로 나가기 위하여 인생준비가 끝나고 경제적으로 사회적으로 독립하여 활동할 수 있는 단계를 말한다. 현대인은 유치원부터 시작하여 대학까지 공부를 마치고 직업을 구하고 군복무를 마치다 보면 30세에 이른다. 인생 공부란 죽을 때까지 계속해도 부족한 것이지만 30세까지는 사회에 진출할 수 있는 준비를 완료해야 한다. 영국의 젊은 수상 디스렐리는 '청년은 준비의 시대요, 중년은 활동의 시대요, 노년은 추수의 시대'라고 갈파하였다. 30세까지는 미래를 위해서 열심히 준비하라는 뜻이다. 오늘의 젊은이들도 30세면 직장에 들어가 사회생활을 시작할 때이다. 준비를 잘해야 중년에 활동을 활발하게 할 수 있으며 노년에 수확할 것이 있는 것이다. 슈바이처는 30세까지는 자신을 위해서 준비하고 30세가 넘으면 인류사회를 위해서 봉사해야겠다고 결심하고 그 결심한 바를 실천하였다.

수기(修己)의 인생을 값있게 산 사람들을 살펴보자.

공자의 인생은 평탄하지만은 않았다. 그도 현실정치에 참여하기 위하여 이 나라 저 나라를 전전하다가 노나라의 장관급을 끝으로 60세가 다 되어 고향 곡부로 귀향하여 제자들을 가르쳤다. 그는 수기(修己)를 어떻게 하였을까. 공자는 주역(周易)을 공부하면서 위편삼절(韋編三絶), 즉 가죽 끈이 3번 끊어질 때까지 공부를 하였다고 한다. 공자는 천재가 아니고 스스로 뼈를 깎는 공부 끝에 유교의 창시자가 된 것이다.

중국 산동성 곡부(曲阜)에 있는 공자묘에 가면 공자묘 뒤편으로 수만 평 규모의 공림(孔林)이라는 공자 후손들의 묘가 있는데 공자부터 시작하여 대대손손으로 이어지는 묘가 10만기가 있다. 공자는 2,500년 전 사람인데 2,500년 동안 내려오며 자자손손의 묘가 끊어지지 않고 조성되어 있다는 것은 세계역사에서 찾아볼 수 없는 기적 같은 일이다. 특히 곡부에 가면 공자 82, 83대손이 고전의 명 글귀들을 친필로 써서 팔고 있다. 2,500년 동안 내려오는 가계의 흐름에 놀라지 않을 수 없었다.

공자묘 입구에는 공자의 제자 증자가 심었다는 나무가 세월을 이기지 못하고 고사하여 유리막 속에서 잠자고 있는 것을 볼 수 있다. 이는 2,500년의 세월을 실감나게 한다. 공자는 유교를 창시하여 영원히 살고 있다. 세상을 호령했던 어떤 황제가 수천 년 후에 후손들의 존경을 받으며 육신을 감추고 그렇게 살아 있을까? 세계 이곳저곳 그 먼 곳에서 공자묘를 참배하러 온 수 많은 사람들로 곡부는 매일 장을 이룬다. 공자의 후손들은 2,500년 전 할아버지 덕으로 오늘을 살고 있다.

우리나라에서 서예 하면 추사(秋史)요, 추사 하면 서예를 말한다. 추사는 서예를 공부하면서 붓 천 자루가 마모되고 10개의 벼루가 구멍이 뚫렸다고 한다. 그도 공자 못지않게 각고년려 끝에 누구도 흉내 낼 수 없는 추사체를 창안해 냈다. 추사는 추사체라는 누구도 흉내 낼 수 없는 특유의 서체를 만들어 중국 사람들도 놀라게 할 만큼 동양 3국에서 제일가는 명필이 되었다. 공자와 추사 모두 수기를 통해서 치인, 치세의 길을 간 분들이다. 이 분들이 젊었을 때 아니 일생을 통해서 공부했

● 공자의 묘 ●

던 모습이 수기의 모습이다.

이율곡은 수기를 통해서 율곡 사상을 정립하였고, 다산(茶山)은 방대한 다산학의 산맥을 쌓았다. 이처럼 수기(修己)란 선학(先學)들의 지식의 학습을 통해서 본인의 지혜의 성을 쌓는 것이다. 공자의 논어는 공자의 유산인 유학의 기본이 된 공자의 지혜의 성이요, 공자는 수기를 넘어 치인 치세의 사상을 후세에 전파하고 있다. 공자 사후 2,500년이 지났지만 아직도 공자는 인류사회에 막강한 영향력을 행사하고 있다. 그는 수기, 치인, 치세의 길을 안내한 세계 4대 성인으로 추앙 받고 있다. 수기, 치인, 치세가 3위 일체를 이룰 때 그 사람의 삶은 더욱 빛을 발하는 것이다.

베토벤, 피카소, 아인슈타인 등 창조적 인생을 산 모든 사람들은 지식의 학습을 통해서 지혜의 창조물을 남긴 사람들이다. 지식은 남의 것이요, 지혜는 나의 것이다. 지식의 다리를 건너서 지혜라는 자기의 세계를 이룩하는 것이야말로 진정한 수기의 결정체이다. 지혜의 성에는 자기가 인생을 살아가는 철학과 비전과 사명과 전략이 있어야 한다.

2) 치인(治人)

인생에서 중요한 것은 첫째, 수기의 단련을 통하여 자기의 인생을 바꾸는 것이다. 둘째는 남의 인생을 바꾸는 것이다. 이

것이 치인(治人)이다. 위대한 업적을 쌓은 사람들은 자기의 인생의 변화를 통해서 타인의 인생을 변화시켰다. "남이 변하기를 원하거든 먼저 자신이 변하라."는 간디의 충언을 뼈아픈 교훈으로 받아들여야 한다. 우리는 종종 자기 자신은 변하지 않으면서 타인의 변화만을 요구하는 경우가 많다. 마틴 루터 킹을 움직였던 로라 팍스 이야기를 들어 보자.

* 평범한 목사에게 깨달음을 준 로라 팍스(Laura Parks) 여사

1951년 12월 31일 중년의 흑인 여인이 버스에 올라서 백인 자리에 앉았다. 그때만 하더라도 미국의 버스에는 백인 자리와 흑인 자리가 분리되어 있었다. 만일 흑인이 백인 자리에 앉으면 경고를 하고, 몇 번 경고 후에도 흑인 자리로 가지 않으면 경찰에 신고하고, 체포까지 하였던 인종차별이 심했던 때였다. 백인 자리에 앉아 있는 흑인 여인에게 버스운전사는 자리를 옮기라고 몇 번이나 경고를 했다. 그러나 그 흑인 여인은 꼼짝도 하지 않고 백인 자리에 앉아 있었다. 결국 운전사는 경찰에 신고하고, 그 여인은 경찰에 체포되어 구금되는 신세가 되었다. 그러나 이 어인 일인가?

이 흑인 여인의 돌출사건이 미국 민권운동의 기수를 탄생시키게 될 줄이야!

이 흑인 여인의 소식이 곳곳으로 전해지자 미국 흑인들이 버스 안 타기 운동을 시작하였고, 마침내 버스 안 타기 운동이 전국으로 확산되어 미국사회에 큰 파장을 일으켰다. 킹이라는 젊고 평범한 목사에게 이 사실이 알려지게 되고, 그는 드디어 자기의 사명을 깨닫게 되었다. 저렇게 평범한 여자도 민권을 위해서 투쟁을 하는 데 목사라는 사람이 입으로만 하느님을 찾고 있으면 되겠느냐 하고 일어섰다. 킹 목사와 같은 위대한 민권지도자가 있었기에 라이스와 같은 흑인 여성도 미국의 국무장관을 하였고, 미국에서 노예의 후손인 흑인이 대통령이 되는 기적 같은 일이 일어났다.

미국의 민권운동에 불을 붙인 숨어 있는 스승은 이름도 없었던 한 흑인 여성이었다. 그 흑인 여성에게 사람들이 물었다. 왜 그렇게 구타당하고 체포까지 당하면서도 흑인 자리로 가지 않았느냐고.

그녀의 대답은 "다리가 아파서"였다.

2005년 11월 워싱턴에 로라 팍스의 동상이 세워졌다.

위대한 사람들이 대중의 운명을 바꾸어 놓은 경우가 많지만 로라 팍스 여사가 킹 목사의 운명을 바꾸어 놓은 것처럼 그 반대인 경우도 있다. 그래서 일찍이 공자는 "3인이 길을 가면 그 중 한 사람은 스승이다."라는 명언을 남겼다.

3) 치세(治世)

오늘의 사회는 병든 사회가 되고 말았다. 치세는 이 세상을 보다 나은 사회로 바꾸는 데 기여하는 것이다. 오늘의 사회를 잃어버린 사회라고 한다. 현대인은 과거에 비하여 물질적 풍요 속에 살고 있지만 진정한 인간을 잃어버린 세계에서 살고 있다. 프롬(Fromm)은 현대인을 가리켜 인조인간(人造人間)이라고 한탄하며 현대인의 두 가지 질병이 무관심과 소외라고 진단하였다.

인조인간은 사람은 사람이되 감정이 없는 기계와 같은 사람을 말한다. 이를 대변하는 것이 프롬이 말한 무관심과 소외다. 무관심은 죄악이요, 소외는 병이다. 몇 년 전 뉴욕에서 살인사건이 일어났는데 아파트가 밀집한 곳에서 저녁에 집에 가고 있는 한 여성을 괴한이 칼로 난자하여 살해한 사건이다. 그 여성은 살려 달라고 절규하였지만 아무도 만류한 사람도 없었고 더욱이 경찰에 신고한 사람은 그 누구도 없었다. 그날 아파트 창문에서 살인 현장을 목격한 사람은 38명이었다고 한다. 무관심의 한 단면이다. 이것이 현대를 살아가는 사람들의 죄악이다. 2012년 2월 초 어느 날 서울의 한 만원 버스에서 10대 여학생이 건장한 청년에게 성추행을 당했다. 그 여학생은 건너편 가까이에 서 있는 한 아주머니와 눈을 마주쳤다. 그 여학생은 눈빛으로 구조를 요청하였지만 아주머니는 외면하고 말았다. 여

러 사람들이 이상한 낌새를 느꼈지만 아무도 그 여학생을 구조
하려고 나서는 사람은 없었다. 이것이 인조인간의 시대를 말해
주는 무관심의 상징이다.

우리는 무관심의 시대, 죄악의 시대에 살고 있다. 이웃의 불
행에 대해서, 아프리카에서 굶주림에 고통 받고 있는 200만 명
이나 되는 어린이들에 대해서, 쪽방에서 신음하고 있는 100만
명이 넘는 독신 노인들에 대해서, 매일 매일 일어나고 있는 살
인, 폭행, 사기 등의 각종 비인간적인 사회악에 대해서 관심이
없다. 오직 자기 자신만 안전하면 된다는 극도의 이기주의 속
에서 하루하루를 살고 있다. 그 불행이 언제 자기에게 찾아올
런지도 모르는 운명인데 말이다. 인간의 사회에서 다른 사람의
고통에 대해서 외면하는 것은 죄악이다.

우리들 대부분은 소외라는 질병에 걸려 있다. 우리는 양극화
의 사회환경에 둘러싸여 살고 있다. 99%의 가지지 못한 자들
이 1%의 가진 자들을 위해서 착취를 당하고 고통 받는 시대에
살고 있다. 미국의 젊은이들이 월가를 점령하자는 구호를 외치
며 미국 곳곳에서 저항의 데모를 일으키고 있으며 그 물결은
전 세계로 확산되고 있다.

우리나라도 예외가 아니다. 아니 아주 심각한 문제다. 우리
나라 국민 45%가 스스로 하층민이라고 생각하고 있고 미래에
대한 전망에서, 만일 열심히 노력한다면 현재보다 더 나아지리

라고 기대하는가의 질문에 28.8%만이 가능성이 있다고 답하고 58.8%는 가능성이 낮다는 대답이 나왔다. 이러한 의식이 우리나라 출산율이 OECD 국가 중 최하위를 차지하는 요인이 되고 있다. 희망이 없는 사회는 죽은 사회다. 희망이 없는 사람은 소외라는 무서운 질병에 걸린 사람들이다.

치세의 방법은 무관심과 소외의 사회를 치료하여 인조인간의 사회를 인본주의 사회로 사회구조를 개혁하는 것이다. 이를 위해서 일조를 할 수 있다면 그 사람은 수기, 치인, 치세의 길을 가는 사람이다.

21세기 인류에게 주어진 문제는 환경 문제, 부의 양극화 문제, 나라 간·지역 간·계층 간의 격차 문제 등 다양하다. 특히 한국인인 우리 앞에 놓여 있는 여러 가지 문제들, 그늘에서 살고 있는 이웃, 공정치 못한 사회제도, 경쟁 위주의 교육, 심각한 환경 문제 등 우리가 주목하고 개선해야 할 문제는 너무도 많다. 지지율 5%에 머물렀던 한 시민운동가가 거대 여당 후보를 물리치고 서울시장에 당선된 것은 무엇을 말하는가? 우리 사회는 새로운 치세의 길을 찾아야 하고 올바르게 치세를 할 수 있는 지도자를 찾고 있다는 증거를 국민들이 보여 준 것이다. 그런데 소위 지도자라는 정치권 인사들은 구태에서 한 발자국도 벗어나지 못하고 있다. 안타깝기 그지없다.

수기, 치인, 치세의 삶을 살았던 위인들의 삶을 보자.

* 마하트마 간디의 삶

인도의 간디는 아프리카로 가는 도중 카이로역에서 새로 태어났다. 그는 변호사의 꿈을 안고 산 사람이었다. 영국사람처럼 살아 보는 것이 그의 꿈이었다. 그런데 변호사 자격을 얻은 뒤에 아프리카로 가기 위해서 1등표를 산 것이 큰 계기가 되었다. 그는 나도 변호사이니 1등석을 타야지 하고 1등석에 앉아 있다가 백인 승무원들에게 유색인종이라는 이유로 모욕을 당하고 출입문 밖으로 던져졌다. 기차가 떠난 뒤 쓰러졌던 간디는 일어나는 순간, 위대한 깨달음을 얻고 위대한 간디로 다시 태어난 것이다. 그의 눈에서는 눈물이 흘렀다. 그 눈물은 영원을

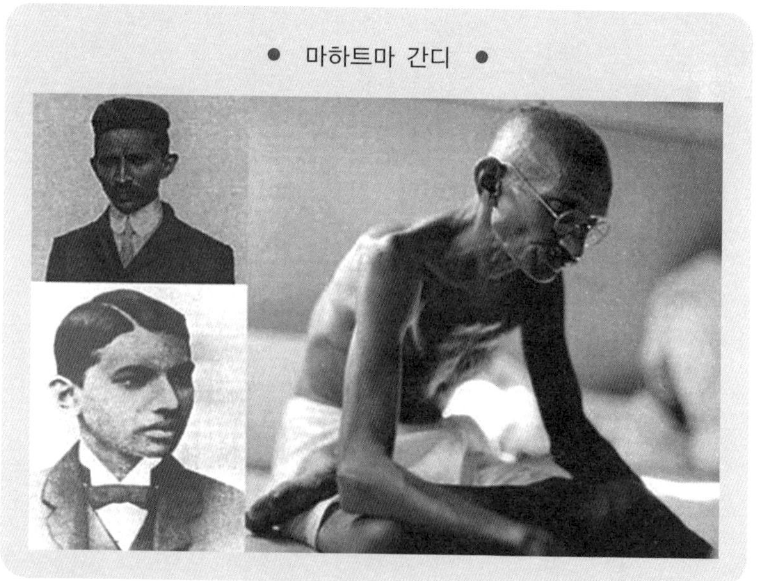

● 마하트마 간디 ●

향한 눈물이 되었다. 다시 태어나는 눈물이 되었고 깨달음의 눈물이었다. 그 순간부터 그는 유색인종의 자유와 독립을 위해서 일생을 바치게 되었던 것이다.

* 틱낫한 스님과 플럼 빌리지(plum village)

틱낫한 스님은 베트남 출신 스님이다. 그는 월남전이 끝난 후 보트 피플, 즉 보트나 어선으로 피난하던 남부 베트남 사람들을 구하기 위하여 사선을 넘나들며 고생을 하였고 투옥도 당하였다.

그가 감옥에서 나와 프랑스 파리를 갔는데 파리의 야경이 너무도 화려하였다. 그는 그 광경을 보고 생존을 위하여 악전고투하며 지옥 같은 생활을 하고 있는 베트남 사람들을 생각했다. 세상에 똑같은 사람으로 태어나서 어떤 사람들은 저렇게 화려하게 살고 있는데 어떤 사람들은 지옥 같은 삶을 살고 있단 말인가? 깊은 회의에 빠진 스님은 불행한 사람들을 위해서 무언가 해야겠다고 결심하고 수련원을 세우기로 한다.

그는 파리에서 150km 떨어진 시골 마을에 수련원 터를 잡고 그 수련원을 플럼 빌리지라고 이름을 붙였다. 그 수련원의 특징은 걷기 수련을 하는 데 있다. 그 수련원에는 전 세계에서 연간 3만 명의 방문객이 찾아와 수련을 받고 떠난다고 한다. 플럼 빌리지 입구에는 틱낫한 스님의 다음과 같은 친필 글이

붙여져 있다. "지금 이 순간 하느님의 왕국을 보지 못한다면 앞으로도 절대 하느님의 왕국을 만날 수 없다(The Kingdom of God is now or never).", "지금 이 순간 정토를 보지 못한다면 앞으로도 절대 정토를 만날 수 없다(The pure land is now or never)."

당신 안에 슬픔, 두려움, 갈망이 가득하다면 어디를 가든 지옥일 것이다. 그러나 당신에게 자비와 이해, 그리고 자유가 있다면 지금 이 순간 이곳이 바로 당신의 고향이다. 나는 더 많은 사람들이 이 아름다운 고향 길을 걷기 바란다.

플럼 빌리지에서 추구하는 것은 일상의 깨어 있는 순간을 통해서 나와 세상이 하나임을 자각하여 함께 평화롭게 사는 것이다. 세상의 모든 사람들, 이 하늘, 이 바람, 이 한 장의 종이가 나와 연결되어 있다는 것을 마음에 새기고 지낸다면 우리의 하루하루도 달라지리라. 틱낫한 스님은 전 세계에서 찾아온 수행자들과 함께 수기, 치인, 치세의 길을 걷고 있다.

02. 인간경영의 성공전략

"상처받은 조개가 진주를 만들어 낸다."

인간경영에 성공하는 세 가지 지혜

누구나 조직사회에서 조직생활을 하면서 성공적인 인생을 살기를 원한다. 성공적인 인생의 기본적인 요건은 성공적인 인간경영에 있다 하겠다. 조직생활에서 성공적인 인간경영의 요건을 세 가지로 요약하여 설명하고자 한다.

첫째는 스승이다. 인생의 길은 자기실현의 길이다. 인간은 육체의 아버지도 필요하지만 정신적인 아버지, 정신적인 스승이 필요하다. 자기 인생의 지표가 될 스승이 가까이 있으면 더욱 좋고 그렇지 않으면 스승의 모델이 있어야 한다. 빛을 남긴 사람들은 자기 인생의 스승이 있었다. 미국생활에서 저자의 연구에 가장 많은 협조를 했던 샤마(Chammah) 교수의 스승이자 인생의 모델은 아인슈타인이었다. 플라톤은 그의 인생에서 네 가지 것을 감사하였다. 첫째, 희랍인으로 태어난 것, 둘째, 남자로 태어난 것, 셋째, 자유인으로 태어난 것, 마지막으로 소크라테스의 제자로 태어난 것이었다. 플라톤은 소크라테스라는 위대한 스승을 만났기 때문에 위대한 철학자가 될 수 있었다.

　둘째는 직언(直言)을 해 줄 사람이다. 우리는 주위의 수많은 사람들과 인간관계를 맺고 있다. 인간은 모순투성이의 동물이기 때문에 인생을 살아가면서 때때로 시행착오를 범하게 된다. 그렇기 때문에 인간에게는 자기 행위에 대한 피드백(feedback)이 필요하다. 이 피드백은 본인이 지각하기가 어려운 면이 많다. 여기에서 진정으로 직언해 줄 친구나 동료가 필요하다. 직언해 줄 사람이 없는 사람은 진정으로 자기를 발견하기 어렵다. 조선시대 중종에게는 조광조가 있었다. 중종은 자신의 뜻이 받아들여지기까지 무수히 많은 상소를 올리며 직언을 두려워하지 않았던 조광조로 인해 무척이나 괴로워했지만 조광조의 주장이 바른 것이었기에 그 뜻을 받아들였다. 그러나 끝내는 수구세력들의 압력을 극복하지 못하고 조광조에게 사약의 형벌을 내리고 만다.

　징기스칸의 참모 야율초재는 무력만능을 주장하는 징기스칸에게 점령지에 문화정책을 펼 것을 진언하였다. 중국을 무력으로 점령하였지만 문화정책을 쓰지 않으면 언젠가는 한족인 중국에 흡수되어 중국의 지배를 받는 파국이 올 것이라고 충언을 하였다. 그는 "무력으로 천하를 차지할 수는 있다. 그러나 무단 정치로는 천하가 다스려지지 않는다"는 명언을 남겼다. 몽고는 그들이 점령한 중국(징기스칸의 손자가 원나라를 세움)과 이슬람 문화에 동화되고 끝내는 축출당하였다. 야율초재의 직언은 예언이 되어 적중하였다.

직언은 꼭 필요한 삶의 지혜다. 그러나 사람들은 특히 지도자가 되면 직언을 싫어하게 된다. 어떤 대통령은 대통령이 되면 솔직하게 민심을 전해 달라고 친구들에게 부탁하여서 약속을 믿고 직언을 계속 하니까 청와대 문을 닫았다고 한다. 대통령의 부인이 그 사실을 알고 부인 자신이 뒷문으로 대통령의 친구들을 초청하여 민심을 들었다는 일화가 있다.

셋째는 참모다. 인간의 얼굴이나 생각이 백인백색(百人百色)인 것과 같이 인간의 생활은 너무나 복잡하다. 특히 기만의 인간관계 속에서 살아가는 현대인은 세상을 사는 지혜가 필요하다. 아무리 머리가 좋은 사람도 모든 것을 자기의 힘으로 할 수 없을 때가 많고, 남의 눈에는 보이지만 자기의 눈에는 보이지 않을 때가 많다. 인생을 살아가는 데, 조직생활을 성공적으로 해 나가는 데 전략의 지혜를 자문하여 줄 참모가 필요하다.

미국의 육군 참모총장과 국무장관을 역임하고 2차 대전 후

유럽부흥의 마셜플랜으로 유명했던 마셜은 참모를 잘 관리하여 성공한 인물이었다. 그가 육군 참모총장으로 임명되기 10년 전쯤 마셜은 조지아주 포트베닝의 보병학교에서 부지휘관으로 복무하면서 다수의 장교들을 훈련시킨 경험이 있었다. 그때 마셜은 촉망받는 젊은이들의 이름을 기록해 두었다. 육군 참모총장이 된 후 그는 나이 많은 장성들을 은퇴시키고 그 자리를 직접 훈련시킨 젊은이들로 메우기 시작하였다. 그중에서도 가장 총애했던 인물이 드와이드 아이젠하워(Dwight D. Eisenhower)였다. 마셜은 아이젠하워를 그의 참모로 기용했고 1942년에는 중장이었던 아이젠하워를 유럽 작전 현장 사령관에 임명하고 그 외에도 중요한 부서의 참모들을 그의 사람들로 채웠다. 그들은 그의 대리인 역할을 하였으며, 미국 군부의 비효율과 권력투쟁을 이겨 내고 2차 대전을 승리로 이끈 핵심 세력으로서 활약했다. 마셜이 자신이 총애한 아이젠하워에게 충고한 핵심적인 중요한 제안 중 하나는 부하를 키우라는 것이었다.

간디에게는 네루 같은 참모가 있었고 징기스칸이 거대한 영토를 정복할 수 있었던 것은 그의 휘하에 명장들이 있었기 때문이었다.

1. 삼간(三間)을 활용하라

인간이 살아가는 데는 세 가지 필수요인이 있다. 인간과 시간과 공간이다. 인간은 이 3가지의 삼간(三間) 속에서 살아간다. 인간의 성공과 실패는 이 삼간의 활용 여부에 달려 있다.

1) 인간: 인맥 만들기 – 인간은 인간을 필요로 한다

인생을 살아가는 데 있어서는 인맥을 구축하여 필요할 때 활용해야 한다. 특히 한국사회는 인맥의 사회다. 닉슨 대통령이 워터게이트 도청사건으로 수난을 당하고 있을 때 다른 고위 관료들은 물러난 사람들이 많았지만 닉슨 행정부의 국무장관이었던 키신저는 그 자리를 지키고 있었다. 그 이유는 닉슨의 신임이 두터워서도 아니고 특별한 관계가 있어서도 아니었다. 그는

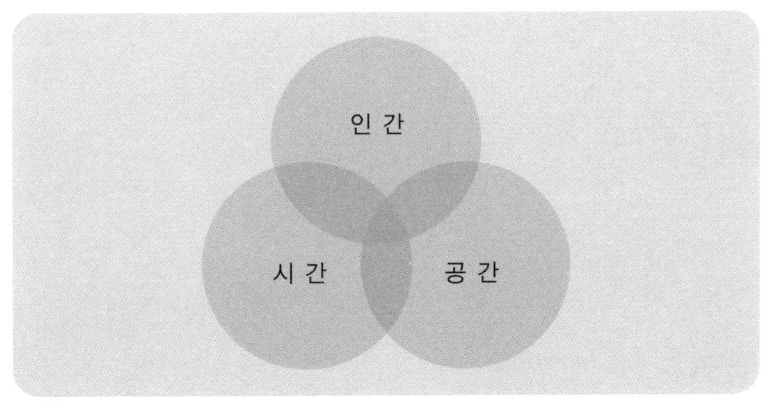

미국 행정부에 다양한 인맥을 형성하고 있었기 때문에 살아남을 수 있었다.

인생을 살면서 우리는 많은 사람들과 만나서 서로 협력하며 살게 된다. 인간은 인간을 필요로 한다. 나에게 아무런 도움이 되지 않으리라 생각했던 사람들도 어느 날 갑자기 필요해질 때가 있다. 인생의 길목에서 만나는 사람들을 우선순위에 따라 수첩에 적어라. 그리고 평소에 관리하라. 가급적 관리를 계속하라. 이해관계를 떠나서 사귀어 두면 이해관계에 부딪혔을 때 도움이 된다. 인간관계 네트워크를 작성하라.

역사를 빛낸 사람들은 그를 빛나게 한 참모들이 있었다.

예수에게는 베드로가, 부처에게는 가섭존자가 있었으며 간디에게는 네루가 있었다. 우리나라 현대 정치인들도 그들을 생명을 걸고 지켜 주는 참모들이 있었다. 박정희, 김영삼, 김대중, 노무현 대통령들에게는 명장들이 있었다. 그 명장들의 헌신으로 그들은 대통령이 될 수 있었다. 징기스칸 역시 혼자 광활한 영토를 정복한 것은 아니며, 징기스칸에 못지않은 참모와 명장들이 있었다. 희대의 살인자, 스탈린, 히틀러는 혼자 수천만 명을 죽였을까? 그들 곁에는 양처럼 따르는 충직한 인간개들이 있었다.

지금 당신 옆에 생명을 같이 할 동지가 있는가? 그대가 어려울 때 아낌없이 자금을 투자할 친구가 있는가? 한밤중에 찾아가고 전화하여 어려움을 토로할 벗이 있는가?

당신이 혹시 잘못되어 세상으로부터 버림받고 홀로되어 울고 있을 때 고통을 함께 할 친구가 있는가? 생각해 보시라. 없다면 당장 구하러 나서라.

어느 날 저녁 세상의 온갖 것에서 버림받고
홀로되어 울고 있을 때
당신의 슬픔 이해하고 당신의 가슴 되어
함께 울어 줄 수 있는 사람 있다면
당신의 삶은 헛된 삶이 아니리

2) 시간

인간은 시간을 만들지는 못하지만 시간을 활용하는 지혜를 타고났다.

'공간은 다시 확보할 수 있지만 시간은 다시 확보할 수 없다.'

– 나폴레옹 –

시간은 한정된 자원이다. 시간은 바꿀 수도 없고, 저축할 수도 없고, 살 수도 없고, 다른 사람보다 더 많이 소유할 수도 없다. 시간은 일회성이다. 한 번 가버린 시간은 영원히 오지 않는다. 시간은 생명이다. 우리는 이 생명의 시간을 잘 활용해야 한다. 효과적으로 시간을 활용하기 위해서는 다음을 명심하라.

첫째, 일정표를 짜고 사용시간을 기록해야 한다.

둘째, 시간을 낭비하지 않도록 지속적이고 효율적인 관리를 한다. 시간을 낭비하는 것은 인생을 낭비하는 것이다. 인생을 낭비하는 것은 인생을 죽이는 것이다.

셋째, 자기 자신으로 완전히 돌아가 자기의 인생 목표를 위해서 사용할 시간을 만들어라. 격무에 시달리는 현대 직장인은 자신을 망각해 버리고 일에 몰두하며 산다. 사실 자신을 돌아볼 정신적·육체적 여유가 없다. 현대인은 시간의 노예, 일의 노예가 되어 살고 있다. 그리고 어느 날 갑자기 자기를 발견한다. "내가 무엇을 하고 살고 있는 거지? 아! 나는 진정으로 사는 것이 아니야!" 하고 한탄한다. 일상생활에서 아무리 바쁘더라도 자기 자신을 돌아볼 시간을 내야 한다.

프랑스 사상가 앙리발뷰스라는 사람이 있었다. 그는 귀족청년이었다. 청년 시절 매일 빈둥빈둥 놀고만 살다가 어느 날 깨달음의 소리를 들었다. "너 뭐하고 사는 거냐? 그게 사는 거냐? 인간답게 살아라!" 자책의 목소리를 들었다. 다음 날 아침부터 그는 6시에 일어나 공부하기로 결심하고 6시에 일어나야지 하고 결심하였지만 아침에 눈뜨면 6시 30분, 7시였다. 한 달 동안 일찍 일어나기 연습을 하여 보았으나 허사였다. 어느 날 아침 그는 하인을 불러 내일 아침부터 방문 앞에 서서 '도련님! 큰일을 하실 분이 늦잠이 웬일입니까?' 하고 한 달만 외쳐 달라고 부탁하였다. 그 하인은 주인 총각이 시키는 대로 한 달간 도련님 방문 앞에서 "도련님! 큰 일을 하실 분이 늦잠이 웬일입니까?"하고 외쳤다. 그 후 앙리발뷰스는 평생을 아침 6시에 일어났다. 물론 연구도 열심히 하였다. 그는 그 집념으로 공부하여 유명한 사상가가 되었다. 그가 남긴 말을 음미해보자.

"양심이여! 지성이여! 반항하라!"

인간은 시간을 만들지는 못하지만 시간을 활용하는 지혜를 타고났다. 명심하라! 시간을 활용하라.

3) 공간

인간이 삶을 살기 위해서는 공간이 필요하다. 삶을 위한 영토가 필요하다. 그 영토를 확보하기 위해서 인간은 영토전쟁을 계속해 왔다. 인간이고 동물이고 자기의 삶을 누릴 수 있는 삶의 영역이 필요하다. 숲속에 사는 동물들은 다 자기의 영토가 있다. 코끼리, 사자, 호랑이, 표범 등 모두 자기의 영역을 표시하고 침입자와는 사생결단의 싸움을 한다. 인간의 역사가 시작된 이후 인간의 역사는 전쟁의 역사였는데 그 전쟁은 영토전쟁이었다. 지금도 그 영토전쟁은 세계 도처에서 계속되고 있다. 영토전쟁은 양상만 바뀌었을 뿐 계속 되고 있다. 각국은 육지에서, 바다에서, 하늘에서 영토를 확보하기 위해서 싸우고 있다. 일본은 독도가 자기들 영토라고 생떼를 쓰고 있다. 일본과 중국은 서로 센가꾸섬이 자기들 영토라고 주장하고 있다. 그 뒤에는 모두 바다의 영토와 자원을 확보하기 위한 전략이 숨어 있다.

현대의 영토전쟁은 토지의 확장을 떠나서 무역을 통한 마케팅의 영토전쟁이 되고 있다. 전자제품의 영토전쟁을 위해서 IT 제국들은 시간을 다투어 싸우고 있다. 정치적 영향력 확대를 위해서, 제품의 판매를 위해서, 사상의 전파를 위해서 싸우고 또 싸우고 있다. 인간의 역사는 피로 쓰여진 역사다. 그 역사는 삶의 영역을 확보하기 위한 투쟁이다.

인간은 공간의 확보에 얼마나 목말라하고 있는가. 톨스토이의 소설에 다음과 같은 장면이 나온다. 땅을 많이 가진 한 부자가 땅 한 뙈기 가진 것이 없는 하인을 불러 "너 지금부터 하루 종일 달려 해가 지는 순간 깃발을 꽂아라! 그러면 그 땅을

너에게 주겠다."라고 약속하였다. 그 하인은 주인의 약속을 믿
고 흥분하여 깃발을 들고 하루 종일 달리고 달려서 해질 무렵
에 깃발을 꽂았다. 주인 부자가 천천히 걸어 가 보니 그 하인
은 지쳐 쓰러져 죽어 있었다. 그렇다. 현실 세계에서도 인간은
생명을 걸고 영토싸움을 하고 있다. 여기에서 삶의 공간에 대
한 시사적인 예를 보자.

* 공간에 대한 한 생물학자의 실험

곤충을 실험한 공간에 대한 하나의 사례가 있다. 소주병만
한 병에 곤충을 넣어 길렀는데, 그 병의 목이 차도록 그 곤충
들은 잘 자라고 그 수가 기하급수적으로 늘어나더니 병 입구까
지 가득 차니 갑자기 한꺼번에 모두 죽더라는 것이다. 이 실험
은 생물은 삶을 이어가기 위해서는 일정한 공간이 필요하다는
것을 증명해 주고 있다. 그래서 모든 동물은 삶의 영역, 영토
싸움을 하고 있다. 삶의 영토를 확보하라.

삼간(三間)의 효과적인 활용. 이것이 인생의 성패를 가늠한다.

* 도스토예프스키의 시간, 공간을 초월한 삶

도스토예프스키는 1945년 그의 나이 24세에 발표한 첫 소설
『가난한 사람들』로 러시아 문단을 뒤흔들었다. 그러나 빠른 성
공은 그에게 공허감을 가져다주었다. 그는 방황 끝에 미하일

페트라세프스키라는 사회주의자가 구심점이 된 급진주의 정치
조직에 가담했고, 농노 해방을 열렬히 지지하였다. 그들의 혁
명모의는 니콜라스 1세에게 모두 보고되었다. 1849년 4월 23
일 그를 포함해서 페트라세프스키파의 조직원 24명이 체포되었
다. 8개월이 넘는 고달픈 수감생활을 보내던 어느 추운 날 아
침 최종 판결을 받을 거라는 통보를 받았다. 그들 정도의 죄라
면 몇 개월 동안 유배조치가 내려지는 것이 통례였다. 그런데
그들이 페테르부르크의 세묘노스스키 광장에 내리자 한 신부가
그들을 맞았다. 그와 그의 동료들은 교수대가 놓인 광장 한가
운데로 끌려갔다. 옆쪽에는 관을 실은 손수레가 있었다. 그들
은 국가를 전복하려 하였다는 죄목으로 총살형을 언도받았다.
그들은 충격으로 할 말을 잃었다. 그의 앞에는 총을 든 병사들
과 수천의 구경꾼들이 사형수들을 보려고 모여 있었다. 한 장
교가 그들의 죄목에 대하여 낭독하는 동안 도스토예프스키는
무심코 근처 교회의 황금색 첨탑과 그 첨탑에서 반사되는 아침
햇살을 응시했다. 머리 위로 구름이 지나가면서 햇살이 잠시
사라질 때 그의 머릿속에는 이런 생각이 잠시 스쳐 지나갔다.
이토록 빨리, 또한 영원히 죽음이라는 어둠 속으로 살아져야
할 찰나로구나. 갑자기 또 다른 생각이 떠올랐다. '만약 내가
죽음을 당하지 않는다면 내 삶의 매초 매초가 한 세기 한 세기
인 것처럼 살 것이다. 스쳐가는 모든 것을 소중하게 여기리라.

인생의 단 1초도 허비하지 않으리라.' 이런 생각을 하고 있는 사이, 앞줄 세 사람의 얼굴에 두건이 덮어 씌워졌다. 도스토예프스키는 뒷줄에 서서 다음 차례를 기다리고 있었다. 그들은 서로에게 안녕을 고하였다. 병사들은 소총을 들어 조준했다. 그때였다. 마차 한 대가 질주하며 광장에 들어섰다. 한 사람이 봉투 하나를 꺼내 들었다. 순간에 차르가 그들을 감형시켜 주기로 결정했다는 전갈이 도착했던 것이다. 그날 오전에 도스토예프스키는 새로운 선고를 전해 들었다. 4년간의 시베리아 강제노동 후 군대 복무를 마쳐야 한다는 내용이었다. 그는 5킬로그램에 가까운 쇠고랑을 팔과 다리에 매단 채 시베리아로 보내졌다. 그는 감옥에서 글을 쓰는 것이 허락되지 않았기 때문에 머릿속으로 소설을 쓴 후 모두 외어 두었다. 1857년 남은 군대 복무 기간을 보내고 있을 때 작품을 출간해도 좋다는 허락을 받았다. 그는 쓰고 또 쓰기만 하였다. 친구들은 그가 페테르부르크를 걸어가면서 작품의 대화 일부를 중얼대는 모습을 목격하곤 하였다. 1881년 죽는 날까지 그는 미친 듯한 속도로 집필하여 『죄와 벌』, 『악령』, 『카라마조프의 형제들』 등을 발표하였다. 그는 매일매일이 마지막 날인 것처럼 살았다. 1849년 12월 그날 그는 인생을 허비하며 살았다는 것을 깨달았었다. 차르는 그들을 겁주기 위하여 치밀한 계획하에 연극을 하였던 것이다. 그러나 도스토예프스키는 사면의 순간을 재탄생의 경험

으로 삼았다. 도스토예프스키는 심한 도박병에 시달렸지만 그 도박병을 그의 문학으로 승화시켰다. 그의 명작 『죄와 벌』은 10년 도박생활의 결정판이라 할 수 있다. 그는 평생 간질병으로 고통을 받았고 병약했다. 간질병은 그에게 글을 쓰는 데 영감을 주었다. 그는 간질병을 '신이 주신 고통스런 재능'이라고 생각했다. 그러나 가난과 빚, 병은 그에게는 일종의 상징적인 죽음이었다.

그는 자기가 글을 쓰는 것에 대하여 "나 같은 비참한 인간에게 있어서 작가라는 직업은 내 인생을 채워 주는 가장 중요한 재산이다. 만일 글을 쓸 수 없었다면 나는 벌써 죽었을 것이다."라고 독백하였다.

페테르부르크에서 문학작품을 쓰며, 한계를 넘어서지 않고서 이루어지는 일은 결코 아무것도 없다고 고백하였다. 그는 한계를 극복하고 산 인물이었다. 도스토예프스키, 그는 진정으로 인간과 시간과 공간을 초월하고 지배하며 살았던 전설적인 사람이었다.

1881년 1월 27일에서 28일 밤 사이 그는 아내, 안나를 깨워서 "여보, 아무래도 오늘 내가 죽을 것 같소."라고 마지막으로 말을 하고 그는 그날 죽었다(약점이 힘이 될 때, 샤를 가르두, 조혜학 역 - 참조).

2. 성공을 위한 실천전략

1) 전략의 세 가지 요소

인간의 삶은 전쟁터나 다름없다. 전쟁의 세 가지 요소는 영토, 속도, 살상이다.

첫째로 영토전에 대해서 이야기해 보자. 인간의 역사는 영토전쟁의 역사다. 알렉산드로스, 징기스칸, 진시황은 영토를 확보하기 위해서 얼마나 싸웠는가? 이처럼 예전의 전쟁은 영토전쟁이었다. 영토전쟁의 본보기가 제국주의에 의한 식민통치였다. 그 좋은 예로 우리는 36년 동안 일본의 식민통치하에서 국권을 빼앗기고 살았다. 우리 영토, 우리의 삶의 공간이 일본의 손아귀에 있었다. 현대의 영토전에 있어 강대국은 정치적 영향력을 행사하기 위하여 싸운다. 세계 G2로 부상한 중국은 미국과 정치적 영향력 확대를 위해서 싸우고 경제적 우위를 점하기 위하여 경쟁한다. 우리나라와 같은 중진국은 무역전쟁을 한다. 수출 1조 달러를 달성하였다고 대대적인 기념식을 가졌다. 한국은 경제 규모 세계 12~13위를 다투고 있다. 한국의 위상은 날로 높아지고 있다. 게다가 'K-pop'이 세계를 누비고 있다. 문화라는 영토를 전 세계로 넓혀 가고 있는 것이다. 현대자동차는 자동차 수출과 해외 공장을 통해서 영토를 확장하고 있다.

둘째로 속도전에 대해 살펴보자. 전쟁에서 이기기 위한 기본 병기는 속도다. 속도전에 이기기 위하여 인간은 원시시대부터 끊임없이 무기를 개발하여 미사일을 만들어 내었다. 초고속 열차가 개발되고 초음속 비행기가 개발되었다. 인터넷 시대, 스마트 폰의 시대가 왔다. 시간과 공간을 초월하는 시대가 무서울 정도로 빨리 다가왔다. 핸드폰을 통하여 세계 어느 곳에서나 통화할 수 있다. 서울 남산에 올라 미국 샌프란시스코 금문교를 달리고 있는 연인과 밀어를 속삭일 수 있다. 이 속도전에서 승리해야 살아남을 수 있다.

셋째로 살상이다. 옛날의 전쟁터에서는 적을 한 사람이라도 많이 죽이는 것이 관건이었다. 모택동과 장개석의 최후의 결전은 북경 위쪽에 위치한 위해에서 벌어졌는데 장개석군 50만이 거의 전멸하였다. 장개석은 50만이라는 대군을 잃고 대만으로 쫓겨 가는 신세가 되었다. 옛날의 전쟁은 적을 한 사람이라도 많이 죽이고 승리하는 데 그 목적이 있었다. 그러나 살상의 개념이 바뀌고 있다. 필요한 적만 죽이고 승리하는 것이다. 승리하기 위해서 죽여야 할 적만 죽여야 한다. 이는 신무기가 개발되면 가능한 전쟁전략이다.

현대적 의미의 살상은 무엇인가. 고객의 확보요, 지지자의 확보이다. 제품을 고객이 사 주어야 회사는 계속기업으로 성장할 수 있다. 정치인은 주민이 표를 주어야 정치 생명을 유지할 수 있다. 학자는 그의 독자들이 있어야 생명력 있는 학자 생활을 할 수 있다. 세계적으로 한류붐을 일으키고 있는 K-pop도 청중들이 많아야 지속될 수 있다.

수기, 치인, 치세라는 인간경영의 목표를 성취하기 위한 길은 지금까지 이야기한 세 가지 영토, 속도, 살상이라는 전쟁의 핵심요소를 성취하는 길이다. 그러기 위해서는 어떻게 자기 개발을 해야 할 것인가.

2) 사례

(1) 사마천(史馬天)의『사기』

중국의 한무제 때 사마천이라는 사람이 있었다. 사마천은 장수인 한 친구를 두었는데, 전쟁에서 패배한 사마천의 친구에게 한무제는 사형의 형벌을 내렸다. 사마천이 옆에서 지켜보다가 사형은 너무 가혹하니 형을 좀 감하여 주십사 하고 왕에게 건의하였다. 그런데 왕은 감형은 커녕 황제의 명을 거역하였다

하여 사마천을 궁형에 처해 버렸다. 우리나라 식으로 보면 괘씸죄에 해당한다고 할 수 있다. 그때 사마천의 나이는 38세였다. 궁형을 당한 사마천은 원한을 갚을 의사결정을 하여야 했다. 그는 왕의 폭정을 담은 역사책을 쓰기로 결심하고『사기(史記)』라는 피로 쓴 역사책을 집필하였다.『사기』를 완성한 후 한 질은 한무제에게 전하라하고 한 질은 태산에 묻었다. 한무제가『사기』를 읽고 진노하여 그놈을 잡아 오라고 명령을 내렸으나 사마천은 할 일을 마치고 이미 저세상으로 떠나 버린 후였다. 사마천은 궁형을 받은 후 여러 가지 의사결정을 할 수 있었을 것이다. 첫째, 자포자기하여 타락한 인생을 사는 경우, 둘째, 군사를 일으켜 혁명을 시도하는 것, 셋째, 성생활을 할 수 없으니 승려가 되는 경우, 넷째, 역사책을 쓰기로 하는 경우 등을 추측해 볼 수 있다. 네 번째의 의사결정을 내리고 실천에 옮긴 사마천의『사기』는 오늘날 인류역사서 중 가장 훌륭한 고전으로 많은 사람들에게 교훈을 주고 있다.

(2) 대처의 결단 – 포클랜드 전쟁

1982년 대서양 반대편에서 아르헨티나 군사 정권이 국내에 산적한 문제로부터 주의를 분산시킬 목적으로 포클랜드 섬을 침공했다. 포클랜드는 영국령이었지만 아르헨티나는 자국의 영토임을 주장했다. 군사정권 관리들은 영국이 본토에서 멀리 떨어진데다 불모지인 포클랜드를 포기할 것이라고 확신했다. 그러나 대처는 주저하지 않고 포클랜드에 해군 특수부대를 파견했다. 1만 3천km에 달하는 먼 거리도 아랑곳하지 않았다. 노동당 지도자들은 무의미하고 희생이 큰 이 전쟁을 반대했다. 당내에서도 다수가 두려움에 휩싸였다. 섬의 재탈환에 실패한다면 보수당은 파멸할 것이라는 두려움이었다. 대처는 그 어느 때보다 고독했다. 그러나 다수 대중이 그녀의 자질을 새롭게 보기 시작했다. 지금까지 그들을 초조하게 만들어 놓던 바로 그 자질을 말이다. 완고한 고집이 이제는 용기와 고결한 기품으로 보였다. 우유부단하고 겁 많은 데다 제 경력만 챙기는 주위의 남성들에 비하면 대처 총리는 단호하고 강해 보였다. 영국이 포클랜드를 탈환하는 데 성공하자 대처는 그 어느 때보다 위대해 보였다. 삽시간에 국내외 사회, 경제적 문제가 잊혀졌다. 대처는 정치무대를 장악했고, 다음 두 번의 선거에서 노동당에 압승을 거두었다.[36]

대처의 결단에 비유할 수 있는 실패한 의사결정의 예가 미국의 쿠바 침공이었다. 쿠바 침공을 주도했던 미국 대통령 케네디는 오판에 의한 의사결정으로 실패의 쓴 잔을 마셨다. 여기서 주의할 것은 누구나 잘못된 의사결정을 내릴 수 있고 사실 누구나 때때로 잘못된 의사결정을 한다. 그러나 올바른 의사결정의 조건을 만족시키지 못할 것이 분명히 드러난 의사결정은 결코 해서는 안 된다.

잭 웰치의 인재관리 전략

1. 어떤 분야에 뛰어난 인재인지 파악하라.

그 사람은 뛰어난 사람입니까 묻지 말고 어느 분야에 우수
한 사람인지 물어라.

2. 인재와 업무의 조화를 생각하라.

적재적소의 배치(The right person for the right job)는 개인
도 살리고 기업도 살린다.

3. 여러 후보 중에서 선택하라.

한 자리를 놓고 적어도 3~5명의 후보를 놓고 고민하라. 잭
웰치는 본인이 GE의 회장이 되기까지 20명의 후보 중에서 3
명으로, 3명의 후보 중에서 최종후보로 선발되었다. 그의 후
임도 그는 전과 같은 방법으로 선임하였다.

4. 인사결정을 할 때는 충분한 시간을 투자하라.

한 사람의 사원을 채용하는 데 4시간이 걸린다고 해서 시
간이 없다며 심사숙고하지 않고 선발한다면 나중에 그 사람의
실책을 만회하기 위해서는 400시간도 모자랄 수 있다. 인사
를 결정할 때는 충분한 시간을 투자하여 후회 없는 결정을 하
여야 한다.

5. 자기보다 나은 영리한 사람들과 교류하라.

GE가 난관에 빠질 때 잭 웰치는 최고로 손꼽히는 의욕적인 인사들을 불러모아 충분한 토론 끝에 의사결정을 하였다. 더 나은 결정을 내리기 위해 다양한 의견을 내놓도록 하는 방법은 훌륭한 경영을 위한 기본적인 요소이다. 예스맨(yes-man)을 좋아하는 경영진은 무능력하다.

6. 인재들은 자유를 필요로 한다.

잭 웰치는 GE의 문화와 경영원칙을 지키면서 권한과 책임을 동시에 지는 자율권을 부여하였다. 신뢰가 없으면 어떤 일도 할 수 없다. 신뢰는 인간사회의 기본 덕목이다. 신뢰가 없다면 어떠한 일도 할 수 없다.[37]

(3) 역경을 극복한 위인 – 레오나르도 다빈치

그는 사생아로 태어나서 부모의 외면 속에 살았다. 그의 부모들은 마굿간을 전전하며 사랑을 나누다가 그를 잉태하게 되었다. 그의 아버지는 공증인이었기에 적자로 태어났더라면 그는 위대한 예술가가 되지 못하고 아버지의 엄격한 통제하에 공증인의 뒤를 이었을런지도 모른다. 그는 사생아로 태어났기 때문에 오히려 자유를 누렸다. 자유는 그에게 한없는 상상력의

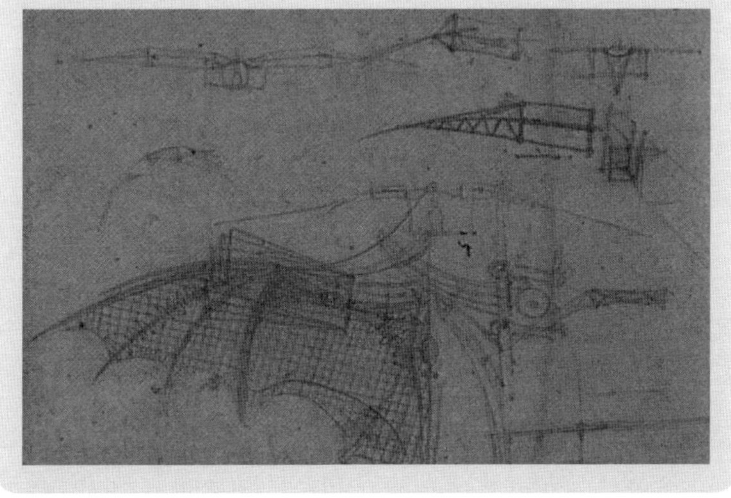

세계를 가져다주었다. 그는 사생아로 태어나서 상속권을 박탈당하고 유산을 한 푼도 받지 못했다. 부모의 외면 속에서 자란 그에게 자연은 대리 부모 역할을 하고, 예술과 발명의 뿌리가 되었다. 그는 채식주의자였고 새장에 갇혀 있는 새를 사서 놓아 주기도 하였다. 그는 1505년에 비행기를 설계하고 비행기계를 실험하기까지 하였다. 그가 남긴 글을 보면 "거대한 새가 저 높은 등성이로 첫 비상을 할 것이다. 온 우주를 경이로움으로 충만하게 하고 모든 역사를 그 명성으로 가득 채우고 자신이 태어난 둥지에 영원한 영광을 안기며!"라고 썼다. 그는 비행기와 잠수함을 설계하고 불후의 명작 〈모나리자〉와

〈최후의 만찬〉을 그렸다. 500년 전에 비행기와 잠수함을 설계한 것은 경이롭고 또 경이로운 일이다. 그가 만일 사생아로 태어나지 않았더라면 그런 위대한 작품을 창작할 수 있었을까? 그는 사생아라는 멍에를 극복하기 위해서 천재적인 능력을 발휘하였다.

그뿐만 아니라 많은 사람들이 역경을 극복하고 빛을 남긴 위인의 삶을 살았다. 베토벤은 청력을 잃은 뒤에 위대한 작곡을 하였으며 월터 럴리경은 13년간의 감옥 생활을 하면서 세계 역사를 저술하였다. 단테는 사형 선고를 받고 20년 동안 망명생활을 하면서 신곡을 썼다. 존 매니안은 감옥에서 『천로역정』을 저술하였다. 미켈란젤로는 식사도 거르면서 8년 동안 〈최후의 심판〉을 그렸다. 〈최후의 심판〉은 역사상 가장 뛰어난 미술품 12가지 중의 하나로 평가 받고 있다.

솔제니친은 시베리아의 쓰라린 수용소 생활을 경험으로 『수용소 군도』라는 소설을 써서 노벨 문학상을 받았다. 노벨 문학상을 받은 솔제니친은 '수용소 군도여 감사한다.' 라고 독백하였다. 다산은 18년 유배 생활 중에 많은 명저를 남겼으며 송강 정철은 유배 중에 〈성산별곡〉을 남겼고 윤선도의 〈어부사시사〉는 완도 보길도에서 외로움에 젖어 고독하게 지내면서 쓰여졌다.

풍상은 자연을 아름답게 하고 시련은 인간을 아름답게 한다.

03. 조직 사회에서 생존조건

＊ 권력의 쟁취를 위해서 두 남자를 이용한 클레오파트라

이집트의 여왕 클레오파트라 왕가는 권력을 위해서 근친 간 살육 잔치를 벌인 사탄(?)의 집안이었다. 언니들이 음모를 꾸며 왕인 아버지를 축출하고 언니들 중 하나가 왕이 되어 권력을 공고히 하기 위하여 남편까지 살해한다. 4년 후 아버지 왕이 다시 복귀하여 음모를 꾸민 딸들을 처형해 버린다. 아버지 왕이 죽자 클레오파트라는 장자인 동생(불과 나이 10세)과 결혼하여 왕과 왕비가 된다(클레오파트라 17세, 형제간이며 부부간인 두 사람은 권력다툼을 벌여 클레오파트라가 축출되고 만다.).

축출된 지 1년 후 로마의 카이사르가 이집트를 식민지로 삼기 위하여 진군한다. 클레오파트라는 때는 이때다 하고 멍석에 몸을 숨겨 카이사르 앞에 나타난다. 카이사르를 사로잡아 남편을 축출하게 하고 여왕이 되어 다른 형제와 결혼하였는데 그 형제인 남편은 의문사하고 만다. 권력투쟁의 과정에서 왕이라 자처했던 언니는 포로가 되어 로마로 끌려갔는데 안토니우스의 손을 빌려 죽게 한다.

클레오파트라는 자기 손에 피를 묻히지 않고 두 남자(카이사르와 안토니우스)를 유혹하여 그들을 앞잡이로 만들어 권력을 쟁취하고 권력을 독점한다. 두 남자, 위대한 장군들은 자기들이 앞잡이 노릇을 한 줄도 모르고 클레오파트라의 앞잡이가 된다. 그 과정을 그려 보자.

클레오파트라는 매혹적인 아름다움 때문에 성공을 거두었다고 전해진다. 그러나 사실 그녀가 권력을 쥘 수 있었던 것은 사람들을 자기 뜻대로 조종하는 능력이 탁월했기 때문이다. 그녀는 카이사르와 안토니우스의 손을 빌려 가장 위협적인 형제들(프톨레마이오스 13세와 아르시노에)을 처치했으며 궁과 군부에 있는 모든 적을 제거했다. 한마디로 두 남자가 클레오파트라의 앞잡이 역할을 한 것이다. 그들은 클레오파트라 대신 불길에 뛰어들었고 더러운 일을 수행했다. 덕분에 그녀는 형제와 동족을 죽인 살인마라는 오명을 쓰지 않아도 되었다. 두 남자는 이집트를 로마의 식민지가 아니라 독립적인 동맹국으로 대우해 달라는 클레오파트라의 바람을 들어주기도 했다. 두 사람 모두 그녀에게 조종당한다고 느끼지 않고 그 모든 일을 해 주었다. 이것은 가장 미묘하면서도 가장 강력한 설득이다. 왕과 여왕은 더러운 일을 직접 해서는 안 된다. 손에 피 묻힌 모습을 대중에게 보여서도 안 된다. 그러나 적을 제압하지 않고서는 권력을 유지할 수 없다. 왕좌를 지키기 위해서 완수해야만 하는 자잘하고 비열한 과업들이 언제나 있게 마련이다. 그럴 때는 클레오파트라처럼 당신도 앞잡이를 이용하라. 대개의 경우 당신과 아주 가깝지 않은 사람을 택하는 것이 좋다. 그래야 자신이 이용당하고 있다는 것을 알아챌 확률이 적기 때문이다. 주변을 잘 살펴보면 당신의 부탁을 기꺼이 들어줄 사람, 최소한의 보상만 던져 주면 기꺼이 움직일 사람을 찾을 수 있다. 그들은 아무런 문제가 없다고 느끼거나 적어도 정당한 사유가 있다고 생각하고 당신이 부탁하는 일을 수행할 것이다. 그러나 사실 그들은 자기도 모르는 사이에 당신 대신 적군을 소탕하고 당신이 건네준 정보를 살포하고, 당신의 경쟁자를 무너뜨리고, 당신의 목표를 달성하고, 당신을 대표하여 자신의 손을 더럽히고 있는 것이다. [38]

1. 인적 네트워크를 구축하라

1) 의존하게 만들어라

프랑스의 루이 11세는 점성술을 좋아해 점성술사를 궁에 거처하게 하였다. 하루는 점성술사가 궁 안의 어떤 여인은 8일 후에 죽을 거라고 예언하였는데 적중하였다. 그는 깜짝 놀라서 점성술사를 죽여 버리기로 작정하고 경호원들에게 손가락으로 신호하면 밖으로 던져 버리라고 지시하였다. 드디어 점성술사를 불렀다. 왕이 물었다. "그대는 점성술에 능하여 인간의 운명을 잘 알고 있다는데 그대 자신은 언제 죽을 것 갔소?" 점성술사는 "저는 폐하가 돌아가시기 3일 전에 죽을 것입니다"라고

대답했다. 왕은 죽음 대신에 상을 주고 점성술사를 주치의로
임명했다. 점성술사는 왕보다 7년을 더 살았다고 한다.

2) 전문성을 가져라

미켈란젤로의 후원자는 교황 율리우스 2세였다. 그러나 두
사람은 교황의 대리석 무덤 문제를 놓고 심하게 말다툼을 했다.
미켈란젤로는 화가 나서 로마를 떠나 버렸다. 하지만 놀랍게도
교황은 그를 해고하지 않았다. 오히려 그를 찾아내어 떠나지 말
것을 요청했다. 미켈란젤로는 다른 후원자를 얼마든지 찾을 수
있지만 교황은 또 다른 미켈란젤로를 찾을 수 없었기 때문이었
다. 미켈란젤로처럼 모두 천재가 될 수는 없다. 당신의 목숨을
이어가는 전문지식을 가지고 스스로를 필요한 사람으로 만들어
라. 당신과 상대방의 운명이 서로 얽히게 만들어라.

3) 다양한 인간관계를 유지하라

헨리 키신저는 닉슨 대통령 재임시절 백악관에서 벌어진 수
많은 권력투쟁에서 살아남았다. 키신저가 최고의 외교관이었기
때문은 아니다. 두 사람의 정치적 신념이 같아서도 아니었다.
오히려 두 사람은 자주 갈등을 빚었다. 키신저가 살아남은 이
유는 그가 관련되지 않은 정치 영역이 드물었기 때문이었다.
미켈란젤로의 힘이 특수한 전문성이었다면, 키신저의 힘은 다

양한 인적 네트워크에 있었다. 키신저는 행정부 내에 많은 동맹자들을 가지고 있었다. 동맹자가 많은 자를 제거하는 것은 위험을 수반한다.

4) 비밀정보를 확보하라

세상에 알려지면 곤란한 정보를 알고 있으면 상대방과 운명을 묶을 수 있다. 당신에게 막강한 힘이 생긴다. 전통적으로 권력자의 측근이나 정보기관의 우두머리들은 이런 방법을 사용했다. 그들은 왕이나 대통령의 정치 생명까지도 쥐락펴락할 수 있었다. 미국의 전 FBI 국장 후버가 그런 사람이었다. 악명 높았던 일제의 731부대의 소장은 연합국 측에 비밀정보를 넘기는 대가로 살아남았다고 한다. 그러나 남의 비밀을 너무 많이 알고 있는 사람들은 늘 불안한 삶을 살아야 한다. 그렇게 불안한 나날을 사는 사람들에게 권력이 무슨 소용이 있겠는가. 유신시절 7년 동안 중앙정보부장을 하고 막강한 권력을 휘둘렀던 김형욱은 망명 후 의문의 죽음을 당하였다.

5) 사랑 · 우정을 가장하라

사랑 · 우정은 변하는 것. 가장 영속적이면서도 두려운 것은 권력이다. 의존관계를 유지하기 위해서는 권력의 열쇠를 쥐고 있어야 한다.

▶ **당부:** 사람들을 당신에게 의존하게 만들어라. 그러한 의존으로부터 많은 것을 얻게 된다. 갈증을 채운 자는 우물을 떠나 더 이상 찾아오지 않는다. 의존 관계가 사라지면 정중함과 예의바름과 존경도 사라진다. 경험이 우리에게 가르쳐 주는 교훈은 희망은 남겨 두되 절대 만족을 주지 말며 훌륭한 후원자라 해도 늘 당신을 필요로 하게 만들라는 것이다. 때 늦은 찬송가를 부르지 않기를![39]

1) 상사를 놀라게 하지 말라. 조그만 일도 상사와 상의하라.

2) 지혜의 샘물이 마르지 않게 하라.

3) 잠수함의 원리를 이용, 야금야금 정복하라.

4) 실력, 믿음, 친교를 쌓아라.

5) 불필요한 논쟁을 피하라. 교만하지 않게 비굴하지 않게 행동하라.

6) 능력 없는 동료, 상사에게 감사하라. 그들이 있었기에 당

신이 생존할 수 있으니까.

7) 생존부등식의 처세를 행하라. 적은 것은 양보하고 인생을
   좌우하는 일은 지켜라.

8) 최대한 상대방의 체면을 지켜 주어라. 상대방에게 상처를
   주지 말고 부정적인 유머를 삼가라.

9) 정보를 가지고 꼭 필요할 때 사용하라.

10) 지속적인 학습과 공동체의식을 함양해서 필요한 사람이
    되어라.

04. 인간경영의 실전

1. 인간경영과 의사결정

인간경영은 인간과의 관계 속에서 의사결정하는 과정이라 할
수 있다. 의사결정 시 결정적으로 주의할 사항을 생각해 보고

인간경영의 실전을 살펴보자.

첫째, 감정의 주인이 되라.

세상은 무대요, 인생은 배우라고 세익스피어는 일찍이 선언했다. 배우는 본래의 감정을 숨기고 각본에 따라 울고 웃고 흥분한다. 자기 본래의 감정이 아니고 연극을 하고 있는 것이다. 세상을 지혜롭게 살기 위해서는 배우처럼 행동해야 한다. 분노와 좌절을 숨기고 그것을 만족과 동의로 가장할 수 있어야 한다. 배우는 역할에 따라 움직일 뿐 감정의 기복을 보여서는 안 된다. 희로애락을 함부로 표현하지 말고 태연한 자세를 생활화해야 한다.

청담 스님이 종정으로 있으면서 불교 현대화 운동을 펼쳤다. 당연히 불교계는 시끄러웠다. 대구의 한 사찰 마당에서 집회가 끝났을 때 불만을 품은 한 신도가 청담 스님의 뺨을 쳤다. 갑작스럽게 일어난 일이었다. 그런데 청담 스님은 빙그레 미소만 짓고 있었다. 청담 스님은 내면 깊숙이 감정조절의 도사가 되어 있었다. 그의 얼굴뿐만 아니라 마음도 미소 짓고 있었다. 청담 스님처럼 리더는 어떤 상황에서도 평정심을 잃어서는 안 된다. 평정심을 잃지 않는 리더는 인생이라는 전쟁터에서 전체 그림을 투명하게 바라볼 수 있다. 평정심이 흔들리면 호수의 물결처럼 판단력이 흔들리고 판단력이 흔들리면 인생이 흔들린다.

둘째, 흥분한 상태에서 의사결정하지 말라. 어떠한 경우에라도 평상심을 유지하라. 흥분한 상태에서 의사결정하여 망신을 산 예를 들어 보자. 몇 년 전 모 대기업 재벌 회장 아들이 술집에서 폭행을 당한 일이 있었다. 술판에서 벌어진 불상사로 그렇게 큰 사건도 아니었으며 그 재벌 회장의 아들은 미국유학까지 다녀 온 청년이었다. 집에서 아들의 폭행사건을 들은 회장인 아버지는 가죽점퍼를 입고 주먹깨나 쓰는 청년들을 동원하여 현장에 나타나 진두지휘를 하며 아들에게 주먹을 휘두른 청년들에게 폭력으로 앙갚음을 하였다. 그 후 그 사건이 언론에 보도되고 세간의 화제가 되어 그 회장이 곤혹을 겪은 적이 있다. 그 분은 세상에서 가장 사랑하는 아들이 폭행을 당했다는 소식을 듣고 너무도 흥분한 나머지 감정이 이성을 마비시켜 버렸던 것이다. 조금만 참았더라면….

이처럼 흥분한 상태에서 중요한 의사결정을 하여 개인사나 국가의 대사를 망친 경우가 많다. 아파트나 한강에서 투신한 사람, 홧김에 이혼한 사람, 욱하는 마음에 불 지른 사람 등 조금만 참았더라면 그들의 인생이 달라졌을 것이다. 미국의 9·11 테러는 미국 건국 이후의 최대의 수치였고 참사였다. 미국은 바로 보복의 칼을 들었다. 냉정을 잃어버린 흥분한 상태에서의 결정이었다. 그 결과는 어떠한가? 미국은 이라크와 아프가니스탄에서 깊은 수렁에 빠져 있다. 9·11 테러에서 잃은 인명보다, 9 · 11 테러에서 잃은 재산보다, 훨씬 많은 인명과 재산을 잃고 퇴로를 찾지 못하고 허덕이고 있다.

대중은 바람이다. 위정자들은 흥분한 대중을 이용하여 나라를 위기에 몰아넣으면서 권력을 유지하고 국민을 기만하려고 하는 경우가 있다. 미국의 부시 전 대통령은 9 · 11 테러가 발생했을 때의 지지율이 사상 최대였는데 그가 퇴임할 때에는 미국 역대 대통령 중 지지율이 최하위였다.

한때의 분노를 참으면 백일의 근심을 면할 수 있다는 '인일시지분이면 면백일지우(忍一時之忿이면 免百日之憂)'라는 경구를 가슴에 새기고 살면 흥분된 상태에서 의사결정하여 상처 받는 일이 일어나지 않으리라 생각한다.

*** 역사적인 사례 – 영조의 후회 – 사도세자의 비운**

사도세자는 영조의 둘째 아들이며 영빈 이씨의 소생이다. 영조의 나이 40세가 넘어서 출생한 탓으로 2세 때 세자에 책봉되고, 10세 때 홍봉안의 딸 혜빈 홍씨와 가례를 올렸다.

사도세자는 3세 때 부왕과 대신들 앞에서 『효경』을 외웠고, 7세 때 『동몽선습』을 독파하였다. 또한 서예를 좋아하여 수시로 문자를 쓰고 시를 지어서 대신들에게 나누어 주었으며, 10세 때 소론측이 주도한 바 있는 신임옥사를 비판하였다고 한다.

1749년 15세 때 부왕을 대신하여 서정(庶政)을 대리하였는데,

그때 그를 싫어하던 노론들과 영조의 계비 정순왕후 김씨, 숙의 김씨 등이 그를 무고하였다. 성격이 과격하고 급하던 영조는 수시로 그를 불러 꾸짖었고 이로 인해 그는 정신질환 증세를 보이기 시작했는데 궁녀를 죽이고, 여승을 입궁시키거나 몰래 왕궁을 빠져나가 관서지역을 유람하기도 하였다.

그의 돌발적 행동이 계속되자 1762년 계비 김씨의 아버지 김한구와 그의 일파인 홍계희, 윤급 등의 사주를 받은 나경언이 세자의 비행 10조목을 상소하였다. 이에 영조는 분개하여 세자를 죽이기로 결심하고 그를 휘령전으로 불러 자결하라고 명령한다. 하지만 그가 부왕의 명을 거부하자 영조는 그를 뒤주에 가둬 8일 만에 굶겨 죽였다. 이때 그의 나이 28세였다.

그가 죽은 뒤 영조는 세자를 죽인 것을 후회하며 그의 죽음을 애도한다는 의미로 그에게 '사도(思悼)'라는 시호를 내린다. 그의 아들이 정조이다.

사도세자의 비극은 어디에서 그 원인을 찾을 수 있을까? 본인의 정신적인 문제도 일부 원인이 있기도 하지만 총명한 아들을 너무 엄격하게 다루었던 부왕 영조에게 더 큰 원인이 있다 하겠다. 영조는 과격하고 불같은 성격의 소유자였다. 그 성격은 자신이 천비 소생이라는 열등감에서 비롯되었는지도 모른다. 영조는 평생을 자신의 출신에 대해 괴로워하였다. 영조의 어머니는 무수리(나인에게 세숫물을 떠다 바치는 종) 출신 숙빈 최씨었다.

영조가 아들 사도세자를 사랑으로 부드럽게 대하고 간신들의 모략에 대해 철저한 조사를 하여 아들을 사랑과 선으로 다스렸더라면 사도세자는 그의 재능으로 보아 훌륭한 임금이 되었을런지도 모른다. 아버지의 과격한 성격에 주눅이 들어 세자는 빗나갔고 참을성 없는 아버지의 오판으로 뒤주에 갇혀 굶어 죽은 세계에서 유일한 비운의 왕세자가 되고 말았다. 아들 죽인 것을 후회하고 '사도'라는 시호까지 내린 것을 보더라도 그가 아들의 생사 문제를 얼마나 흥분하여 감정적으로 처리하였는가 미루어 짐작할 수 있다.

"처세의 달인은 제스처와 눈빛 표정의 달인이 된다. 그는 심오하고 속을 알 수 없으며 부당한 대우를 못 본 체하고, 적에게 미소를 보내며, 분노를 자제하고, 열정적인 척 가장하며, 감정을 속이고, 자기 기분과 반대되는 말이나 행동을 보인다."

– 장드라 보뤼에르(1645~1696) –

2. 감성과 소통(communication)의 인간경영 전술

1) 상대의 마음을 유혹하라

인생이라는 전쟁터에서 자기편을 만들기 위해서는 이성에 호소하기보다는 상대의 마음을 유혹할 때 상대를 끌어들일 수 있는 경우가 많다. 제갈량은 경쟁국의 중요한 장군이 적군인 조조와 동맹을 맺는 것을 결단코 막아야 했다. 제갈량은 그 장군에게 조조의 잔인성을 설명하지도, 조조를 도덕적으로 비판하지도 않았다. 대신 제갈량은 조조가 그 장군의 젊고 아름다운 아내에게 흑심을 품고 있다는 암시를 주었다. 이는 장군의 감정을 건드렸고 장군은 쉽게 제갈량 편이 되었다.

모택동은 언제나 대중의 감정에 호소했으며 간단하고 쉬운 언어로 말했다. 모택동 자신은 좋은 교육을 받았고 박식한 인물이었지만, 연설에서는 본능적이고 단순한 비유를 사용했으며, 대중들 마음속의 깊은 불만을 건드리고 그들의 집회에서 불만을 발산하도록 유도했다. 또한 그는 특정한 제도의 실천방안을 강조하기보다는 그 제도가 대중에게 현실적으로 미치는 영향을 설명했다. 모택동은 대중과 마음의 소통을 통해서 그들이 하나됨을 느끼게 하고 대중의 지지를 이끌어 냈다.

T. F. 로렌스는 1차 대전 때 중동사막에서 터키인을 상대로 싸우면서 한 가지 사실을 깨달았다. 재래식 전쟁이 그 가치를 잃어버린 것처럼 느껴진 것이다. 병사들 하나하나는 수많은 군대 내에서 묻혀 버리고, 생명이 없는 장기판의 졸처럼 지시에 따라 움직이고 있었다. 로렌스는 그런 상황을 바꾸고 싶었다. 그는 병사 한 사람 한 사람의 마음이 그가 정복해야 할 왕국이

라고 생각했다. 심리적인 동기에 따라 헌신적으로 움직이는 병사는 꼭두각시보다 훨씬 힘을 다해 창조적으로 싸우는 법이다.

현대사회는 어떤가. 무관심과 소외로 상징되는 인조인간(人造人間)의 시대에 우리는 살고 있다. 주위의 사람들을 생명 없는 기계로 생각하는 시대이다.[40]

설득의 열쇠는 상대를 부드럽고 점잖게 제압하는 것이다. 양면적인 방식으로 상대를 유혹하라. 그들의 감정적 측면과 지적인 약점을 동시에 이용하라. 남들과 다른 상대만의 특징과 보편적인 특징 모두를 주시하라. 사랑, 미움, 질투 등 기본적인 주요 감정에 주목하라. 상대의 감정을 움직이면 그는 당신의 설득에 쉽게 넘어온다.

2) 운명을 좌우하는 말씀의 위력

하느님은 말씀으로 천지를 창조하셨고 인간은 말씀으로 역사를 창조한다. 역사의 창조는 만남을 통한 대화와 소통에서 출발한다. 우리나라 속담에 말 한마디로 천 냥 빚을 갚는다는 말이 있다. 인간의 역사창조에 있어서 말 한마디가 그만큼 중요하다.

(1) 한마디 실수가 목숨을 앗아간 이야기

1825년 니콜라이(Nikolai) 1세가 러시아의 새 황제로 즉위하였다. 그 직후 러시아의 근대화를 주장하는 자유주의자들이 반란을 일으켰다(데카브리스 반란). 그들은 러시아가 산업과 사회기반 전반에 걸쳐 유럽국가 같은 모습으로 재건되어야 한다고 주장하였다. 황제는 반란을 무자비하게 진압하였다. 주동자는 처형하고 약 600명의 반란자들은 시베리아로 유배를 보냈다. 거기에는 도스토예프스키도 포함되어 있었다(도스토예프스키 이야기는 앞의 다른 장에서 소개했다). 주동자인 콘드라티 릴레예프(Kondraty Ryleyev)에게 사형선고가 내려졌고, 사형이 예정된 날 릴레예프는 목에 올가미가 걸린 채 교수대 위에 섰다. 발밑의 뚜껑문이 열리는 순간 릴레예프는 허공에 매달렸지만, 밧줄이 끊어지면서 몸이 땅바닥으로 떨어지고 말았다. 당시에는 이런 일이 생기면 신의 뜻이라고 여겨 사형을 면해 주었다. 릴레예프는 타박상 입은 몸을 일으키면서 자신의 무사함을 깨닫고 군중을 향하여 외쳤다. "러시아에서는 무엇 하나 제대로 하는게 없지 않소! 밧줄 하나도 제대로 못 만들다니!" 사자가 궁전으로 달려가 황제에게 이 소식을 알렸다. 황제는 크게 실망했지만 어쩔 수 없이 사형을 면하는 사면장에 서명을 하려고 했다. 그때 황제가 사자에게 물었다. "그 일이 있은 후 릴레예프가 무어라 말하던가?" 사자는 "폐하, 그는 러시아가 밧줄 하나도 제대로 못 만든다고 말했습니다."라고 대답하였다. "그렇다면 그의 생각이 틀리다는 것을 보여 주어야겠다."라고 하며 사면장을 찢어 버렸다. 다음날 릴레예프는 다시 교수대에 섰다. 밧줄은 다시 끊어지지 않았다.

(2) 2012년 올림픽개최지가 런던으로 정해진 사연

2012년 올림픽 개최지는 영국 런던으로 정해졌다. 프랑스와 영국이 올림픽 개최 유치전을 치열하게 전개하여 막상막하의 싸움을 하고 있었다. 그 와중에 유럽의 정상회의가 열렸고 Coffee break-time이 되었다. 말 많은 프랑스의 대통령이 농담 한마디를 던졌다. 유럽 여러 나라의 음식 중 핀란드 음식이 제일 형편없고 다음은 영국 음식이라고…. 정상들은 크게 웃었다. 얼마 후 그 소문이 여러 나라로 퍼져 나가 핀란드까지 전해졌다. 핀란드 국민들이 발끈하고 나섰다. 프랑스의 올림픽 유치를 반대하는 열풍이 핀란드에서 불었다. "지가 뭔데 남의 나라 음식에 대하여 왈가왈부하느냐"라고. 결국 프랑스는 2표 차로 영국에 패하고 말았다.

우리나라의 어느 대통령 후보는 몇 년 전 총선 때에 방송국 마이크 앞에서 "60대, 70대는 투표하러 오시지 않아도 됩니다. 집에서 편히 쉬셔야 합니다."라고 말하였다. 그의 말 한마디는 일파만파의 파도가 되어 그를 때렸다. 그는 비례대표 1번을 포기하고 노인정을 찾아다니며 무릎 꿇고 사죄를 하였다. 그의 실언은 프랑스 대통령의 유머보다 더 큰 부메랑이 되어 그에게 돌아왔다.

하느님은 400년 동안 침묵하신 후 6일 동안에 천지를 창조하였다. 침묵의 400년은 천지를 창조하기 위한 말씀 없는 말씀의 기간이었다. 명심하라! 말의 병마개는 필요할 때만 열어라.

그렇다면 어떻게 대화의 기술을 터득할 수 있을까 생각해보자.

3) 어떻게 효과적인 소통할 것인가

첫째는 상대방이 듣게 하는 것이다.

종소리는 누군가 듣지 않으면 종은 없다.

서귀포 앞바다의 파도소리도 누군가 듣지 않으면 파도는 없다.

사랑도 이와 마찬가지.

사랑의 고백도 듣지 않으면 사랑은 없다.

하느님과 부처님의 말씀도 듣지 않으면 말씀은 허공에 뜬다.

마이동풍(馬耳東風), 우이독경(牛耳讀經)이 되어서는 안 된다.

송신자는 수신자가 듣고 지각하고 원하는 반응을 보이도록 하라.

효과적인 대화의 예를 보자.

선거전 초기에 존 F. 케네디는 재향 군인들을 모아 놓고 연설을 했다. 그들 모두 2차 대전 당시 케네디가 보여 준 용감한 행동을 잘 알고 있었다. 그로 인해 케네디는 일약 전쟁 영웅이 되었지만, 그는 PT형 어뢰정에 타고 있던 다른 사람들 얘기만 했다. 하지만 그는 자신의 그런 용감한 행동이 모든 이들의 마음속에 각인되어 있다는 것을 잘 알고 있었다. 사실 그는 자기 얘기는 쏙 빼고 동료들 얘기만 하면서 사람들로 하여금 그 일에 대해 스스로 생각하게 만들었다. 그 결과 케네디는 영웅에 걸맞게 겸손함까지 겸비한 인물로 비치게 되었다. 바로 그런

효과를 노린 것이었다. 유혹을 할 때 상대에게 직접 사랑을 고백하는 것은 금물이다. 다시 말해 행동이나 태도를 통해 상대가 느낄 수 있게 만들어야 한다. 케네디의 경우처럼 직접 말을 하는 것보다 침묵을 지키는 것이 오히려 더 큰 유혹의 힘을 발휘한다.[41]

둘째는 기대다. 인간의 대화는 기대 속에서 이루어진다. 이야기하는 사람은 이야기 듣는 사람이 무엇을 기대하고 있는지를 알아야 한다. 교수는 학생들의 미래의 성공을 기대하며 열강을 하며 학생들은 그들의 미래의 희망을 달성하기 위한 기대를 하면서 교수의 강의를 듣는다. 베르테르는 남의 약혼녀 로테를 사랑했다. 그는 그녀가 돌아올 것을 기대하면서 하느님께 기도를 드린다.

'신이여! 저는 로테를 사랑합니다. 농부가 땅에 엎드려 비 내리기를 간절히 기도하듯이 나는 이렇게 엎드려 기도드립니다. 로테를 나에게 돌려주십시오.'라고.

어떤 것을 기대하면서 하는 대화에는 직접적인 방법과 우회적인 방법이 있다. 그 상황에 따라서 대화의 방법을 달리 해야겠지만 우회적인 방법을 사용하는 경우도 많다.

사명당이 묘향산에서 수도하고 있는 서산대사를 찾아갔다. 서산대사는 누운 채로 물었다. "어느 길로 왔는고?" "옛길을 따라 왔습니다."라고 사명당이 대답하자, 서산대사가 벌떡 일어나 앉으며 말했다. "옛길을 따르지 말라." 사명당은 크게 깨달았다.

두 스님은 임진왜란 때 왕의 요청으로 승병을 이끌고 왜군과 싸워 큰 공을 세운 스님들이다. 서산대사는 사명당보다 24세나 나이가 많았으며 73세에 승병장으로 5,000명의 승병을 거느리고 전쟁에 참여하였다.

다음의 시는 서산대사가 지리산에서 금강산으로 가면서 지은 삼몽사(三夢詞)라는 유명한 시이다.

주인은 손님에게 꿈 이야기를 하고
손님은 주인에게 꿈 이야기를 하네
지금 모두 꿈이라고 말하는 저 손님
그 또한 꿈속의 사람이려니
主人夢說客　客夢說主人
今說兩夢客　亦是夢中人

셋째는 요구이다. 요구는 기대보다 한 단계 높은 차원의 커뮤니케이션이다. 커뮤니케이션은 듣는 사람들이 언제나 어떤 사람이 되기를, 무엇을 하기를 또는 무엇을 믿기를 요구한다. 커뮤니케이션은 항상 수신자(듣는자)에게 동기부여를 하고자 한다.

만일 수신자의 야망이나 가치관 또는 목적에 부합되면 그것은 강력한 힘을 발휘한다. 반대로 커뮤니케이션이 수신자의 야망이나 가치관 또는 동기와 어긋나면 그것은 받아들여지지 않거나 저항을 받게 될 것이다.

서울에서 슬픈 일이 발생했다. 고3 아들이 어머니를 살해하여 시신을 안방에 감춰 놓고 태연하게 학교에 나가고 친구들과 집에서 라면까지 끓여 먹은 비극이 일어났다. 그 학생의 어머니는 남편과 별거하면서 아들에게 인생을 걸었다. "너는 서울대 법대를 가라. 사법고시에 합격하라."하고 일방적 요구를 하였다. 아들은 마음속으로 거부하였지만 어머니의 강요에 급기야 성적까지 위조하기에 이르렀다. 어머니는 아들이 자기의 요구를 듣지 않을 때에는 밥을 굶기고 골프채로 구타하기까지 하였다고 한다. 아들은 어머니의 강렬한 요구 때문에 성적위조까지 하게 되고 그 거짓이 드러날 것이 두려워 잠자고 있는 어머니를 살해하고 말았다. 아들은 면회 온 아버지에게 "아버지는 나를 버리지 않으시겠지요?"라고 호소하였다고 한다.

대화는 소통이다. 일방적인 요구는 대화가 아니다. 소통은 대화를 통해서 합의점을 찾아 그 합의점을 위해서 함께 노력하는 것이다. 어머니들이 자녀들을 맞춤 기계로 키우려고 하는 것은 비극을 불러오는 큰 요인이 될 수 있다. 대화는 쌍방적이어야 한다. 일방적인 요구의 대화는 진정한 대화가 아니다. 우리나라 이곳저곳에서 대화가 안 된다고 소란스럽다. 왜 대화가 없겠는가? 일방적인 요구만 있는 사회, 이 사회는 동맥경화증에 걸린 사회다. 진정한 대화가 없는 사회, 이런 사회는 병든 사회다.

대통령이 국민들과 소통이 안 된다고 한다. 대통령이 매주 국민들을 향해서 라디오 연설을 하는데 왜 대화의 통로가 막혔다고 떠드는가? 상의하달(上意下達), 위로부터 일방적인 대화만 있는 대화는 진정한 대화가 아니다. 학생에게 자기의 뜻을 강요하는 어머니의 일방적인 대화와 그 본질이 같은 대화다. 대화 아닌 대화가 존재할 뿐이다.

요구에 대한 좋은 사례를 보자.

사울이라는 사람은 기독교를 박해했던 사람이다. 사울이 예루살렘에서 다마스카스로 예수의 제자를 잡으러 가는 중이었는데 갑자기 강렬한 빛이 비치면서 눈이 부시고 눈이 안 보이게 되었다. "사울아! 왜 나를 핍박하느냐?" 하는 말씀이 들리고 사울이 "누구십니까?"라고 물으니 하늘로부터 "여호와다."라는 소리가 들려왔다. 하느님은 사울에게 기독교를 핍박하지 말고 개종할 것을 요구하였다. 그 후 사울은 눈을 뜨게 되었고 개종하여 유명한 사도바울이 되었다. 사울은 하느님의 요구에 긍정적인 응답을 하였다. 이것이 쌍방의 대화이자 소통이다.

사울은 하느님의 요구에 응하여 이름을 바울로 개명하여 하느님의 전도사가 된다.

영화 〈서편제〉에서 임권택 감독은 여주인공의 눈을 멀게 했다. 눈을 멀게 하여 창에 몰입하여 명창을 만들고자 하는 강렬한 요구 때문이었다. 여주인공은 거부하지 않고 스스로 맹인의 길을 택했다. 이것이 진정한 소통이다.

넷째, 커뮤니케이션은 정보다. 현대 조직 사회는 대립과 상호 의존 속에서 살아간다. 지구촌이라고 일컬어지는 세계에서, 아프리카의 산골마을의 일이 한국의 농촌마을에 영향을 미치는 세계에 산다. 미국발 금융위기가 세계를 휩쓸었다. 금융위기에서 벗어나기 위해서는 정보의 수집이 필요했다. 정보의 입수를 통한 지각, 그리고 행동, 이것이 효과적인 커뮤니케이션의 핵심 요소다. 2차 대전 시 일본이 진주만 공격을 할 수 있었던 것은 정보가 있었기 때문이었다.[42]

＊ 정보에 대한 사례: 하와이 진주만 언덕 위의 일본인 식당

전쟁에서 승리할 수 있는 필수요인은 정보다. 일본군의 진주만 기습 공격은 미국에게는 큰 수치였다. 그것을 가리켜 청천병력, 아닌 밤중의 홍두깨라 할 수 있을 것이다. 미국의 입장에서는 청천병력이었지만 일본의 입장에서는 철저하게 준비된 기습이었다. 일본군이 진주만 공격에 성공할 수 있었던 가장

중요한 요인은 정확한 정보에 있었다. 진주만이 빤히 내려다보이는 언덕에 일본인이 운영하는 식당이 있었다. 그 식당에는 일본인 종업원이 한 사람 있었다. 그 종업원은 일본 육군 중위였다. 그는 진주만 정보를 얻기 위하여 일본계 미국인으로 위장하고 식당 종업원으로 취업하였다. 그는 진주만에 입항, 출항하는 함정들의 동향을 살폈다. 진주만의 지형, 함정들의 수, 입·출항 시간, 수병들의 동향 등을 염탐하여 본국에 보고하였다. 토요일까지 함정들이 입항하여 일요일에는 모든 함정과 병사들의 활동이 정지된다는 사실을 보고하였다.

1941년 12월 7일 오전 7시 55분, 조용한 진주만에 일본의 전폭기들이 날아들었다. 무방비 상태인 미 해군은 싸워 보지도 못하고 엄청난 재난을 당하고 말았다. 그 기습으로 미국의 태평양 함대는 거의 초토화되었다. 기습 공격 30분 만에 전함 5척이 침몰하거나 파괴되고 또 다른 다수의 전함과 순양함이 대파되는 엄청난 손실을 입었고 인명 피해는 2,000여 명에 달했다. 진주만 기습의 성공으로 일본은 태평양 지배권을 획득하였다. 그 기습의 성공 뒤에는 정보원 한 사람의 정확한 정보 제공이 있었다.

그러나 일본의 승전보는 오래 계속되지 못했다. 미국은 일본군을 제압할 수 있는 정보를 입수하였다. 그것은 '도라, 도라'라는 일본의 암호 해독이었다.

4) 효과적인 커뮤니케이션의 조건

첫째, Image making을 하라.

효과적인 커뮤니케이션을 위해서는 자신의 의도한 바대로 상대방을 유혹하는 기술을 발휘하여야 한다. 유혹하기 위해서는 이미지 메이킹을 잘해야 한다.

* 케네디의 이미지 메이킹

존 F. 케네디가 민주당 대통령 후보로 나오겠다고 선언한 1960년 7월 2일, 전 대통령 트루먼은 존 F. 케네디가 대통령직을 맡기에는 너무 어리고 경험이 없다고 선언하였다. 케네디는 트루먼의 말을 비판하면서 다음과 같이 그의 입장을 설파하였다. "이 나라는 젊은 사람들이 건설한 젊은 나라입니다. 이 나라는 여전히 젊은이의 마음을 지니고 있습니다. 세상은 변하고 있는데 옛 방식만을 고집하는 사람들이 있습니다. 이에 대응하기 위해서는 젊은 지도력이 필요합니다." 그의 연설은 그의 정적들조차도 수긍할 수밖에 없을 정도로 감동적이었다.

케네디는 민주당 대통령 후보로 지명되어 텔레비전 공개토론에서 공화당 후보인 리처드 닉슨과 한판 승부를 벌였다. 닉슨은 예리했다. 그는 질문들에 정확하게 답변했으며, 자신이 한때 부통령으로 참여했던 아이젠하워 행정부가 이룩한 업적들에 대해 정확한 통계를 인용하며 침착하게 토론에 임했다. 하지만 당시의 흑백 텔레비전에 비친 그의 모습은 마치 송장 같아 보였다. 불안하게 움직이며 자주 깜박거리는 눈, 경직된 자세, 피로에 지친 듯한 얼굴, 눈썹과 볼 위로 흘러내리는 땀 등이 좋지 못한 인상을 주었다. 마치 심각한 걱정거리가 있는 듯한 모습이었다. 하지만 케네디는 이와 대조적인 모습을 보여 주었다. 닉슨은 경쟁자인 케네디만 주시했던 데 반해, 그는 청중을 바라보았고, 거실에 앉아 텔레비전을 시청하는 국민들에게 시선을 맞추었다. 케네디는 이전에 어떤 정치가에게서도 찾아볼 수 없던 방식으로 자신의 의견을 피력해 나갔다. 닉슨은 자료를 들이대며 자질구레한 논점에만 관심을 기울였지만, 케네디는 자유와 새로운 사회건설을 언급하면서 미국인의 개척정신에 호소했다. 그의 태도는 매우 진지하고 힘이 있어 보였다. 그의 말은 구체적이지 않았지만, 아름다운 미래에 대한 청중의 상상력을 자극했다.

텔레비전 토론 다음 날, 케네디에 대한 지지율은 놀라울 정도로 급등했다. 그가 가는 곳마다 젊은 여성들이 소리를 지르며 모여들었다. 게다가 케네디 옆에는 아름다운 부인 재키가 서 있었다. 그는 마치 민주주의의 황태자 같았다. 이제 그의 텔레비전 출연은 그 자체로 큰 행사가 되었다.[43]

‘이미지가 없는 민족은 망한다.’라는 격언이 있다. 상대방을 설득하기 위해서는 이미지 메이킹을 잘하라!

둘째, 드러낼 때와 숨겨야 할 때를 가려 대화하라.

중국에는 “돼지가죽을 뒤집어쓰고 호랑이를 사냥한다.”는 속담이 있다. 사냥꾼이 돼지가죽을 뒤집어쓰고 돼지코 모양의 주둥이를 달고서 돼지 소리를 내며 호랑이에게 접근하는 사냥 기법에서 나온 말이다. 호랑이는 돼지가 가까이 온다고 생각하고 손쉬운 먹잇감을 얻는 공상에 빠진 채 기다린다. 하지만 최후에 웃는 자는 사냥꾼이다.

나폴레옹 시대 프랑스의 외무장관 탈레랑은 대화의 달인이었지만 결코 자신의 생각에 대해 이야기하는 법이 없었다. 그저 남들이 그들 생각을 털어놓게 만들었을 뿐이다. 탈레랑은 외국의 외교관을 대상으로 친목도모를 위한 제스처 게임이나 사교모임을 열곤 했지만, 정작 자신은 사람들 말을 조심스레 저울질하고, 사람들을 감언이설로 부추겨 기밀을 캐내고, 자신이 프랑스 외무장관으로 일하는 데 더 없이 중요한 정보를 모으곤 하였다.

셋째, 믿음을 주어라. 인간은 가면의 천재이다.

명심보감(明心寶鑑)에 ‘지인지면, 불지심(知人知面, 不知心)’이라는 명구가 있다. 사람을 알되 그 얼굴을 알고, 마음은 알기 어렵다는 말이다. 인간은 천의 얼굴을 쓰고 산다. 처음엔 거짓말일지라도 끝에 가서는 진실의 '믿음'을 심어 주어야 한다. 공자의 제자들이 공자에게 물었다. "선생님! 식(食)과 신(信) 중에 어느 것이 더 중요합니까?" 공자는 곧 신(信)이라고 답하였다.

12월 31일 밤 서울 종로에서는 보신각(普信閣)의 종을 타종한다. 보신이라는 한자의 뜻은 믿음을 널리 편다는 뜻이다. 신(信)은 공자의 유교의 가르침, 인의예지신(仁義禮智信)에서 따온 것이다. 새해에는 믿음을 널리 펴자는 뜻으로 타종을 한다. 세계에서 믿음을 널리 펴자고 제야에 종을 울리는 나라는 아마 한국이라는 나라뿐일 것이다. 한국에서는 보신각의 종소리를 따라 믿음이 널리 널리 울려 퍼지고 있을까? 불행하게도 답은 노(No)이다. 오히려 불신의 골이 깊어져 불신의 병은 깊어지고 있다. 믿음으로 불모의 땅을 일류국가로 만든 한 위인의 사례를 보자.

＊ 불모의 땅 싱가포르를 일류국가로 만든 이콴유 수상

싱가포르는 면적 646.1km², 인구 460만 명의 배추 한 포기 나지 않은 조그만 도시국가다. 싱가포르는 네 나라의 국가를 부르며 살았던 불행한 나라였다는 데 그 중 세 나라의 국가는 식민지 시대의 국가였다. 네 나라의 국가는 영국의 국가 '신이여 여왕을 구하소서', 일본의 국가 '기미가요', 말레이시아의 국가 '나의 나라', 그리고 싱가포르의 국가 '싱가포르여 전진하라'였다. 싱가포르는 1819년 영국의 동인도 회사원인 스탬포드 래플스라는 사람이 발견하여 무역중심지로 개발하여 국제무역을 통해 번영하기 시작했다. 1819년 당시에는 120명 가량의 어부 외에는 아무도 살고 있지 않는 불모지의 땅이었다. 이 땅을 영국은 1965년까지 146년간 식민지로 통치하였으며 2차 대전 말 일본에 의해서, 2차 대전이 끝난 후에는 말레이시아에 의해서 통치되기도 하였다. 싱가포르의 나라 사정을 보면 1965년 30억 달러(싱가포르 달러)이던 국내총생산(GDP)이 1997년에는 215배인 469억 달러까지 성장하고 최근에는 국민소득 30,000달러를 상회하는 일류국가가 되어 세계의 주목을 받고 있다. 이 나라는 어떻게 하여 이러한 기적을 이루었을까? 그 배후에는 싱가포르를 건국하여 35년이라는 장기집권을 한 이콴유라는 거인이 있었기 때문이다. 싱가포르의 성공은 인간경영의 성공에 있었다. 1965년 독립하였으나 정부 경영경험이 전혀 없어 무경험과 무지 속에서 열의와 성의로 일류국가를 만들었다. 그들은 국가 통치방법, 경제 사회문제 해결방법을 알지 못했고 나라는 무정부 상태였다. 그런 나라를 어떻게 일류국가로 만들었을까? 그 방법을 알아보자.

① 유능한 인재를 영입하였다. 독립 당시 효율적이고 창조적 리더십을 발휘할 수 있는 인재를 영입하였다. 장관 중 3/4이 싱가포르 밖에서 영입한 사람들이었다.

② 자본, 지식, 경영, 기술을 활용하기 위해서 선진지식과 기술을 학습한 고급인력을 초빙하였다.

③ 장기적 인재를 육성하기 위하여 해외유학을 국가정책으로 시행하였다.

④ 비행장 건설, 교육개혁, 행정개혁 등을 위해서 성공한 나라에 연구원을 파견하였다.

⑤ 무엇보다 이콴유 자신이 영국 옥스퍼드 대학 출신으로 국제정세를 관찰할 수 있는 식견을 가지고 있었다.

(일류국가의 길, 이콴유 - 참조)

세계의 도시 국가들은 망하거나 이웃 큰 나라에 흡수 통합되었다. 이 수상은 싱가포르를 망하지 않는 도시국가로 만들기 위해 부단히 노력하였다. 이콴유 수상은 국민들에게 1,2,3,4의 비전을 제시하고 이를 성공적으로 완수하였다.(1,2,3,4 비전: 집 한 채, 자녀 두 명, 방 세 개, 네 바퀴 달린 자동차를 말함)

이 수상이 은퇴하고 싱가포르 변두리에 땅을 사서 집을 지었는데 땅값이 올라 신문에 이 수상이 돈을 벌었다고 보도되었다. 그는 당장 집을 팔아 이익금을 복지재단에 기부하였다. 그는 싱가포르의 발전을 위해서 공무원의 부패척결을 모토로 삼았는데 그가 가장 아끼던 각료가 뇌물혐의를 받고 있어 그의 면회를 거부하였고 혐의가 밝혀지자 그 각료는 자살하였다. 그는 그 가족에게 정말 미안하나 나라의 장래를 위해서 고통을 참아야 한다고 하였다.

싱가포르에는 부패가 없다. 공정사회 공동선의 일류국가가 되었다. 공정사회, 공생발전을 외치면서 실제로는 그 위대한 구호가 거꾸로 가고 있는 나라도 있다. 썩은 저축은행의 행태는 무엇을 말해주며, 공직자의 썩은 냄새는 아름다운 강산을 악취로 물들이고 있다. 이콴유는 말로 하지 않았다. 행동으로 하였다.

3. 인간경영의 실전: 위대한 장군들

1) 모택동의 게릴라 전술

2차 대전이 끝나고 중국 대륙에서 일본이 물러나자 장개석의 국민당과 모택동의 공산당의 싸움이 벌어진다. 중국 대륙의 대부분을 통치하고 있던 장개석은 중국 대륙에서 공산당의 뿌리를 뽑아야겠다고 벼르고 있었다. 반면 모택동은 일본군이 퇴각한 만주 일대를 겨우 차지하고 있었다.

장개석의 전략: 장개석은 최정예 부대를 만주에 파병하기로 결심하였다. 만주의 주요 도시를 점령하고, 이를 근거지로 북부 산업 지역에 세력을 확장하고 공산당을 일소할 심산이었다. 일단 만주를 점령하면 공산당은 붕괴되리라 예견하였다.

양 진영의 싸움: 1945년과 1946년에 이러한 계획은 완벽하게 진행되었다. 국민당은 만주의 주요도시를 쉽게 점령하였다. 국민당이 압박을 가하자 공산당은 만주의 산간벽지로 흩어졌다. 공산당은 게릴라 전법으로 국민당군을 괴롭혔지만 공산당군은 소규모로 흩어져 있어 공격하기가 쉽지 않았다. 공산당은 마을을 점령한 후 몇 주 지나지 않아 물러나고 하는 식이었다. 전위나 후위 부대도 없이 한곳에 머물지도 않고 교묘하게 형체도 없이 움직였다.

모택동의 본격적 전략: 모택동의 진짜 공격의 모습이 드러나기 시작했다. 국민당은 쓸모없는 땅을 공산당이 차지하도록 내버려 두고 도시를 점령하였는데 공산당은 쓸모없지만 넓은 지역의 공간을 활용해 그 도시를 포위하기 시작했다. 장개석이 한 도시에서 다른 도시를 지원하기 위해 군대를 파병하면 공산당은 자원병을 포위 공격했다. 장개석의 군대는 소규모 단위로 쪼개져 고립된 채 서서히 허물어져 갔고 보급로와 통신도 차단되었다. 국민당의 화력이 아무리 월등하다 하여도 움직일 수 없다면 무슨 소용이 있겠는가? 공포가 국민당 군대를 뒤덮었다. 물처럼 유연하고 신속하게 움직이는 적이 사방에서 돌진해 오자 병사들은 도시에 틀어박힌 채 지켜보기만 할 뿐이었다. 적이 수백만 명은 되는 것 같았다. 공산당은 정치선전을 무차별로 퍼부어 사기를 떨어뜨리고 정신을 황폐화시켰다. 국민당은 정신적으로 굴복하기 시작했다. 고립된 도시들은 공격하지 않아도 스스로 붕괴되었다. 1948년 11월, 국민당은 공산당에게 만주를 넘겨주었다. 군대, 전쟁의 물량 모든 것이 우세했던 국민당에게는 치욕적인 일이었으며 전쟁의 승패에 결정적인 일격을 가한 것이었다.[44]

당신들이 우리와 싸우고자 해도 우리가 대응하지 않으면 당신들은 우리를 찾지 못한다. 하지만 우리가 당신들과 싸우기를 원하면 당신들은 우리를 피하지 못한다. 우리는 당신들에게 치명타를 날리고… 전멸시켜 버린다….

적이 진격해오면 후퇴하고, 적이 야영하면 습격한다. 적이 지치면 공격하고, 적이 후퇴하면 추격한다.

- 모택동 -

2) 철혈재상 비스마르크의 인간경영전략

비스마르크는 비범한 인간이었다. 그는 권력추구의 무기로 철과 피를 주장하여 그를 철혈재상이라 부른다. 그는 철혈정책으로 옛 독일 프로이센을 통일한 역사적 인물이 되었다.

그는 1847년, 32세의 나이로 프로이센 연합의회 의원이 되었다. 그에게는 든든한 동맹자도 친구도 없었다. 비스마르크는 자신이 동맹자로 삼을 사람은 의회의 자유주의자들이나 보수 세력도, 특정한 관료도 아니라고 생각했다. 그는 왕인 프리드리히 빌헬름 4세를 동맹자로 삼기로 했다. 언뜻 보기에는 이해할 수 없는 선택이었다. 당시 빌헬름 4세는 권력이 약해져 있었기 때문이었다. 또 빌헬름 4세는 유약하고 우유부단한 인물로서 자유주의자들에게 굴복하기 일쑤였으며, 결단력도 없고, 정치적으로도 비스마르크와는 상반된 입장이었다. 하지만 비스마르크는 수시로 빌헬름 4세를 찾아가 비위를 맞췄다. 왕의 부적절한 행동에 대해 다른 의원들이 비난할 때도 혼자 왕의 편을 들었다. 마침내 비스마르크는 그러한 노력에 대한 보답을 받게 되는데, 1851년 장관이 되었다. 그때부터 그의 본격적인 움직임이 시작되었다. 그는 왕을 설득해 군사력을 증강하고 자유주의자들에게 대항하게 만들었으며 자신이 원하는 대로 행동하게 만들었다. 또한 왕에게 단호한 태도와 위엄을 가지고 통치하도록 권유했다. 이윽고 점차 권력을 회복한 왕은 다시 한번 프로이센에서 가장 강력한 존재가 되었다.

1861년 프리드리히 빌헬름 4세가 사망하자 그의 동생 빌헬름이 왕위를 계승했다. 빌헬름은 비스마르크를 몹시 미워해서 그를 가까이 두고 싶어 하지 않았다. 하지만 빌헬름은 왕의 권력을 무너뜨리고자 기회를 호시탐탐 노리는 적들에 둘러싸여 있었다. 위태롭고 불안정한 상황에 대처할 능력이 없었던 빌헬름은 왕위에서 물러나는 것까지 고려해 보았다. 이때 비스마르크가 교모하게 왕의 환심을 샀다. 왕의 곁을 지키며 그에게 힘을 주었고, 결단력 있고 과감한 정책을 택하도록 조언했다. 왕은 적들을 저지하기 위하여 점점 비스마르크의 강력한 전술에 의존하게 되었고, 비스마르크를 싫어하면서도 그를 총리로 임명했다. 두 사람은 정책을 놓고 의견 충돌을 일으키는 일이 잦았지만(비스마르크가 훨씬 더 보수적이었다.), 왕은 비스마르크에게 의지하지 않을 수 없었다. 비스마르크가 사임하겠다고 위협하면 왕은 그에게 굴복하곤 했다. 사실상 비스마르크가 정책을 좌지우지했다.

시간이 흐른 후에 비스마르크는 프로이센 총리로서 힘을 발휘하여 독일 통일을 주도적으로 이끌었다. 빌헬름은 독일제국의 황제가 되었다. 그러나 실제로 권력의 정상에 있는 사람은 비스마르크였다. 그는 왕의 심복으로서, 제국의 총리이자 후작 작위를 받은 자로서, 모든 권력을 휘두르고 있었다.[45]

명심하라! 자신의 분야에서 유일한 존재가 되어라. 당신을 고용하고 있는 사람의 운명과 당신의 운명을 뗄 수 없도록 엮어 놓아서 상대가 쉽사리 당신을 제거할 수 없게 만들어라. 그렇지 않으면 당신은 언젠가 당신도 모르는 사이에 운명의 날을 맞이하게 될 것이다.

3) 엘리자베스 1세의 인간경영

영국의 여왕이었던 엘리자베스 1세(1558~1603)는 영화 〈천일의 앤〉으로 유명한 헨리 8세의 딸로 태어났다. 헨리 8세는 앤과 결혼하기 위하여 왕비 케서린과 이혼하고 결혼을 반대하는 교회 세력을 잠재우기 위하여, 무소불위의 권력을 휘둘렀던 로마 교황청과 맞서 영국의 국교를 창설한 사람이었다. 새로 결혼한 앤이 딸을 낳자 너무 실망한 나머지 그녀와 이혼하고 우

여곡절 끝에 그녀는 끝내 사형을 당하게 된다. 신하들의 반대를 물리치고 로마 교황청과 결별하고 영국의 국교를 만들면서까지 강행한 결혼이었는데 헨리는 끝내 그녀와 이혼하고 사형까지 시킨다.

천일의 앤은 그녀의 딸도 왕이 될 수 있도록 해 달라는 마지막 소원을 남기고 교수대의 이슬로 사라졌다. 그런데 그 딸이 마침내 여왕이 되었다(엘리자베스 1세). 그녀는 왕이 된 후 영국을 위해서 독신으로 살면서 여러 가지 대업을 남겼다. 에스파냐의 위협을 물리치고 영국의 해외진출의 시대를 열었으며, 1588년에는 에스파냐의 무적함대를 격파하여 미래의 식민지 제국의 기틀을 마련하였다. '여왕의 왕실은 가난하여도 나라는 부유하다.'는 통치철학을 가지고 영국을 통치하였으며 당시 위대한 문호가 출현하여 영국의 르네상스 문화가 꽃을 피웠다. 그녀는 어떤 인간경영 전술로 영국의 번영을 가져왔을까? 그것은 결혼하지 않고 영국을 위해서 인생을 바치는 것이었다. 엘리자베스 1세는 통치자로서 두 가지 목표를 가지고 있었다. 하나는 결혼을 하지 않는 것과, 둘은 전쟁을 피하는 것이었다. 유럽전역의 왕과 공작들은 엘리자베스 여왕과의 결혼이 자기들 나라와의 동맹을 보증해 줄 것이라고 하며 여왕에게 청혼하였다. 스페인 국왕이 그녀에게 청혼을 했고, 스웨덴 공작과 오스트리아의 대공도 결혼을 시도했다. 여왕은 정중하게 그들의 구애를 모두 거절했다. 프랑스에서는 두 명의 왕의 동생들이 다투어 구애를 하였다. 두 공작들이 여왕에게 구애 경쟁을 벌이는 동안 영국은 프랑스와 조약을 맺어 평화를 정착시켰다. 그녀는 구혼자들을 뿌리치지도 않았고 그렇다고 서두르지도 않으면서 끈을 놓지 않고 그녀가 목표로 하는 국가 정책을 밀고 나갔다. 엘리자베스는 동맹관계를 구축하기 위해 결혼이라는 미끼를 계속 흔들어댐으로써 두 가지 목표를 달성했다. 한 구혼자에게 종속되는 순간 자신의 권력도 잃을 거라고 생각했다. 여왕은 신비로운 분위기와 매력을 발산하면서 누구의 희망도 꺾지 않고 독신을 유지해야 했다. 엘리자베스는 구애에 응했다가 물러서는 게임을 평생 했다. 그렇게 함으로써 모든 남자들을 지배했다. 항상 관심의 중심이 된 덕분에 주도권을 장악할 수 있었던 것이다. 그리고 무엇보다 독립성을 유지함으로써 여왕은 자신의 권력을 지키고 자신을 숭배의 대상으로 만들었다.[46]

4) 자기경영에 실패한 마이클 잭슨

팝의 황제라고 불리우는 마이클 잭슨은 비교적 젊은 나이에 약물중독으로 이생을 떠났다. 그는 사후에도 그의 가족에게 300억 원의 부를 남겨 주었다고 하니 대단한 인물이다. 미국의 연예계에서 전무후무한 일이라고 한다. 그러나 그는 가족들에게는 엄청난 부를 남겨 주고 음악인생에는 성공하였지만, 인생 자체는 불행한 인간이었다. 그는 흑인이라는 콤플렉스를 벗어나지 못하고 백인이 되려고 무리한 성형 수술을 하여 귀가 쪼글어 들고 코가 내려앉아 중절모를 깊이 눌러쓰고 살았다. 수술의 부작용과 고통을 이기려고 각종 약물을 복용하며 살았다. 그러다가 그는 약물 과다투여로 사망했다. 현재 그의 주치의는 약물 과다투여로 사망에 이르게 했다는 혐의로 재판을 받고 있다. 그는 얼마나 고통이 심했으면 마약류로 삶을 이어갔겠는가.

흑인이 가장 불행한 때는 백인이 되려고 하는 때이다. 마이클 잭슨을 백인으로 보는 사람은 이 세상 어디에도 없다. 피부색을 하얗게 수술한다고 흑인이 백인이 될 수는 없다. 흑인은 흑인이다. 흑인이 흑인으로 살 때 흑인으로서의 삶의 의미가 있고 가치가 있다.

미국 역사상 세 사람의 생일이 국경일인데 킹 목사의 생일이 국경일로 지정되어 있다. 킹 목사는 흑인으로 살았기 때문에 이러한 일이 가능했다. 만일 그가 마이클 잭슨처럼 백인의 흉내를 내고 살았더라면 그의 일생은 아무런 가치 없는 인간으로, 시골 동네의 하찮은 목사로 남게 되었을 것이다.

흑인은 흑인으로 한국인은 한국인으로 살 때 삶의 의미를 찾고 떳떳한 삶을 살 수 있다. 오바마는 흑인으로 살았기 때문에 미국의 대통령이 되었다.

* 정관정요(貞觀政要): 당 태종과 신하들 간에 주고받는 정치문답집으로 유명함. 당 태종은 형을 죽이고 아버지의 권한을 빼앗은 피묻은 손으로 집권하였으며 수많은 군사를 이끌고 고구려를 직접 침공하였다가 참패하고 돌아간 사람으로 우리 민족과는 악연이 있는 임금임.

34) 강상구 지음, "마흔에 읽는 손자병법", 흐름출판, 2011, pp. 152-153 참조

35) 윌리엄 코헨 지음, 김명철 옮김, "피터 드러커 미공개 강의노트", 문학수첩, 2008

36) 로버트 그린 지음, 안진환 옮김, "전쟁의 기술", 웅진지식하우스, 2007, p. 32 참조

37) 프랑크 아르놀트 지음, 최다경 옮김, "경영", 더숲, 2011, p. 226 참조

38) 로버트 그림 지음, 안진환·이수경 옮김, "권력의 법칙", 웅진지식하우스, 2009, pp. 533-534 참조

39) 로버트 그린 지음, 안진환·이수경 옮김, "권력의 법칙", 웅진지식하우스, 2009

40) 로버트 그린 지음, 안진환·이수경 옮김, "권력의 법칙", 웅진지식하우스, 2009, p. 621 참조

41) 로버트 그린 지음, 강미경 옮김, "유혹의 기술", 이마고, 2002, p. 337 참조

42) 피터 드러커 지음, 이재규 옮김, "프로페셔널의 조건", 청림출판, 2001, p. 266 참조

43) 로버트 그린 지음, 강미경 옮김, "유혹의 기술", 이마고, 2002, p. 88 참조

44) 로버트 그린 지음, 안진환·이수경 옮김, "권력의 법칙", 웅진지식하우스, 2009, p. 443 참조

45) 로버트 그린 지음, 안진환·이수경 옮김, "권력의 법칙", 웅진지식하우스, 2009, pp. 281-282 참조

46) 로버트 그린 지음, 안진환·이수경 옮김, "권력의 법칙", 웅진지식하우스, 2009

47) 서진수 지음, "고전에서 배우는 리더십", 미디어숲, 2009

>> 예방경영의

인생을 위하여

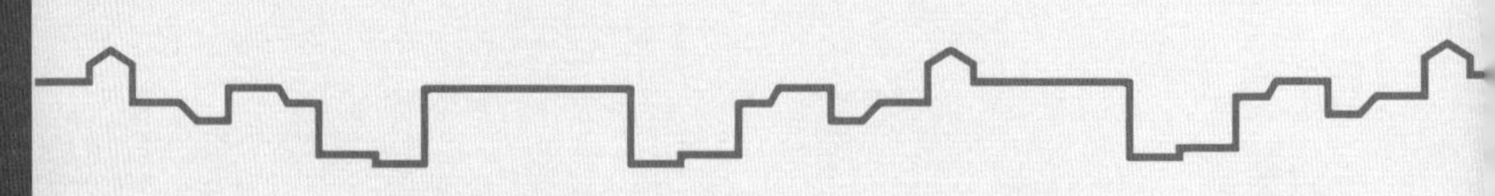

미래를 향해서

"전쟁은 가장 어리석은 인류의 유산이다."

– 러 셀 –

05

미래를 향해서

01. 희망의 미래를 위해서

장구한 인류의 역사를 조망하건대, 인간은 크게 두 가지의 관점에서 살아왔다. 하나는 부정적인 면에서, 다른 하나는 긍정적인 면에서이다. 인류의 장래에 희망을 걸 수 없다면 우리는 너무도 깊은 절망과 불안과 공포의 포로가 된다. 인류역사의 주인공은 인간이다. 희망이냐 절망이냐라는 문제는 주인공의 의지와 실천에 달려 있다. 오늘의 세계를 가리켜 위기라고들 걱정하지만 위기를 만드는 것도 인간이요, 위기를 극복하는 것도 인간이다.

미래에 희망을 갖자. 4,000년 전 이집트의 시인도 당시 이집트의 사회를 다음과 같이 개탄하며 노래하였다.

나는 오늘 누구에게 말을 걸어야 좋은가.

고요한 사람은 죽어 떠나고

거친 사람은 모든 사람에게

가까이 갈 수가 있구나.

나는 오늘 누구에게 말을 걸어야 좋은가.

이 세상은 부정으로 확대되고 그것은 끝없이 이어가는데

나는 오늘 누구에게 말을 걸어야 좋은가.

아무도 정의를 행하는 사람은 없고

세계는 악인들 손에 떨어져 버렸으니.

그러나 수천 년 후 오늘의 인류도 옛 이집트의 시인처럼 현실을 한탄하면서도 희망을 버리지 않고 살아가고 있지 않은가. 아버지의 세대는 어느 시대이건 아들의 세대를 걱정하는 세대이다. 그러나 그 아들은 아버지의 걱정만큼 쇠퇴하지 않고 희망을 가지고 살아온 것이 인류의 역사이기도 하다.

본서에서 함께 학습한 예방경영의 지혜를 터득한다면 인간 최고의 선인 자기실현의 길이 열리고 우리가 추구하는 공동선(共同善)의 길을 찾을 수 있으리라는 희망을 가져본다.

02. 공동선(共同善)으로 가는 희망 이야기

우리 인간의 궁극적인 목표는 공동선의 세계, 함께 사는 세계를 열어가는 것이다. 여기에서는 공동선에 대한 희망적인 이야기를 들어보고자 한다.

1. 1차 대전 때 이야기: 전쟁터에서 일어난 공감의 기적

1차 세계대전이 다섯 달째로 접어든 1914년 12월 24일 저녁, 프랑스 플랑드르 지방에서 독일군과 영국군 병사들이 50미터 간격을 두고 급조된 참호 속에 몸을 웅크리고 추위에 떨면서 싸우고 있었다. 상황은 참혹했다. 살을 에는 겨울 추위는 뼛속까지 파고들었다. 참호 속에는 물이 홍건했고 병사들의 숙소 근처에는 오물 냄새가 진동했고 여기저기서 죽은 병사들의 시체가 살아 있는 동료들의 옆에서 썩어 가고 있었다. 참호 속에서 병사들은 선 채로 잠을 잤다.

전장에 땅거미가 깔릴 무렵 희한한 일이 벌어졌다. 독일군 병사들이 크리스마스트리 수천 개에 촛불을 붙이기 시작한 것이다. 위문용으로 보내진 자그마한 트리였다. 트리를 밝힌 병사들은 캐럴을 부르기 시작했다. '고요한 밤'을 시작으로 여러 곡이 이어졌다. 영국군들은 넋을 잃고 바라보았다. 믿을 수 없

다는 듯이 적진을 바라보던 한 병사가 길게 이어지는 참호의
불빛을 보며 중얼거렸다. "꼭 무슨 극장의 스포트라이트 같
군." 영국 병사 몇몇이 머뭇거리며 박수를 쳤다. 조금 뒤엔 환
호성까지 질렀다. 영국 병사들도 캐럴을 부르며 적에게 화답했
고 그들에게 똑같이 열렬한 박수를 받았다. 양쪽에서 몇몇 병
사들이 참호 밖으로 기어나와 무인지대를 가로질러 서로를 향
해 걷기 시작했다. 그러자 수백 명이 뒤를 따랐고, 곧이어 수
천 명의 병사가 참호 밖으로 쏟아져 나왔다. 그들은 악수를 나
누고 담배와 비스킷을 건넸으며 가족 사진을 꺼내 보여 주었
다. 서로 고향 이야기를 하며 지나간 크리스마스 추억을 나누
었고 이 터무니없는 전쟁을 키득거리며 비웃었다.

● 영국군과 독일군의 기적적인 크리스마스 이브
휴전 시 함께 찍은 사진 ●

다음 날 아침 크리스마스의 태양이 유럽의 전장 위로 솟아 올랐을 때에도, 수천 명의 병사들은 여전히 조용히 이야기를 나누고 있었다. 어림잡아 10만 명이 넘는 숫자였을 것이다. 불과 24시간 전만 해도 적이었던 그들은 서로 도와 가며 죽은 동료들을 묻었다. 장교도 가담했다. 후방의 사령부에서 늦게 보고를 받은 장군들의 표정도 크게 놀란 것 같지는 않았다. 하지만 이런 식의 임시 휴전이 병사들의 사기를 해칠 수도 있다고 생각한 장군들은 발 빠르게 전열을 수습했다.

겨우 하루, 몇 시간이라는 짧은 순간이었지만 수만 명의 군인들은 장교 사병 할 것 없이 계급을 가리지 않고 상부와 국가에 대한 충성심도 접어 둔 채 오직 보편적인 인간성만 보여 주었다.

전장에 버려진 채 죽고 부상당하는 상황에서도, 그들은 용기 있게 제도적 의무에서 벗어나 서로를 불쌍히 여기고 서로 살아 있음을 축하했다.

플랑드르의 병사들이 보여 준 것은 보다 심오한 인간적인 감정이었다. 그리고 그것은 인간의 실존적 상황에서 드러난 감정으로, 시대와 사상을 초월하는 것이었다.

이제 우리는 그 병사들의 모습에 왜 감동을 받는지 자문해야 한다. 그들은 인간이기를 택했다. 그들이 드러낸 인간 능력의 한복판에 자리 잡고 있었던 것은 서로에 대한 공감이었다.

위의 병사들의 사례는 당시 병사들에게만 형성된 공감의 띠가 아니다.[48] 인간은 2, 3세부터 공감의 감성이 싹트기 시작한다고 한다. 이 공감의 인간성을 점점 확대한다면 공감을 출발점으로 공동선(共同善)의 세계에 대해서 희망을 가져도 좋으리라 생각한다.

2. 동물에게서 배운다: 펭귄의 공동선, 함께 사는 세계의 모습

남극의 펭귄의 월동 모습을 보면 매일 죽고 죽이고 빼앗고 빼앗으며 살아가는 인간을 비웃는 듯하다. 남극의 겨울은 영하 40~50도로 그야말로 살인적인 추위다. 그 살인적인 추위를 펭귄 가족은 어떻게 살아갈까?

그들은 겨울이 찾아와 영하 40~ 50도의 혹한에 눈과 폭풍이 휘몰아치면 한 곳으로 모여서 원을 형성하고 서로의 몸을 밀착시켜 체온을 교환하여 추위를 이겨낸다. 원의 제일 바깥쪽 라인에 있는 펭귄이 눈보라의 방패막이 역할을 한다. 안쪽 라인에 있는 펭귄들은 원의 맨 바깥쪽 라인에 있는 펭귄들의 희생으로 보호를 받으며 동사하지 않고 그 무서운 추위를 견뎌낸다.

만일 바깥쪽 라인에서 추위의 방패역할을 하는 펭귄들이 계속 그 역할만 하고 있다면 그들은 곧 동사하고 만다. 그들이

동사하고 나면 안쪽 라인의 펭귄들은 무사할까? 바깥쪽 라인에 있는 팽귄들이 동사하고 나면 그다음 안쪽 라인의 펭귄이 보호벽 역할을 하게 된다. 앞의 동료가 쓰러져 버렸기 때문에 그 자리를 이어 가야 한다. 그들은 차례대로 쓰러지게 되어 그들의 종족은 모두 동사하고 말 것이다.

그 녀석들은 어떤 방법으로 남극의 그 무서운 추위에서 집도 절도 없는 얼음덩어리 속에서 살아남을 수 있을까? 임무 교대다. 제일 바깥쪽 라인에 있는 펭귄이 너무 추워 보호벽 역할을 할 수 없으면 다음 안쪽 라인의 펭귄과 자리를 바꾼다. 그런 순서로 바깥쪽 라인의 펭귄은 안쪽 라인으로, 안쪽 라인의 펭귄은 바깥쪽 라인으로 자리바꿈을 계속한다. 그들 모두가 똑같은 역할을 분담한다. 그들에겐 새끼 외에는 특혜가 없다. 그렇게 공정하고 공평한 역할 분담을 하여 겨울을 넘기고 살아남는다.

그들은 공생을 통해서 공동선의 사회를 구축하여 최악의 환경을 함께 극복하고 함께 살아간다. 펭귄 사회의 삶의 규범이 바로 공동선의 사회다.

48) 제러미 리프킨 지음, 이경남 옮김, "공감의 시대", 민음
사, 2010, p. 534 참조

김상구, 『마흔에 읽는 손자병법』, 흐름출판, 2011.

김광희, 『창의력에 미쳐라』, 넥서스BIZ, 2010.

김대섭, 「웅진, 웅진 또또사랑으로 사업간 시너지효과 결실」, 『아시아경제』, 2010.

김위찬, 『블루오션 전략』, 강혜구 역, 교보문고, 2005.

김종재, 『지식사회의 인간관계』, 박영사, 2010.

넬슨 만델라, 『자유를 향한 머너먼 길』, 김대중 역, 두레, 2006.

다니엘 핑크, 『새로운 미래가 온다』, 김명철 역, 두레, 2006.

댄 가드너, 『엘빈 토플러와 작별하라』, 이경식 역, 생각연구소, 2011.

로버트 그린, 『권력의 법칙』, 안진환 · 이수경 역, 웅진지식하우스, 2009.

로버트 그린, 『유혹의 기술』, 안진환 · 이수경 역, 웅진지식하우스, 2002.

로버트 그린, 『전쟁의 기술』, 안진환 역, 웅진지식하우스, 2007.

류가미, 『미국의 이론물리학자 알버트 아인슈타인』, 네이버 지식백과.

마티아스 호르크스, 『미래를 읽는 8가지 조건』, 백종유 역, 청림출판, 2006.

박영훈 · 최상현 · 김상수, 「필립스 장기전략 부재가 화근」, 『헤럴드경제』 2011.

베르나르 베르베르, 『베르나르 베르베르의 상상력 사전』, 이세욱 · 임호경 역, 열린 책들, 2011.

베빈 알렉산더, 『위대한 장군들은 어떻게 승리했는가』, 김형배 역, 홍익출판사, 2012.

빅터 프랭클, 『죽음의 수용소에서』, 이시형 역, 청아출판사, 2005.

빌 게이츠, 『미래로 가는 길』, 이규행 역, 삼성, 1994.

서진수, 『고전에서 배우는 리더십』, 미디어숲, 2009.

시오노 나나미, 『전쟁 3부작 1-콘스탄티노플 함락』, 최은석 역, 한길사, 2000.

앙드레 고르, 『D에게 보낸 편지』, 임희근 역, 학고재, 2007.

우광호, 『나는 당신을 만나기 전부터 사랑했습니다』, 여백, 2011.

윤석철, 『경영학의 진리체계』, 경문사, 2001.

윌리엄 코헨, 『피터 드러커 미공개 강의노트』, 김명철 역, 문학수첩, 2008.

은역사연구모임, 『영화처럼 읽는 한국사』, 명진출판사, 1999.

이보연, 『CEO가 갖추어야 할 조건』, 하나북스, 2009.

임희섭, 『한국의 사회변동과 가치관』, 나남, 2003.

장영재, 『경영학 콘서트』, 비즈니스북스, 2010.

장영희, 『문학의 숲을 거닐다』, 샘터사, 2005.

잭 캔필드 · 마크 빅터 한센, 『영혼을 위한 닭고기 수프』, 류시화 역, 푸른숲, 2008.

제러미 리프킨, 『공감의 시대』, 이경남 역, 민음사, 2010.

조정래, 『한용운』, 문학동네, 2007.

카민 갤로, 『스티브 잡스 무한혁신의 비밀』, 박세연 역, 비즈니스북스, 2010.

티엔수, 『빌 게이츠의 19가지 충고』, 이선아 역, 이코노믹북스, 2006.

파사 보즈, 『전략의 기술』, 박승범 역, 매일경제신문사, 2003.

프랑크 아르놀트, 『경영』, 최다경 역, 더숲, 2011.

피터 드러커, 『미래의 공동체』, 이재규 역, 21세기북스, 2001.

피터 드러커, 『프로페셔널의 조건』, 이재규 역, 청림출판, 2001.

피터 드러커, 『피터 드러커의 위대한 혁신』, 권영설 · 전미옥 역, 한국경
제신문사, 2006.
한국학중앙연구원, 『조선의 왕으로 살아가기』, 돌베개, 2011.

Canfield, J., Hansen & M.V., Hawthorne, Chicken Soup for the
Single's Soul: Stories of Love and INspiration for the Single,
Divorced and Wid, Health Comminications, 1999.
Drucker Peter F., The Essential Drucker, Harpercollins, 2007.
Drucker Peter F., Innovation and Entrepreneurship, Elsevier, 2007.
Frankl, Viktor E., Man's Search for Meaning: An Introduction to
Logotherapy, Beacon Press, 2000.
Gallo, Carmine, Presentation Secrets of Steve Jobs, McGraw-Hill,
2009.
Gardner, Dan, Future Babble, PenguinUSA, 2012.
Gates, Bill, Road Ahead, Pearson Education, 2003.
Greene, Robert, The 33 Strategies of War, PenguinUSA, 2008.
Greene, Robert, The 48 Laws of Power, PenguinBooks, 1998.
Greene, Robert, The Art of Seduction, Viking Press, 2001.
John Adair, The Art of Creative Thinking: How to Be Innovative
and Develop Great Ideas, KOGAN PAGE, 2009.
Kuhn, Robert Lawrence, Handbook for creative and innovative
managers, McGraw-Hill, 1998.
Lumsdaine, E., Clark. B.J., Luhrs. M. & Lumsdaine, M., Creative
problem solving: thinking skills for a changing world,
McGraw-Hill, 1994.
Nelson Mandela, Long Walk to Freedom, Little Brown, 2008.

Reitz, H. J., Behavior in Organization, Homewood, 1981.

Partha Bose, Alexander the Great's Art of Strategy(The Timless Lesson of Hlstory;s Greatest Empire Builder), Putnam Pub Group, 2003.

Toffler Alvin, The Third Wave, William Morrow and Co. Inc., 1980.

W. Chan Kim., Blue ocean strategy: how to create uncontested market space and make the competition irrelevant, Harvard Business School Press, 2005.

William A. Coen, A Class with Drucker: The Lost Lessons of the World's Greatest Management Teacher, AMACOM/American Management Association, 2009.

■ 저자 김 종 재

전남대학교 경영대학을 정년 퇴임하고 현재는 전남대학교 명예교수로 있다. 전남대학교 대학원장과 대한경영학회장을 역임하였고 신용보증기금 경영지도위원과 금호고속 인력개발 고문을 지내면서 수년 동안 현장 경험을 쌓기도 하였다. 그는 학계와 실무계의 경계를 연결하여 산학협동에 기여한 공적을 인정받아 산학협동재단으로부터 산학협동상(1988)을 수상하였다.

인적자원론, 중소기업경영론 등 10여 권의 저서를 남겼으며 중소기업의 연구와 참고도서가 불모지에 가까웠던 7,80년대에 그의 중소기업경영론은 여러 대학교에서 중소기업경영론 과정을 개설하는 계기를 마련하였고 실무계에도 큰 영향을 주었다. 그는 비상 계엄하의 1980년 5월 민주화선언을 주도하였다는 혐의로 합동수사본부라는 지하실 독방에서 혹독한 인생수업(?)을 받아 정신적·육체적 상처가 아직도 그의 인생 역정의 흔적으로 남아 있다.

은퇴한 후에도 학문에 대한 열정을 중단하지 않고 연구를 계속하여 2010년에 출간한 "지식사회의 인간관계"라는 저서가 대한민국학술원 우수학술도서로 선정되기도 하였다. 무관심과 소외로 상징되는 인조인간(人造人間)의 시대에 인간의 정을 나누고자 (사)평화아카데미를 설립하여 평화운동과 사회봉사활동을 펼치고 있다. 역천자 망. 순천자 흥(逆天者 亡. 順天者 興.; 하늘(자연)을 거역하는 자는 망하고. 하늘(자연)에 순종하는 자는 흥한다)이라는 자연사상을 지니고 자연을 어머니 삼고 벗 삼아 때때로 만행(萬行)의 방랑을 하면서 아직도 책 한 권으로 영원히 살고 싶다는 꿈을 버리지 못한 속인으로 살고 있다.

예방경영의 인생을 위하여

발행일 2012년 06월 25일 초판발행
      2013년 01월 10일 3쇄발행

저 자 김종재
발행인 황인욱
발행처 圖書出版 오래

주 소 서울특별시 용산구 한강로 2가 156-13
전 화 02-797-8786, 8787, 070-4109-9966
팩 스 02-797-9911
이메일 orebook@naver.com
홈페이지 www.orebook.com
출판신고번호 제302-2010-000029호.(2010. 3. 17)

ISBN 978-89-94707-62-4

가 격 13,000원

◆ 파본 및 잘못 만들어진 책은 교환해 드립니다.
◆ 이 책의 무단 복제행위를 금합니다.
◆ 저자와 협의하여 인지를 생략합니다.